Die qualifizierte Belehrung bei Verfahrensverstößen im Strafprozess

Europäische Hochschulschriften
Publications Universitaires Européennes
European University Studies

Reihe II
Rechtswissenschaft

Série II Series II
Droit
Law

Bd./Vol. 5138

PETER LANG
Frankfurt am Main · Berlin · Bern · Bruxelles · New York · Oxford · Wien

Ulrich Barthelme

Die qualifizierte Belehrung bei Verfahrensverstößen im Strafprozess

PETER LANG
Internationaler Verlag der Wissenschaften

Bibliografische Information der Deutschen Nationalbibliothek
Die Deutsche Nationalbibliothek verzeichnet diese Publikation in
der Deutschen Nationalbibliografie; detaillierte bibliografische Daten
sind im Internet über http://dnb.d-nb.de abrufbar.

Zugl.: Greifswald, Univ., Diss., 2010

Gedruckt auf alterungsbeständigem,
säurefreiem Papier.

9
ISSN 0531-7312
ISBN 978-3-631-61200-2

© Peter Lang GmbH
Internationaler Verlag der Wissenschaften
Frankfurt am Main 2011
Alle Rechte vorbehalten.

www.peterlang.de

Meinen Eltern sowie meiner Frau Almuth

Ich möchte mich bei meinen Eltern für die unermüdliche Unterstützung während der Jahre des Studiums und der Anfertigung der Dissertation bedanken. Sie haben mich in allen Umbrüchen und Veränderungen gestärkt und mir vieles möglich gemacht, das ohne ihre Hilfe nicht erreichbar gewesen wäre. Meiner Frau Almuth danke ich für ihre Geduld in den anstrengenden Zeiten der Anfertigung der Promotionsarbeit und ihre vielfältige Unterstützung.

Mein besonderer Dank gebührt meinem Doktorvater Prof. Dr. jur. Jürgen Regge, der mir mit immer neuen Denkanstößen und Fragestellungen neue Perspektiven eröffnete und durch sein Gespür für Entwicklungspotentiale in Rechtsprechung und Literatur viele Verfeinerungen im Laufe des Promotionsprozesses ermöglichte.

Meinem Zweitgutachter Prof. Dr. jur. Frieder Dünkel danke ich für die herausragend schnelle Erarbeitung des Zweitgutachtens.

Das Manuskript wurde im September 2010 fertiggestellt und berücksichtigt den Stand von Rechtsprechung und Literatur zu diesem Zeitpunkt.

Inhaltsübersicht

Inhaltsverzeichnis

Abkürzungsverzeichnis

AG	Amtsgericht
Art.	Artikel
BGB	Bürgerliches Gesetzbuch
BGH	Bundesgerichtshof
BGHSt	Entscheidungen des Bundesgerichtshofs in Strafsachen
BtMG	Gesetz über den Verkehr mit Betäubungsmitteln
BVerfG	Bundesverfassungsgericht
BVerfGE	Entscheidungen des Bundesverfassungsgerichts
BVerwG	Bundesverwaltungsgericht
BVerwGE	Entscheidungen des Bundesverwaltungsgerichts
DÖV	Die Öffentliche Verwaltung
DVBl	Deutsches Verwaltungsblatt
EMRK	Europäische Menschenrechtskonvention
ff.	fortfolgende
Fn.	Fußnote
FS	Festschrift
GA	Goltdammer's Archiv für Strafrecht
GG	Grundgesetz
GVG	Gerichtsverfassungsgesetz
IPBR	Internationaler Pakt über bürgerliche und politische Rechte
JA	Juristische Arbeitsblätter
JR	Juristische Rundschau
Jura	Juristische Ausbildung
JuS	Juristische Schulung
JZ	Juristenzeitung
KK	Karlsruher Kommentar
LG	Landgericht
LR	Löwe – Rosenberg
MDR	Monatsschrift für Deutsches Recht
NJW	Neue Juristische Wochenschrift
NStZ	Neue Zeitschrift für Strafrecht
NStZ-RR	NStZ – Rechtsprechungsreport
NVwZ	Neue Zeitschrift für Verwaltungsrecht
OLG	Oberlandesgericht

PStR	Praxis Steuerstrafrecht
Rn.	Randnummer
S.	Seite
SK	Systematischer Kommentar
StGB	Strafgesetzbuch
StPO	Strafprozessordnung
StraFO	Strafverteidiger – Forum
StV	Der Strafverteidiger
VwGO	Verwaltungsgerichtsordnung
VwVfG	Verwaltungsverfahrensgesetz
wistra	Zeitschrift für Wirtschafts- und Steuerstrafrecht
z.B.	zum Beispiel
zit.	zitiert
ZStW	Zeitschrift für die gesamte Strafrechtswissenschaft

Einleitung

In einer Zeit, in der der Gesetzgeber mit neuen Ermittlungsmethoden immer tiefer und nicht selten zu weitgehend (etwa beim kürzlich als für teilweise verfassungswidrig befundenen „großen Lauschangriff") in den privatesten Bereich der Bürger eingreift, ruht alle Hoffnung auf die Sicherung eines rechtsstaatlichen Mindeststandards auf der Effektivität der richterlichen Kontrolle[1]. Die Belehrungspflichten gegenüber dem Beschuldigten im Ermittlungsverfahren und in der Hauptverhandlung stellen hierbei eine Konkretisierung dieses geforderten „rechtsstaatlichen Mindeststandards" dar. Im Folgenden soll daher der Frage nachgegangen werden, ob die Belehrungspflichten in ihrer derzeitigen Ausprägung die prozessualen Rechte des Beschuldigten hinreichend schützen, oder ob eine Ausweitung der bereits gesetzlich normierten und von der Rechtsprechung weiterentwickelten Belehrungspflichten im Rahmen einer sogenannten „qualifizierten Belehrung" geboten ist, da diesbezüglich keine ausdrückliche gesetzliche Regelung existiert. Den Kern der Fragestellung stellt die Problematik dar, ob bzw. warum der Beschuldigte oder Angeklagte gegebenenfalls auf ein bestehendes Beweisverwertungsverbot oder einen anderweitigen Verfahrensfehler hingewiesen werden muss.

Im ersten Kapitel werden zunächst der Begriff und die Entwicklung der sogenannten „qualifizierten Belehrung" anhand verschiedener Fallgruppen näher erläutert werden. Diese Fallgruppen beinhalten die „qualifizierte Belehrung" nach einem Verstoß gegen die Belehrungsvorschrift des § 136 I 2 StPO, eine solche nach einem Verstoß gegen § 136 a StPO und § 52 III 1 StPO und die „qualifizierte Belehrung" über die Freiheit des Rechtsmittelverzichts nach einer Absprache sowie im Rahmen einer informatorischen Befragung.

Im zweiten Kapitel wird die Belehrung des Beschuldigten in der Vernehmung, d.h. ihr Sinn und Zweck, näher beleuchtet.

Im dritten Teil der Untersuchung wird überprüft, ob die Notwendigkeit zur Erteilung einer qualifizierten Belehrung nach einer rechtswidrigen Hausdurchsuchung besteht, d.h. ob ein zusätzlicher Hinweis auf ein gegebenenfalls bestehendes Beweisverwertungsverbot geboten ist. Dabei werden die Voraussetzungen einer Hausdurchsuchung, die in diesem Zusammenhang möglichen Verfahrensfehler und die daraus resultierenden Rechtsfolgen dargestellt werden. Hierbei

---

1 So Roxin, StV 1997, S. 654

soll besonderes Augenmerk auf einen effektiven Schutz des Grundrechts auf Unverletzlichkeit der Wohnung im Sinne von Art. 13 GG gelenkt werden; wobei hieraus die Frage nach dem Schutz der prozessualen Rechte des Betroffenen bei einer Verletzung eben dieser Verfassungsnorm resultiert.

Im vierten Abschnitt wird geprüft, welche Möglichkeiten sich bisher zur Begründung einer Pflicht zur Erteilung einer qualifizierten Belehrung aus verschiedenen Rechtsinstituten des deutschen Rechts ergaben.

Im fünften Kapitel wird daraufhin – im Rahmen eines eigenen Lösungsansatzes – untersucht, ob noch weitere Rechtsinstitute als taugliche Begründungsbasis für die Pflicht und Notwendigkeit der Erteilung einer qualifizierten Belehrung in Betracht kommen.

Im sechsten Kapitel der Untersuchung wird schließlich überprüft, ob auch Ausnahmen von einer gegebenenfalls vorliegenden Pflicht zur Erteilung einer qualifizierten Belehrung bestehen.

Im siebten und damit letzten Kapitel der Untersuchung wird sodann untersucht, ob die Möglichkeit besteht, aufgrund der im 4. und 5. Kapitel dargestellten Rechtsinstitute einen allgemein-gültigen Lösungsansatz für die Herleitung einer Notwendigkeit zur Erteilung einer qualifizierten Belehrung zu entwickeln.

1. Kapitel: Begriff und Entwicklung der „qualifizierten Belehrung"

A. Der Begriff der „qualifizierten Belehrung"

Um die möglicherweise gegebene Rechtspflicht zur Erteilung einer qualifizierten Belehrung erklären zu können, bedarf diese Art der Belehrung zunächst der Definition.

Unter einer qualifizierten Belehrung ist eine solche zu verstehen, bei der die Aussageperson dann, wenn der Inhalt einer früheren Vernehmung des Beschuldigten unverwertbar ist, zu Beginn der Folgevernehmung (auch) auf eben diese Unverwertbarkeit hingewiesen werden muss, dass es ihm (dem Beschuldigten) freistehe, sich zur Beschuldigung zu äußern oder nicht zur Sache auszusagen, und zwar ohne Bindung an die früheren (unverwertbaren) Angaben[1].

Erklärt die Aussageperson daraufhin, zur Sache aussagen zu wollen und an dem festzuhalten, was sie zuvor (ohne die erforderliche Belehrung) gesagt hat, so ist der Verfahrensfehler geheilt[2]. Dies führt dazu, dass diese Einlassungen dem Urteil zugrunde gelegt werden dürfen.

Freilich beschränkt sich diese Definition auf die qualifizierte Belehrung nach einer fehlerhaft zustande gekommenen Aussage. Fraglich ist jedoch, ob eine solche auch auf andere Verfahrensfehler ausgedehnt werden muss, bzw. kann; beispielsweise auf die Erlangung von Beweismitteln, die im Rahmen einer rechtswidrig durchgeführten Durchsuchung gefunden wurden. Denn diese unterliegen – was noch näher zu erläutern sein wird – einem Beweisverwertungsverbot, auf das der Beschuldigte dann gegebenenfalls durch die Erteilung einer qualifizierten Belehrung hingewiesen werden muss.

Der zu erörternde Problemkreis, liegt darin,

dass der Beschuldigte bzw. Angeklagte qualifiziert dahingehend belehrt werden muss, dass ein Verfahrensfehler vorliegt, der gegebenenfalls die prozessualen Rechte des Beschuldigten beeinträchtigt, so dass daher die Notwendigkeit besteht, den Beschuldigten bzw. Angeklagten im Rahmen einer qualifizierten Belehrung zusätzlich zu der „normalen" Belehrung auch auf eben diesen Verfahrensfehler und seine Rechtsfolgen hinzuweisen.

---

1   Neuhaus, NStZ 1997, S. 312
2   Schlüchter, S. 181

Unklar ist darüberhinaus, ob sich die Notwendigkeit zur Erteilung einer qualifizierten, d.h. erweiterten oder zusätzlichen Belehrung z.b. über das Bestehen eines Beweisverwertungsverbots auch dann ergibt, wenn ein Verstoß beispielsweise gegen § 136 a I StPO oder § 52 III 1 StPO vorliegt.

B. Die Entwicklung des Rechtsinstituts der qualifizierten Belehrung

Der Rechtsbegriff der sogenannten qualifizierten Belehrung beschäftigt Literatur und Rechtsprechung seit dem Ende der sechziger Jahre des 20. Jahrhunderts[3]. Beim Erfordernis der qualifizierten Belehrung geht es um die Frage, ob die Belehrung, wie sie beispielsweise nach §§ 136 I 2 und § 243 IV 1 StPO vor der Vernehmung eines Beschuldigten/Angeklagten oder gemäß §§ 52 III 1 und § 55 II StPO vor einer Zeugenvernehmung in allgemein-üblicher („normaler") Form zu erfolgen hat, unter bestimmten Voraussetzungen nicht in besonderer (d.h. qualifizierter) Weise erteilt werden muss[4].

Einige Stimmen in der Literatur verlangen eine solche qualifizierte Belehrung insbesondere dort, wo es bei einer früheren Vernehmung eines Beschuldigten oder Zeugen zu einem Verstoß gegen Belehrungspflichten gekommen ist[5]. Folge davon sollte sein, dass eine solche Verletzung der erwähnten Hinweispflicht in Bezug auf die vormals getätigte Aussage ein Beweisverwertungsverbot nach sich zieht[6].

Im weiteren Verlauf der Entwicklung des Rechtsinstituts der qualifizierten Belehrung kam dann die Frage auf, ob auch eine qualifizierte Belehrung nach einem Verstoß gegen § 136 a I StPO oder auch nach einem Verstoß gegen § 52 III 1 StPO notwendig ist[7].

Fraglich war darüber hinaus auch, auf welche Art und Weise ein solcher Verfahrensverstoß geheilt werden kann. Dies könnte zum einen dadurch geschehen, dass der Beschuldigte seine fehlerhaft zustande gekommene Aussage in rechtlich einwandfreier Weise wiederholt[8]. Bei dieser Konstellation stellt sich allerdings das psychologische Problem, dass § 136 I 2 StPO vorschreibt, dass es dem Beschuldigten „nach dem Gesetz freisteht, sich zu der Beschuldigung zu äußern

---

3   Geppert, S. 93
4   Geppert, S. 94
5   Grünwald, JZ 1968 S. 754
6   Schünemann, MDR 1969, S. 101 ff.
7   Meyer-Goßner, § 136 a Rn. 30
8   Geyer, S. 111

oder nicht zur Sache auszusagen". Nachdem der Beschuldigte jedoch bereits zuvor eine – wenn auch rechtsfehlerhaft – zustande gekommene Aussage gemacht hatte, könnte er dem Glauben verfallen, dass ihm Schweigen in seiner momentanen Situation sowieso nichts nützt, da er sich ja bereits zur Sache geäußert hat, das „Kind also quasi schon in den Brunnen gefallen ist"[9]. Dies hätte somit zwangsläufig zur Folge, dass die in § 136 I 2 StPO statuierte Aussagefreiheit des Beschuldigten mehr oder weniger leerläuft, obwohl seine frühere Aussage rechtsfehlerhaft zustande gekommen ist.

Dieser Ausschnitt aus der Entwicklung der Problematik der qualifizierten Belehrung nach einer unter Verstoß gegen die Belehrungsvorschrift des § 136 I 2 StPO zustande gekommenen Aussage soll einen kurzen Überblick über das zu behandelnde Thema geben.

I. Die qualifizierte Belehrung nach einem Verstoß gegen die Belehrungsvorschrift des § 136 I 2 StPO

Die Frage, ob eine qualifizierte Belehrung des Beschuldigten nach einer fehlerhaften Beschuldigtenbelehrung notwendig ist, oder dem deutschen Strafprozess nur unnötige Hürden in den Weg stellt, wird und wurde von Literatur und Rechtsprechung unterschiedlich beurteilt.

1. Die frühe Rechtsprechung

a) BGHSt 22, S. 129 ff.

Der 1. Strafsenat des BGH hat zum ersten Mal im Jahre 1968 zur Erforderlichkeit einer qualifizierten Belehrung Stellung genommen. Das vorlegende Oberlandesgericht Karlsruhe vertrat hierbei noch die Rechtsansicht, dass ein seelischer Zwang den Beschuldigten regelmäßig davon abhalten werde, nunmehr sein Recht auf Verweigerung der Aussage zu nutzen, wenn er sich bereits durch die vorherige, unter Missachtung der Vorschrift des § 136 I 2 StPO zustande gekommenen Vernehmung selbst belastet habe[10], denn der Widerruf eines Geständnisses käme nur allzu oft vor. Ähnliches vertritt auch Fischer wenn er zur Verweigerung der Aussage ausführt, eine „ Verweigerung der Aussage sei häufig nur eine momentane Reaktion und nicht so endgültig, wie es oft den Anschein hat"[11]. Der BGH

---

9 Bosch, S. 337
10 So in BGHSt 22, S. 134/135
11 Fischer, S. 31

war jedoch der Ansicht, dass eine Fortwirkung der Zwangslage im Gegensatz zu einem Verstoß gegen die Vorschrift des § 136 a I StPO nicht vorliegt. Spätestens nach einer der Vorschrift des § 136 I 2 StPO entsprechenden Belehrung sei die Aussagefreiheit des Beschuldigten wiederhergestellt und er sei sich dann über die Freiwilligkeit einer erneuten Aussage in vollem Umfang bewusst[12]. Auch eröffne der Grundsatz der freien Beweiswürdigung dem Tatrichter die Möglichkeit, den Wahrheitsgehalt der Angaben des Beschuldigten in Abhängigkeit zu seiner seelischen Zwangslage bzw. psychischen Situation zu würdigen, was sein Recht auf Aussagefreiheit ausreichend wahre[13].

Des weiteren müsse, so der BGH, die Einlassung des Beschuldigten, dass er in Kenntnis seiner Aussagefreiheit auch davon Gebrauch gemacht hätte, außer Betracht bleiben, da ansonsten – unter Hinweis auf Peters – „ein ungeschickter oder gar bestochener Beamter das ganze Verfahren lahm legen" könnte[14].

Folglich kommt der 1. Senat des BGH im Rahmen seiner Ausführungen zu dem Schluss, dass es einer qualifizierten Belehrung dann nicht bedarf, wenn die Belehrung gemäß § 136 I 2 StPO in „normaler" Form nachgeholt wird. Dann sei das Recht des Beschuldigten auf Aussagefreiheit hinreichend geschützt. Eine qualifizierte Belehrung, bei der er auf die Unverwertbarkeit der früheren, rechtsfehlerhaft zustande gekommenen Aussage hingewiesen wird, ist danach nicht erforderlich.

In dieser Entscheidung vermied es der BGH auch, eine eindeutige Stellungnahme zu der Frage abzugeben, ob ein Verstoß gegen die Belehrungsvorschrift des § 136 I 2 StPO ein Beweisverwertungsverbot im Hinblick auf die so gewonnene Aussage begründet[15]. Allerdings verweist der BGH in dieser Hinsicht auf § 136 a III 2 StPO, wonach ein Verwertungsverbot für Aussagen des Beschuldigten, die unter Verstoß gegen § 136 a I StPO erlangt wurden, anzunehmen ist. Ein Verwertungsverbot wie das des § 136 a III 2 StPO dürfe keine weiterreichenden Folgen haben als ein Verwertungsverbot in § 136 StPO. In seiner Entscheidung vertrat der BGH nämlich die Auffassung, dass die Aussage eines Beschuldigten, bei der im Gegensatz zur früheren Aussage kein unzulässiger Druck mehr ausgeübt werde, voll verwertet werden kann, da dann keine Fortwirkung der unzulässigen Vernehmungsmethode mehr vorliege.

Diese Grundsätze überträgt der BGH auch auf § 136 I 2 StPO, so dass er zu dem Schluss kommt, dass dann, wenn der Beschuldigte in einer Folgeverneh-

---

12 BGHSt 22, S. 134
13 BGHSt 22, S. 135/136, Hierbei wird zwar nicht ausdrücklich von einer qualifizierten Belehrung gesprochen, aus dem Gesamtkontext ergibt sich jedoch, dass der BGH eine einfache Belehrung für ausreichend hält.
14 BGHSt 22, S. 135; Peters, S. 338/339
15 BGHSt 22, S. 136/137

mung ordnungsgemäß belehrt werde, die Freiheit seiner Willensentschließung wieder hergestellt sei, er also von seiner Aussagefreiheit Gebrauch machen könne, auch wenn er in der zuvor erfolgten Vernehmung nicht um seine Aussagefreiheit gewusst habe[16]. Somit zog – nach Ansicht des BGH – ein Verstoß gegen die Belehrungsvorschrift des § 136 I 2 StPO kein Beweisverwertungsverbot nach sich, auf das der Beschuldigte durch die Erteilung einer qualifizierten Belehrung hätte hingewiesen werden müssen.

b) BGHSt 22, S. 170 ff.

Im selben Jahr bestätigte der BGH seine Rechtsprechung, wonach ein Verstoß gegen die Belehrungspflicht des § 136 StPO kein Verwertungsverbot nach sich zieht, da die Vorschrift auch in ihrer Neufassung durch das Strafprozessänderungsgesetz zwar „mehr als eine Ordnungsvorschrift" sei, aber immer noch als eine solche zu klassifizieren sei[17]. Begründet wird dies zum einen mit der Entstehungsgeschichte der Norm und zum anderen damit, dass es der Gesetzgeber bei der Neugestaltung der Vorschrift des § 136 StPO unterlassen hat, ein Verwertungsverbot wie das des § 136 a III 2 StPO auch in § 136 StPO zu verankern[18]. Nachdem dies jedoch nicht geschehen war bleibe es dabei, dass § 136 StPO nur eine Ordnungsvorschrift darstellt, deren Nichtbeachtung kein Beweisverwertungsverbot zur Folge hat[19]. Auch eine entsprechende Anwendung des § 136 a III 2 StPO sei nicht möglich, da diese Verfahrensverstöße weitaus gröberer Natur seien und sich daher wesentlich von § 136 StPO unterschieden. Dies zeige, dass ein Verstoß gegen § 136 a I StPO ein Verwertungsverbot nach sich ziehe, ein solcher gegen § 136 StPO nicht.

Damit stellt sich hier gar nicht mehr die Frage, ob der Beschuldigte oder Angeklagte im Rahmen einer qualifizierten Belehrung auf ein Beweisverwertungsverbot nach einer rechtsfehlerhaft zustande gekommenen früheren Aussage hingewiesen werden muss, da ein solches Verwertungsverbot – nach Ansicht des BGH – nicht existiert.

---

16   BGHSt 22, S. 133/134
17   BGHSt 22, S. 173
18   BGHSt, 22, S. 174/175
19   BGHSt 22, S. 175

2. Die heutige Rechtsprechung

a) BGHSt 38, S. 214ff.

Im Jahre 1992 gab der 5. Senat des BGH jedoch die ablehnende Haltung gegenüber der Annahme eines Beweisverwertungsverbots nach einem Verstoß gegen die Belehrungsvorschrift des § 136 I 2 StPO auf[20]. In seiner Entscheidung hob der BGH hervor, dass die Missachtung der Belehrungsvorschrift der §§ 136 I 2, 163 a IV 2 StPO ein Beweisverwertungsverbot begründet und daher der Revision zugänglich sei[21].

Als Begründung für die Annahme eines Beweisverwertungsverbotes führt der BGH insbesondere den Sinn und Zweck der Belehrungsvorschriften an. Durch sie werde dem nemo-tenetur-se-ipsum-prodere-Prinzip Geltung verliehen, wonach niemand gegen sich selbst auszusagen brauche[22]. Werde dieser Hinweis auf die Aussagefreiheit missachtet, so glaube der Beschuldigte, auf eine Handlungsalternative – nämlich die, sich zur Sache einzulassen – beschränkt zu sein, obwohl „er nicht Zeuge gegen sich selbst zu sein brauche"[23]. Vor allem im Ermittlungsverfahren sei der Beschuldigte – im Gegensatz zur Hauptverhandlung – eher der Gefahr ausgesetzt, sich durch eine arglose Aussage selbst zu belasten[24]. Dieses Phänomen sei insbesondere darin begründet, dass dem Beschuldigten im Ermittlungsverfahren meist kein Verteidiger zu Seite stünde und er sich daher „durch die ungewohnte Umgebung bedrückt und verängstigt fühlt". Auch könne der Angeklagte in der Hauptverhandlung seine Einlassungen mit Hilfe seines Verteidigers korrigieren, was ihm bei der Vernehmung im Ermittlungsverfahren aufgrund der fehlenden Möglichkeit sich vorzubereiten verwehrt sei[25].

Folge dieses Verfahrensverstoßes müsse ein Verwertungsverbot sein, das sich aus der Anwendung der Abwägungslehre ergebe. Im Rahmen einer derartigen Abwägung müsse einerseits „das Gewicht des Verfahrensverstoßes sowie seine Bedeutung für die rechtliche Sphäre des Betroffenen" dem Grundsatz, dass der Staat „eine funktionstüchtige Strafrechtspflege zu gewährleisten" habe, einander gegenübergestellt und abgewogen werden[26]. Nachdem die Belehrungspflichten vordergründig dem Schutz des Beschuldigten und erst in zweiter Linie der Erforschung der Wahrheit zu dienen bestimmt seien, falle die Abwägung im Fall

---

20 BGHSt 38, S. 214ff.
21 BGHSt 38, S. 218
22 BGHSt 38, S. 220
23 BGHSt 38, S. 221
24 BGHSt 38, S. 221
25 BGHSt 38, S. 222
26 BGHSt 38, S. 219/220

eines Verstoßes gegen die Belehrungsvorschriften zugunsten eines Beweisverwertungsverbots der ohne Belehrung des Beschuldigten gemachten Aussage aus.

Auch ein Vergleich mit § 136 a StPO, der in Absatz III 2 ausdrücklich ein Verwertungsverbot für Aussagen, die aufgrund der Anwendung einer verbotenen Vernehmungsmethode gewonnen wurden, normiere, lasse nicht den Umkehrschluss dahingehend zu, dass in Ermangelung einer § 136 a III 2 StPO entsprechenden Regelung in § 136 StPO ein Beweisverwertungsverbot bei einem Verstoß gegen § 136 I 2 StPO zu verneinen sei[27]. Denn durch die Verwendung des Wortes „auch" werde deutlich, dass ein solches Verwertungsverbot vom Gesetzgeber vorausgesetzt werde, wobei der Anwendungsbereich der Norm insoweit erweitert sei, als dass selbst eine Zustimmung des Beschuldigten zur Verwertung das Verwertungsverbot nicht beseitige.

Gegen die Annahme eines Beweisverwertungsverbotes spreche auch nicht, dass es der Gesetzgeber bisher verabsäumt habe, sich für oder gegen ein Verwertungsverbot nach einem Verstoß gegen die Belehrungspflichten zu entscheiden, da eine abschließende Normierung von Verwertungsverboten im deutschen Strafprozessrecht nicht existiere[28].

Allerdings lässt der BGH Ausnahmen von dem Grundsatz, dass ein Verstoß gegen die Belehrungspflicht der §§ 136 I 2, 163 a IV 2 StPO ein Verwertungsverbot der so gewonnenen Aussage nach sich zieht, zu. Zwar könne regelmäßig – auch bei Vorbestraften – nicht davon ausgegangen werden, dass diese ihr Recht zu schweigen auch ohne entsprechende Belehrung kennen würden, außer ihnen steht bei der Vernehmung ein Verteidiger zur Seite[29]. Stehe allerdings fest, dass der Beschuldigte gewusst habe, dass er nicht zur Aussage verpflichtet ist, so sei ein Beweisverwertungsverbot nicht die Folge einer unterlassenen Belehrung. Denn in einer solchen Situation gebühre dem „Interesse an der Durchführung des Verfahrens" der Vorrang, da der Beschuldigte nicht in gleichem Maße schützenswert sei, wie ein Beschuldigter, der nicht um seine Aussagefreiheit gewusst habe[30]. Diesen Grundsatz hat der BGH in einer weiteren Entscheidung aus dem Jahre 2001 noch einmal bestätigt[31]. Der BGH hat dabei hervorgehoben, dass auch derjenige, der mit der Rechtslage vertraut ist, unter Umständen wegen der besonderen Situation der Vernehmung im Ermittlungsverfahren des Hinweises nach § 136 Abs. 1 Satz 2 StPO bedarf, um „klare Gedanken" fassen zu können. Wer bei Beginn der Vernehmung auch ohne Belehrung gewusst hat, dass er nicht

---

27 BGHSt 38, S. 222
28 BGHSt 38, S. 223
29 BGHSt 38, S. 225
30 BGHSt 38, S. 224; vgl. insbesondere zur Ausnahme von der Annahme eines Verwertungsverbots nach unterlassener oder fehlerhafter Belehrung, BGHSt 47, S. 172 ff.
31 BGHSt 47, 172 ff.

auszusagen braucht, ist allerdings nicht im gleichen Maße schutzbedürftig wie derjenige, der sein Schweigerecht nicht kannte. Er muss zwar nach § 136 Abs. 1 Satz 2, § 163 a Abs. 4 Satz 2 StPO belehrt werden. Jedoch gilt hier das Verwertungsverbot nach Ansicht des BGH ausnahmsweise nicht. Die dabei vorzunehmende wertende Abwägung ergibt, dass dem Interesse an der Aufklärung des Sachverhalts und der Durchführung des Verfahrens in einem solchen Fall Vorrang gegeben werden kann.

Bei Zweifeln, ob der Beschuldigte Kenntnis von seiner Aussagefreiheit gehabt hat, d.h. ob die Belehrung ordnungsgemäß durchgeführt wurde, habe das Gericht diese im Wege des Freibeweises zu klären. Seien die Zweifel nunmehr noch nicht behoben, so müsse das Gericht von der Unkenntnis des Beschuldigten ausgehen[32].

Allerdings ließ es der BGH in seiner Entscheidung offen, ob ein Hinweis, d.h. eine qualifizierte Belehrung dahingehend erforderlich sei, dass die frühere Aussage des Beschuldigten einem Verwertungsverbot unterfällt und daher nicht gegen ihn verwendet werden kann und er sich nunmehr „zum ersten Mal" ohne Bindung an sein früheres Aussageverhalten entscheiden könne, ob er sich zur Sache einlässt oder von seinem Schweigerecht Gebrauch macht.

b) AG Hann. Münden

Die ablehnende Haltung des BGH zum Erfordernis einer qualifizierten Belehrung nach einer unterlassenen oder fehlerhaften Beschuldigtenbelehrung wurde von einigen Untergerichten jedoch nicht geteilt. Ein Beispiel hierfür ist die amtsgerichtliche Entscheidung des AG Hann. Münden[33]: Ein Beschuldigter, der in einiger Entfernung von seinem verunglückten Auto in betrunkenem Zustand gefunden wurde, „lallte" irgendetwas von „Auto und Unfall". Daraufhin erfolgte durch die Polizeibeamten die Belehrung, dass er nichts mehr sagen müsse. Die Beamten waren sich jedoch nicht sicher, ob der potentielle Fahrer aufgrund seiner Blutalkoholkonzentration von 1,76 Promille die Belehrung überhaupt verstanden hatte. Bei der darauf folgenden Vernehmung wurde er nochmals über seine Aussagefreiheit belehrt. Nach dem Urteil des AG Münden hätten die Polizisten aufgrund der Zweifel bezüglich des Verstehens der ersten Aussage den Beschuldigten qualifiziert dahingehend belehren müssen, dass „im Falle des Schweigens das, was er bisher gesagt hatte, nicht verwertbar sei". Dadurch wäre es ausgeschlossen gewesen, „dass der Angeklagte seine weiteren Angaben nur deshalb

---

32 BGHSt 38, S. 225
33 AG Hann. Münden, StraFo 1997, S. 273; vgl. auch AG München, StV 2001, S. 501; ebenso LG Bamberg, NStZ – RR, S. 311

gemacht hätte, weil er der Meinung war, schon zuvor etwas zugegeben zu haben und deshalb von dieser Aussage sowieso nicht mehr herunterkommen könne"[34].

In dem beispielhaft dargestellten Fall war der Beschuldigte zwar gemäß § 136 I 2 StPO belehrt worden, aufgrund seines alkoholisierten Zustands war er jedoch nicht in der Lage, den Inhalt der Belehrungsformel zu verstehen; d.h., dass er sich seines Rechts die Aussage zu verweigern nicht bewusst war. Dieser Fall ist also nach Ansicht des AG Hann. Münden de facto so zu behandeln, als ob die „erste" Belehrung gar nicht erfolgt ist, was nach der Rechtsprechung des BGH (vgl. BGHSt 38, S. 214 ff.) ein Beweisverwertungsverbot bezüglich der bisherigen Angaben des Beschuldigten zur Folge hatte. Um also dem Beschuldigten die durch § 136 I 2 StPO eingeräumte Aussagefreiheit wieder zu vermitteln, hätte er nach Ansicht des Gerichts qualifiziert, d.h. zusätzlich über das Bestehen des Beweisverwertungsverbots belehrt werden müssen.

c) Resumeé der Entwicklung der Rechtsprechung zur Belehrung

Die Rechtsprechung entwickelte sich nach dem bisher Gesagten in Richtung auf die Notwendigkeit einer qualifizierten Belehrung über das Bestehen eines Beweisverwertungsverbots nach einer unterbliebenen Beschuldigtenbelehrung fort. Zunächst vertrat der BGH 1968[35] die Auffassung, dass die Belehrungsvorschriften lediglich als Ordnungsvorschriften einzuordnen seien, bei deren Missachtung kein Verwertungsverbot die Folge sei. Von dieser Ansicht distanzierte er sich jedoch 1992[36], indem er die Belehrungsvorschriften als Schutzvorschriften zugunsten des Beschuldigten qualifizierte, wobei ein Verstoß gegen diese ein Beweisverwertungsverbot nach sich ziehe[37]. In dieser maßgeblichen Entscheidung ließ es der BGH jedoch ausdrücklich offen, ob, um die Wahrung der Aussagefreiheit des Beschuldigten sicherzustellen, eine qualifizierte Belehrung, das heißt ein erweiterter Hinweis dahingehend, dass die frühere Aussage einem Verwertungsverbot unterfällt, geboten ist[38]. Allein einige wenige Untergerichte, beispielhaft dargestellt an einer Entscheidung des AG Hann. Münden, hielten eine qualifizierte Belehrung nach einer unterbliebenen Beschuldigtenbelehrung explizit für erforderlich. Allerdings scheint sich der BGH neuerdings zumindest

---

34 AG Hann. Münden StrFo 1997, S. 273
35 BGHSt 22, S. 170 ff.
36 BGHSt 38, S. 214 ff.
37 Vgl. dazu auch BGH, JR 2007, S. 125 ff., wonach dann, wenn keine hinreichenden Anhaltspunkte für eine Belehrung nach § 136 StPO vorliegen, und hinzukommt, dass kein Aktenvermerk im Sinne von Nr. 45 I RiStBV gefertigt wurde, Äußerungen, die der Beschuldigte in dieser Vernehmung gemacht hat, nicht verwertet werden dürfen.
38 So auch BGH, NJW 2007, S. 2707/2709

in die Richtung der Notwendigkeit einer qualifizierten Belehrung zu bewegen. In einem Beschluss aus dem Jahre 2004 erkannte er an, dass wenn eine nach § 136 I 2 StPO erforderliche Belehrung unterlassen wurde, dieser Verfahrensfehler durch eine weitere Belehrung geheilt werden kann. Jedoch muss diese erneute Belehrung „den Hinweis auf die Unverwertbarkeit der früheren Aussage enthalten, sogenannte qualifizierte Belehrung"[39]. Nach dieser Entscheidung muss bei pflichtgemäßer Beurteilung der Strafverfolgungsbehörde erst dann von der Zeugen- zur Beschuldigtenvernehmung übergegangen werden, wenn sich der Verdacht so verdichtet hat, dass die vernommene Person ernstlich als Täter in Betracht kommt. Wenn dann trotz starken Tatverdachts nicht von der Zeugen- zur Beschuldigtenvernehmung übergegangen wird und auf diese Weise die Beschuldigtenrechte umgangen werden, so muss der nunmehr als Beschuldigte zu vernehmende qualifiziert über das Bestehen eines Beweisverwertungsverbotes bezüglich seiner früheren unbelehrt, d.h. ohne Beachtung der Beschuldigtenrechte gemachten Aussage belehrt werden . Das OLG Hamm tendiert in einem Beschluss aus dem Jahre 2009 nunmehr jedoch dahin, dass dann, wenn der Beschuldigte bei der auf eine fehlerhafte Vernehmung folgende Beschuldigtenbelehrung zwar gemäß § 136 StPO, nicht aber „qualifiziert" belehrt wurde, daraus nicht ohne weiteres ein Beweisverwertungsverbot hinsichtlich der nachfolgend gemachten Aussage folgt. In solchen Fällen sei die Verwertbarkeit vielmehr durch Abwägung im Einzelfall zu ermitteln[40]. Bei dieser vorzunehmenden Abwägung sei das Strafverfolgungsinteresse des Staates und der Faktor, dass ein Verstoß gegen die Pflicht zur Erteilung einer qualifizierten Belehrung nicht gleich schwer wiegt wie ein Verstoß gegen die Belehrungsvorschrift des § 136 StPO genauso zu berücksichtigen, wie das Vorliegen weiterer Umstände. Diese können in geistigen Defiziten des Beschuldigten, Täuschung oder Zwang, Fehlinformationen seinerseits über die Verwertbarkeit früherer Angaben, das Gewicht des vorherigen Verfahrensfehlers, emotionaler Druck etc. darstellen. Anders wird dies durch das OLG München gesehen. Wurde der Angeklagte vor seiner erstmaligen Vernehmung als Beschuldigter nicht ordnungsgemäß gemäß §§ 163 a IV, 136 I S. 2 StPO belehrt, so besteht auch dann für alle in dieser Vernehmung getätigten Angaben des Angeklagten ein Verwertungsverbot, wenn ihm bei einer späteren Vernehmung eine qualifizierte Belehrung erteilt wurde

---

39   BGH, NJW – Spezial 2005, S. 89; vgl. BGH, StV 2007, S. 452
40   OLG Hamm, StV 2010, S. 5/6

3. Die Ansicht der Literatur

Die Literatur nimmt gegenüber der Rechtsansicht des BGH überwiegend eine ablehnende Haltung ein und verlangt daher eine qualifizierte Belehrung in einer Folgevernehmung des Beschuldigten über das Bestehen eines Beweisverwertungsverbots im Hinblick auf ohne Belehrung gemachte Aussagen in einer früheren Vernehmung[41][42].

Dem BGH sei zuzugeben, dass durch das Erfordernis einer qualifizierten Belehrung bei deren Unterlassung gegebenenfalls ein ganzer Prozess zum Scheitern gebracht werden könnte, nur weil nicht rechtzeitig zusätzlich belehrt wurde. Dies würde die Verpflichtung der Gerichte zur Ermittlung der Wahrheit gemäß § 244 II StPO beeinträchtigen.

Dennoch überzeuge die Ansicht des BGH nach Meinung der Literatur aus verschiedenen Gründen nicht. Zunächst liege in einer erneuten Vernehmung bzw. einem zweiten Geständnis – nach erfolgter „normaler" Belehrung kein Widerruf des alten Geständnisses, sondern ein neues[43]. Des Weiteren gehe der Hinweis des BGH ins Leere, dass die Möglichkeit einer besonders kritischen richterlichen Würdigung des Wahrheitsgehalts der Ausführungen des Beschuldigten dessen prozessuale Rechte ausreichend schützt. Dies widerspreche aller forensischen Erfahrung[44] und sei als „reine Theorie" zwar wünschenswert, aber wenig realitätsnah[45] („Richter sind auch nur Menschen"). Könne nämlich der Angeklagte in der Hauptverhandlung nicht umfangreiches Entlastungsmaterial vorbringen, um seine Aussage bei der Polizei in einem anderen Licht erscheinen zu lassen, so werde an einem Schuldspruch auch für den Fall, dass die Angaben des Beschuldigten das einzige belastende Material darstellen, eher selten ein Weg vorbeiführen[46]. Auch sei dem deutschen Strafprozess eine Wahrheitsfindung um jeden Preis – auch auf die Gefahr hin, dass ein Prozess scheitert – fremd[47]. Die prozessuale Wahrheit allein unter Ausnutzung eines Irrtums des Beschuldigten, der glaubt seine früheren Angaben nicht mehr aus der Welt schaffen können, zu ermitteln, verstoße gegen die Menschenwürde und das allgemeine Persönlichkeitsrecht. Auch folge sogar eine Pflicht des Richters zur qualifizierten Belehrung aus dem Umstand heraus, dass sofern ein Verfahrensverstoß nicht bis zur Hauptverhand-

---

41   OLG München, StraFo 2009, S. 206/207
42   Bährle, S. 110 (Fn. 89); Trüg, JA 2004, S. 396; Beulke, NStZ 1996, S. 261; Schünemann, MDR 1969, S. 102
43   Schünemann, MDR 1969, S. 103; Geppert, S. 102
44   Grünwald, JZ 1966, S. 500
45   Sieg, MDR 1984, S. 725
46   Geyer, S. 132
47   Rose/Witt, JA 1997, S. 762;

lung geheilt wird, er nicht nur befugt, sondern verpflichtet sei, den Verfahrensfehler zu heilen. Aus diesen Gründen sei die Ansicht des BGH abzulehnen, die
es dem Beschuldigten beinahe unmöglich mache, das „Für und Wider" seiner
Aussage abzuwägen.

Dieses Erfordernis einer qualifizierten Belehrung wird von Seiten der Literatur dabei nicht nur aus einer Art von Ingerenzhaftung abgeleitet, derzufolge der
Staat einen von seinen Organen verursachten Belehrungsfehler durch eine zusätzliche Belehrung wieder zu korrigieren habe[48]. Der ausschlaggebende Grund
für das Erfordernis einer qualifizierten Belehrung ist der Denkansatz, dass der
Beschuldigte ohne eine qualifizierte Belehrung dem Irrtum unterliegen könnte,
seine frühere – belastende, mit einem Verwertungsverbot belegte – Aussage oh-
nehin nicht mehr ausräumen zu können[49]. Dies treffe vor allem für den noch unverteidigten Beschuldigten im Ermittlungsverfahren zu, der, wenn er beispielsweise seine Aussage vor derselben Vernehmensperson wiederholt, die möglichen
Auswirkungen eines bestehenden Schweigerechts verkennt. Da die Pflicht zur
Belehrung dem Schutz und der Gewährleistung der Rechte des Beschuldigten
zu dienen bestimmt sei, sei sie notwendiger Bestandteil eines rechtsstaatlichen
fairen Verfahrens und damit von verfassungsrechtlichem Gewicht (Art. 20 III,
Art. 6 I EMRK)[50].

Aus eben diesen Gründen kommt die herrschende Ansicht in der Literatur
zu dem Schluss, dass eine qualifizierte Belehrung des Beschuldigten über das
Bestehen eines Beweisverwertungsverbots bezüglich einer fehlerhaften oder
unterlassenen früheren Belehrung unabdingbar sei[51].

4. Eigene Stellungnahme

Wurde der Beschuldigte im Ermittlungsverfahren oder in der Hauptverhandlung
nicht über sein Aussageverweigerungsrecht belehrt, so ist er, wenn er um das
ihm zustehende Aussageverweigerungsrecht nicht wusste, qualifiziert über das
Bestehen eines Beweisverwertungsverbots im Hinblick auf die Aussage in seiner
früheren Vernehmung zu belehren[52]. Denn allein dann wird er nicht glauben, bei
seiner früheren, unbelehrt gemachten Aussage bleiben zu müssen, obwohl er diese unter Umständen nicht aufrechterhalten will[53]. Eine bloße Wiederholung der
ursprünglichen Belehrung, ohne den zusätzlichen Hinweis auf ein bestehendes

---

48 Geppert, S. 105; Bosch, S. 340/341
49 Beulke, NStZ 1996, S. 261
50 Schmidt, NJW 1968, S. 1209 ff.; Schorn, JR 1967, S. 203
51 Neuhaus, NStZ 1997, S. 314; Bosch, S. 339; Trüg, JA 2004, S. 399; Grünwald, JZ 1983, S. 719
52 So auch Joecks, § 136 a Rn. 28
53 So auch Volk, S. 40

Beweisverwertungsverbot wird dagegen der Subjektstellung des Beschuldigten im Strafprozess nicht gerecht. Dann würde ihm nicht vor Augen geführt, dass er wählen kann, ob er sich weiter zur Sache einlässt, oder von seinem Aussageverweigerungsrecht Gebrauch macht und die frühere Aussage damit unverwertbar bleibt[54].

War sich der Beschuldigte oder Angeklagte seines Rechts zu schweigen dagegen bewusst, so ist er nicht in gleicher Weise schutzwürdig, wie ein Beschuldigter, der keine Kenntnis um sein Aussageverweigerungsrecht hat. In diesem Fall ist eine qualifizierte Belehrung nicht erforderlich, da bereits kein Verwertungsverbot bezüglich der früheren, unbelehrt gemachten Aussage besteht[55].

II. Die qualifizierte Belehrung nach einem Verstoß gegen § 136 a StPO

Weiterhin wird bei der Notwendigkeit der Erteilung einer qualifizierten Belehrung die Fallgruppe diskutiert, wenn bei der ersten Vernehmung des Beschuldigten verbotene Vernehmungsmethoden im Sinne des § 136 a I StPO zur Anwendung kamen und der Beschuldigte dann gegebenenfalls auf das gemäß § 136 a III 2 StPO bestehende Verwertungsverbot hingewiesen werden muss.

1. Die Ansicht der Rechtsprechung

a) LG Dortmund, NStZ 1997, S. 356 f.

Auch die Rechtsprechung verlangt unter gewissen Umständen bei einem Verstoß gegen § 136 a I StPO die Erteilung einer qualifizierten Belehrung. Beispielhaft für das Erfordernis einer solchen Belehrung ist ein Urteil des Landgerichts Dortmund[56]. In diesem Fall nahmen die Beamten einen Mann fest, der im – immer noch betrunkenen Zustand – im Verdacht stand, seinen Vater getötet zu haben. Daraufhin belehrten die Beamten ihn gemäß § 136 StPO. Aufgrund seines hohen Blutalkoholgehalts wurde er ins Krankenhaus eingeliefert, wo er wenig später im Zustand des Deliriums ein Geständnis ablegte. Zu diesem Zeitpunkt war er jedoch bereits aufgrund der Entzugserscheinungen nicht mehr vernehmungsfähig. Zwei Tage später wurde er von der Haftrichterin erneut vernommen, wobei auch sie ihn über sein Aussageverweigerungsrecht belehrte[57]. Im Verlauf dieser Vernehmung bestätigte er seine früheren Angaben, machte jedoch nach wie vor

---

54 So auch Eisenberg, Rn. 577, Burhoff, Rn. 1378
55 Vgl. Ranft, S. 129
56 LG Dortmund, NStZ 1997 S. 356 f.
57 LG Dortmund, NStZ 1997, S. 357

einen eher verwirrten Eindruck. In der späteren Hauptverhandlung machte der Angeklagte von seinem Aussageverweigerungsrecht Gebrauch.

Das Gericht stellte im Verlauf der Verhandlung fest, dass sowohl das Geständnis vor den beiden Polizeibeamten, als auch dasjenige vor der Haftrichterin dem Verwertungsverbot des § 136 a III 2 StPO unterfiele. Aufgrund seiner stark ausgeprägten Alkoholkrankheit und der darauf beruhenden Entzugserscheinungen befand sich der Angeklagte bei den jeweiligen Vernehmungen in einem Zustand der Ermüdung gemäß § 136 a I StPO. Dadurch unterlag bereits die erste Vernehmung durch die Polizei einem Beweisverwertungsverbot gemäß § 136 a III 2 StPO. Diese verbotene Vernehmungsmethode wirkte nach Ansicht des Gerichts auch auf die folgende Vernehmung durch die Richterin fort. Eine solche Fortwirkung auf nachfolgende Vernehmungen könne zwar normalerweise nur „unter besonderen Umständen" angenommen werden[58], jedoch dann, wenn sich der Betroffene bei der nachfolgenden Vernehmung bezüglich des „Ob" und „Wie" seiner Aussage nicht bewusst war.

So liegt der Fall auch hier. Der Angeklagte berief sich darauf nicht ausgesagt zu haben, wenn er gewusst hätte, dass seine Aussage vor der Polizei bzw. der Haftrichterin mit einem Verwertungsverbot belegt gewesen ist. Folglich glaubte der Angeklagte, aussagen zu müssen, obwohl er nach dem nemo-tenetur-Prinzip nicht dazu verpflichtet war, sich selbst durch Angaben zur Sache zu belasten.

Diese Einlassung des Angeklagten sei nach Ansicht des Landgerichts nicht widerlegt worden. Daher sei von einer Fortwirkung des Verstoßes gegen § 136 a I StPO auszugehen, so dass auch die zweite Aussage dem Beweisverwertungsverbot des § 136 a III 2 StPO unterfiel. Auf die Frage, ob zur Heilung dieses Verstoßes eine qualifizierte Belehrung erforderlich gewesen wäre komme es daher nicht mehr an[59].

Aus den Ausführungen des Gerichts lässt sich aber im Ergebnis eine Tendenz dahingehend erkennen, dass es, um einen Verstoß gegen § 136 a I StPO zu heilen, der Erteilung einer qualifizierten Belehrung bedarf, um eine mögliche Fortwirkung eines Beweisverwertungsverbots zu vermeiden.

Es bleibt daher festzuhalten, dass die Rechtsprechung dem Erfordernis einer qualifizierten Belehrung gegenüber keine grundsätzlich ablehnende Haltung einnimmt, wie sich am obigen Beispiel des Verstoßes gegen eine verbotene Vernehmungsmethode zeigt.

---

58 LG Dortmund, NStZ 1997, S. 357
59 LG Dortmund, NStZ 1997, S. 358

b) „Der Fall Daschner", StV 2003, S. 325ff.

Diese immer noch als „zurückhaltend" zu bezeichnende Rechtsprechung zum Erfordernis einer qualifizierten Belehrung bezüglich des Bestehens eines Beweisverwertungsverbots im Sinne des § 136 a III 2 StPO nahm jedoch in einem vom Landgericht Frankfurt im Jahre 2003 entschiedenen Fall eine neue Wendung[60]. Im sogenannten „Fall Daschner" wurde dem Beschuldigten im Rahmen einer polizeilichen Vernehmung Folter angedroht, sollte er den Vernehmungsbeamten nicht den Aufenthaltsort eines vermissten und gegebenenfalls toten Kindes verraten[61]. Aus dieser Folterandrohung ergab sich nach Ansicht des Landgerichts Frankfurt am Main noch kein Verfahrenshindernis. Jedoch seien nachfolgende Vernehmungen wegen einer Fortwirkung des Verstoßes gegen § 136 a I StPO, ebenso gemäß § 136 a III 2 StPO unverwertbar, wie die unter Folterandrohung getätigte, es sei denn, der Beschuldigte sei ausdrücklich auf die Unverwertbarkeit seiner durch die Anwendung verbotener Vernehmungsmethoden gemachten Angaben hingewiesen, also qualifiziert belehrt worden[62].

Das Landgericht Frankfurt betonte in seiner Entscheidung, dass eine Fortwirkung des Verstoßes gegen § 136 a I StPO nur unter besonderen Umständen anzunehmen sei. Eine derartige Fortwirkung des Verfahrensverstoßes komme dabei umso weniger in Betracht, je länger dieser zeitlich zurückliege. Hier fanden die Folgevernehmungen unmittelbar im Anschluss an die Vernehmung statt, bei der dem Beschuldigten Folter angedroht wurde, so dass eine Fortwirkung anzunehmen war. Daher war, um die Aussagefreiheit des Beschuldigten wiederherzustellen, eine qualifizierte Belehrung über das Bestehen eines Beweisverwertungsverbots gemäß § 136 a III 2 StPO bezüglich seiner ersten Aussage notwendig[63]. Dieser Hinweis müsse, so das Gericht, „unmissverständlich sein, damit, falls der Betroffene bereits zuvor ein Geständnis abgelegt hat ihm deutlich vor Augen geführt wird, dass er sich nunmehr – nach erfolgter qualifizierter Belehrung – unbelastet von seinem früheren Aussageverhalten – frei entscheiden kann, ob er sich zur Sache einlässt, oder von seinem Schweigerecht Gebrauch macht. Denn ansonsten entstünde (beim nunmehr Angeklagten) der Eindruck, er sei an seine früheren Aussagen gebunden, was seine Wahlmöglichkeiten – wiederum auszusagen oder zu schweigen – auf eine Alternative, nämlich die, seine früheren Einlassungen zu bestätigen bzw. zu wiederholen, beschränke.

---

60   LG Frankfurt, StV 2003, S. 325 ff.
61   LG Frankfurt, StV 2003, S. 325 ff.
62   LG Frankfurt, StV 2003, S. 325 f.
63   LG Frankfurt, StV 2003, S. 326; vgl. auch BGH NStZ 1996, S. 290/291

2. Die Ansicht der Literatur

Literatur und Rechtsprechung sind sich im vorliegenden Fall einig, dass ein Verstoß gegen das Verbot der Anwendung verbotener Vernehmungsmethoden zu der Erteilung einer qualifizierten Belehrung bezüglich des Bestehens eines Beweisverwertungsverbots zwingt[64]. Es geht hier vorwiegend darum, ob der Beschuldigte bzw. Angeklagte in seiner Entscheidung ein weiteres Mal auszusagen, deshalb unfrei ist, weil er ein „Schweigen oder Leugnen jetzt für sinnlos und prozesstaktisch widersinnig hält"[65]. Wenn ein Beschuldigter in seiner ersten Vernehmung bereits körperlich bedroht wurde, daraufhin Angaben macht und nunmehr in seiner Folgevernehmung darauf hingewiesen wird, dass es ihm freisteht, sich zur Sache zu äußern oder von seinem Schweigerecht Gebrauch zu machen, wird er diesen Hinweis als reine Floskel ansehen. Denn es wird ihm nicht einleuchten, welchen Sinn es machen soll, in seiner momentanen Lage zu schweigen. Er wird dem Irrtum unterfallen, dass seine unter Anwendung einer verbotenen Vernehmungsmethode zustande gekommene Aussage zumindest mittelbar einer Verwendung gegen ihn zugänglich ist[66]. Dies läuft darauf hinaus, dass es nicht auf die Belehrung gemäß § 136 StPO an sich ankommt, sondern darauf, dass sich das Bewusstsein der Wahlfreiheit der Entscheidung bezüglich der Ingebrauchnahme der Aussagefreiheit in Übereinstimmung mit der tatsächlichen Rechtslage befindet[67]. Nach dieser besteht ein Beweisverwertungsverbot gemäß § 136 a III 2 StPO, so dass die erste Aussage unerheblich, d.h. einer Verwertung nicht zugänglich ist und der Betroffene immer noch schweigen kann. Daher ist eine positive Information des Beschuldigten über seine Rechtslage notwendig, um seine Aussagefreiheit auch in der physischen Realität zu gewährleisten. Auch dass die Einführung dieser Aussage durch Verlesung des Protokolls oder durch Vernehmung der Verhörspersonen nicht zulässig ist, muss ihm entsprechend im Rahmen einer qualifizierten Belehrung mitgeteilt werden[68]. Dies sei Bestandteil eines fairen Verfahrens, wobei der Staat eben solche Aussagen nicht verwerten darf, die unter Verstoß gegen § 136 a I StPO erlangt worden sind, sondern der Beschuldigte muss auf die Unverwertbarkeit der vormals getätigten Aussage im Rahmen einer qualifizierten Belehrung hingewiesen werden[69].

---

64   Vgl. KK – Boujong, § 136 a Rn. 41 mit weiteren Nachweisen; SK – Rogall, § 136 a Rn. 86; Joerden, JuS 1993, S. 931; Eisenberg, Rn. 711 a; Schlüchter, S. 67; Volk, S. 46; vgl. Klein, S. 90–96
65   Weigend, StV 2003, S. 438
66   Weigend, StV 2003, S. 439; Degener, GA 1992, S. 449
67   BGH, NStZ 1988, S. 420; Saliger, ZStW 2004, S. 52
68   Burkhard, StraFO 2001 (www.strafo.de/archivver/aufsatzburk.htm)
69   Saliger, ZStW 2004, S. 53

3. Eigene Stellungnahme

Wenn die Aussage des Beschuldigten in einer Vernehmung unter Anwendung verbotener Vernehmungsmethoden im Sinne von § 136 a I StPO zustande gekommen ist, so ist diese gemäß § 136 a III 2 StPO unverwertbar. Auf eben diese Unverwertbarkeit ist der Beschuldigte in einer Folgevernehmung durch eine qualifizierte Belehrung hinzuweisen. Denn ebenso wie der über sein Aussageverweigerungsrecht unbelehrte Beschuldigte, weiß der von einer verbotenen Vernehmungsmethode Betroffene als zumeist Rechtsunkundiger nicht um das bestehende Beweisverwertungsverbot. Daher wird auf ihm regelmäßig der Druck lasten, dass er sich an die bereits zuvor gemachte – unverwertbare – Aussage gebunden fühlt.

Der Hinweis auf das gemäß § 136 a III 2 StPO bestehende Beweisverwertungsverbot ist auch vor dem Hintergrund eines erst-recht-Schlusses notwendig und geboten. Wenn bereits der zunächst unbelehrte Beschuldigte qualifiziert über das Bestehen eines Beweisverwertungsverbots bezüglich seiner früheren Aussage zu belehren ist, so muss dies erst recht auch für einen von einer verbotenen Vernehmungsmethode Betroffenen gelten. Denn in seiner Situation kommt erschwerend hinzu, dass er z.B. bereits körperlich bedroht oder auf sonstige Weise zu einer Aussage gebracht worden ist. Er wird sich den Strafverfolgungsbehörden gegenüber somit als ausgeliefert ansehen, so dass aus seiner Sicht Schweigen keinen Sinn (mehr) macht, da ihm eine Aussage/ein Geständnis bereits „abgenötigt" wurde.

Der von einer verbotenen Vernehmungsmethode Betroffene ist daher darauf hinzuweisen, dass er sich nunmehr völlig unbelastet von der vorherigen Aussage zur Sache einlassen oder von seinem Schweigerecht Gebrauch machen kann, da die frühere Aussage unter Verstoß gegen § 136 a I StPO zustande gekommen und daher unverwertbar ist.

III. Die qualifizierte Belehrung nach einem Verstoß gegen die Belehrungsvorschrift des § 52 III 1 StPO

Zu erörtern ist weiter, ob auch im Rahmen einer Zeugenvernehmung die Pflicht zur Erteilung einer „qualifizierten Belehrung" besteht. Auch zu dieser Fragestellung sind die Darstellungen in Rechtsprechung und Literatur eher als „dünn gesät" zu bezeichnen.

1. Die Belehrungspflicht des § 52 III 1 StPO

§ 52 III 1 StPO schreibt vor, dass eine zur Verweigerung des Zeugnisses im Sinne des Absatz 2 berechtigte Person über dieses Recht zu belehren ist. Sinn und Zweck dieser Regelung ist es, dem Zeugen den Gewissenkonflikt zwischen der Verpflichtung zur Einhaltung der Wahrheit einerseits (vgl. § 57 StPO) und der möglichen Belastung eines Angehörigen andererseits zu ersparen[70]. Dem Zeugen wird also über § 52 III 1 StPO eine Wahlmöglichkeit dahingehend eingeräumt, entweder auszusagen oder von seinem Zeugnisverweigerungsrecht Gebrauch zu machen[71]. Damit stellt sich § 52 StPO als eine unmittelbare Ausprägung des nemo-tenetur-Prinzips dar[72]. Dieses umfasst auch das Recht, nicht dazu gezwungen werden zu dürfen, einen nahen Angehörigen zu belasten[73].

2. Folge der Verletzung der Belehrungsvorschrift

Wurde die Belehrungsvorschrift des § 52 III 1 StPO dadurch verletzt, dass der Zeuge entgegen dieser gesetzlich normierten Pflicht nicht über das ihm zustehende Zeugnisverweigerungsrecht informiert wurde, so darf die Aussage des Zeugen nach herrschender Ansicht nicht verwertet werden[74]. Es besteht ebenso wie bei § 252 StPO ein Verlesungs- und Verwertungsverbot[75].

3. Heilung des Verwertungsverbots

Fraglich und schwierig gestaltet sich die Frage, wie das Verwertungsverbot, das eine unterlassene Zeugenbelehrung nach sich zieht, geheilt werden kann. Der Zeuge, der sich mangels Kenntnis seines Rechts die Auskunft zu verweigern zur Sache eingelassen und dadurch gegebenenfalls das „familiäre Vertrauensverhältnis" erschüttert hat möchte dieses möglicherweise durch eine weitere Aussage wieder herstellen, was ohne die Annahme eines Verwertungsverbotes nicht möglich wäre, da dann die zuvor erfolgte Vernehmung immer noch im Raum stünde, also verwertet werden könnte[76].

---

70 Meyer-Goßner, § 52 Rn. 1
71 Kaiser, S. 159
72 SK – Rogall, § 52 Rn. 8; Rogall, JZ 1996, S. 951; Bosch, S. 342; OLG Stuttgart, NStZ 1981, S. 272 f; BayObLG, NJW 1984, S. 1246
73 SK – Rogall, vor § 133 Rn. 153;
74 Meyer-Goßner, § 52 Rn. 32; Kühne, Rn. 910; Jäger, GA 2008, S. 486
75 Rose/Witt, JA 1998, S. 402
76 Eisenberg/Zötsch, NJW 2003, S. 3677

a) *Heilung des Verwertungsverbots durch Nachholung*
der Belehrung oder qualifizierte Belehrung?

Zunächst muss bezüglich der Heilung des Verfahrensfehlers festgestellt werden, ob dies durch bloßes Nachholen der ursprünglich zu erteilenden Belehrung erreicht werden kann, oder ob hierzu die Erteilung einer qualifizierten Belehrung, d.h. ein Hinweis auf das bestehende Beweisverwertungsverbot notwendig ist. Dazu müsste eine Heilung zu diesem Zeitpunkt noch möglich sein. Anerkannt ist, dass eine Heilung dieses beweisrechtlichen Mangels bis zur Urteilsverkündung statthaft ist[77].

aa) Die Ansicht der Rechtsprechung

Nach Auffassung des Großen Senats des BGH reicht die bloße Nachholung der versäumten Zeugenbelehrung aus. Denn „ein Recht das man nicht kennt, kann man nicht ausüben"[78]. Allerdings sei der verfahrensrechtliche Mangel dann geheilt, wenn der Zeuge in der erneuten Vernehmung zum Ausdruck gebracht habe, dass er auch nach einer Belehrung gemäß § 52 III 1 StPO sein ihm zustehendes Auskunftsverweigerungsrecht nicht genutzt hätte[79]. Wesentlicher Bestandteil dieser Rechtsprechung ist auch, dass ein Verfahrensverstoß dann als geheilt gilt, wenn der Zeuge auf ein ihm zustehendes Zeugnisverweigerungsrecht verzichtet bzw. ausdrücklich sein Einverständnis zur Verwertung der zuvor – ohne Belehrung – gemachten Aussage erteilt[80]. Davon sei auch eine zuvor ohne die erforderliche Belehrung gemachte Aussage im Rahmen eines (notfalls konkludenten) Einverständnisses umfasst[81].

Des Weiteren sei eine Heilung dann nicht erforderlich, wenn die zunächst ohne Belehrung gemachte Aussage mit der unter Beachtung der Belehrungsvorschriften gemachten Aussage inhaltlich deckungsgleich sei[82], wobei ein entsprechendes Einverständnis mit der Verwertung der früheren Aussage fingiert wird. Wenn also der Zeuge seine in der Vernehmung im Ermittlungsverfahren (ohne Belehrung) gemachte Aussage in der Hauptverhandlung mit dem selben Inhalt wiederholt, so kann dies einer nachträglich, aufgrund der nunmehr erfolgten Belehrung ausdrücklich gegebenen Zustimmung zur Verwertung der früher

---

77   Geppert, S. 114
78   BGHSt 12, S. 238.
79   BGH NJW 1985, S. 1470; BGH NJW 1996, S. 206; BGHSt 20, S. 234 f.; BGHSt 12, S. 242
80   BGH, NStZ 1999, S. 91
81   BGH NJW 2003, S. 2619
82   BGH, NStZ 1999, S. 91

getätigten Aussage gleichgesetzt werden. Folglich greife dann kein Verwertungsverbot ein, so dass auch keine Heilung desselben notwendig sei.

In Fällen der Deckungsgleichheit von unbelehrt gemachten Aussagen und einer solchen, die unter Beachtung der Verfahrensvorschriften getätigt wurde, mag eine Ausnahme vom Bestehen eines Verwertungsverbots vertretbar sein, da es keinen Unterschied macht, auf welche der beiden Einlassungen sich das Gericht bei seiner Beweiswürdigung stützt[83].

Allerdings sind in der Rechtsprechung auch Tendenzen dahingehend zu erkennen, das Erfordernis einer qualifizierten Belehrung auch auf Beweisverwertungsverbote zu erstrecken, die im Zusammenhang mit einer rechtsfehlerhaft zustande gekommenen Zeugenaussage stehen[84].

In dem hier[85] zugrunde liegenden Fall war eine minderjährige Zeugin vor der Untersuchung durch eine Sachverständige nicht über ihr Mitwirkungs- und Aussageverweigerungsrecht belehrt worden. Nach Ansicht des BGH werde dieser Fehler, der an sich zur Unverwertbarkeit der Aussage führt, dadurch geheilt, dass die Zeugin nach entsprechender Belehrung in Kenntnis der Fehlerhaftigkeit der ersten Befragung bzw. Untersuchung der Verwertung zugestimmt hat[86].

Wenn die Zeugin also der Verwertung der Erkenntnisse aus einer früheren verfahrensfehlerhaft zustande gekommenen Vernehmung zustimmen konnte, so musste sie zwingend dahingehend informiert werden, dass ihre früheren Einlassungen einem Beweisverwertungsverbot unterfielen und daher nur dann einer Verwertung zugänglich sind, wenn sie einer Verwertung zustimmt. Ansonsten bliebe es bei dem bestehenden Beweisverwertungsverbot.

Eine solche Vorgehensweise kann unter den Begriff der qualifizierten Belehrung subsumiert werden, da sie über den Inhalt der eigentlichen Zeugenbelehrung hinausgeht, also eine zusätzliche weitergehende Belehrung beinhaltet. Allerdings wird eine derartige Belehrung seitens des BGH nicht explizit so bezeichnet, auch wenn sie im Ergebnis unter jene Begrifflichkeit fällt[87].

Des Weiteren führt der BGH in einem Beschluss aus dem Jahre 2006 aus, dass ein Zeuge, der trotz Zeugnisverweigerung die Verwertung seiner bei nicht richterlichen Vernehmungen gemachten Angaben gestattet, über die Folgen seines Verzichts auf das sonst bestehende Beweisverwertungsverbot ausdrücklich zu belehren ist[88]. Diese „qualifizierte" Belehrung sei – nicht anders als die qualifizierte Belehrung nach einer Urteilsabsprache – eine wesentliche Förmlich-

---

83 Eisenberg/Zötsch, NJW 2003, S. 3677
84 Vgl. BGH, JR 2000, S. 339 f.
85 Vgl. BGH, JR 2000, S. 339 f.
86 BGH, JR 2000, S. 340; vgl. auch BGHSt 20, S. 234
87 Deckers, NJW 1996, S. 3110
88 BGH, StV 2007, S. 22/23

keit und deshalb nach allgemeinen Grundsätzen gemäß § 273 I StPO zu protokollieren[89].

bb) Zwischenergebnis

Die soeben dargestellte Auffassung der Gerichte behandelt nur einen Teilaspekt der hier interessierenden Fragestellung, worauf sich diese nachträgliche Belehrung inhaltlich richten muss[90], nämlich denjenigen, ob sich die nachträgliche Belehrung auch darauf erstrecken muss, dass dem Zeugen ein Hinweis dahingehend gegeben wird, dass seine frühere, ohne die erforderliche Belehrung gemachte Aussage einem Verwertungsverbot unterfällt und er sich nunmehr unbelastet von früheren Angaben „erstmals" äußern kann. Eine derartige Rechtsauffassung lässt sich seitens der Gerichte nur sehr vereinzelt erkennen.

cc) Die Ansicht der Literatur

Der Teil der Literatur, der bereits die Notwendigkeit einer derartigen „qualifizierten Belehrung" bezüglich des Bestehens eines Beweisverwertungsverbots nach einer unterbliebenen bzw. rechtsfehlerhaft zustande gekommenen Beschuldigtenbelehrung verlangt hat, muss hier aufgrund der verfahrensrechtlich ähnlichen Situation zu einem vergleichbaren Ergebnis kommen[91].

Die psychologische Situation des zunächst unbelehrten Zeugen ist der des Beschuldigten, der ohne die gemäß § 136 I 2 StPO erforderliche Belehrung vernommen wird und nunmehr – ohne das bestehende Beweisverwertungsverbot zu kennen – aufgrund mangelnder juristischer Vorbildung glaubt, an seine früheren unbelehrt gemachten Einlassungen gebunden zu sein, ähnlich.

Zunächst hat der Zeuge – unbelehrt – einen beschuldigten Angehörigen durch eine Aussage belastet. Nachdem nunmehr die fehlende Belehrung festgestellt wurde, wird der Zeuge ordnungsgemäß im Sinne von § 52 III 1 StPO belehrt und dahingehend befragt, ob er in Kenntnis seines Zeugnisverweigerungsrechts eine Aussage getätigt hätte.

Hierdurch wird der Zeuge aus seinem Dilemma jedoch nicht befreit. Zwar weiß er jetzt, dass ihm ein Auskunftsverweigerungsrecht zusteht, er wird aber aller Wahrscheinlichkeit keinen Gebrauch davon machen. Ihm ist bewusst, dass er – sollte er nun die Aussage verweigern – ein „eher schlechtes Bild auf den

---

89 BGH, StV 2007, S. 22/23
90 Geppert, S. 115
91 Füllkrug, Kriminalistik 1989, S. 272/273; vgl. auch Beulke, S. 75/76, der die Erteilung einer qualifizierten Belehrung als generelle Voraussetzung für die Heilung von Verfahrensverstößen fordert; Bosch, S. 342; Geppert, S. 115

Beschuldigten projiziert", was unter Umständen zu dessen Verurteilung – nach Auffassung des Zeugen – noch beiträgt.

Folglich würde der Zeuge dadurch, dass er nunmehr zwar ordnungsgemäß, aber ohne den Hinweis auf ein bestehendes Beweisverwertungsverbot belehrt wird, seiner ihm gesetzlich zustehenden Wahlmöglichkeit sich zur Sache einzulassen oder die Auskunft zu verweigern, beraubt.

Daher überträgt ein Teil der Literatur das Erfordernis der Pflicht zur Erteilung einer qualifizierten Belehrung hinsichtlich des Bestehens eines Beweisverwertungsverbots auch auf den Fall, dass ein Zeuge in einer früheren Vernehmung nicht gemäß § 52 III 1 StPO ordnungsgemäß belehrt wurde[92].

b) Zwischenergebnis

Wird eine gemäß § 52 III 1 StPO erforderliche Zeugenbelehrung unterlassen, so ist – nach teilweise vertretener Auffassung – zur Heilung dieses Verfahrensfehlers eine qualifizierte Belehrung, die den Hinweis auf die Unverwertbarkeit der früheren Aussage enthält, notwendig.

4. Der Übergang von der Zeugen- zur Beschuldigtenvernehmung

Zu erörtern ist auch, ob bei dem Zeugen, bei dem sich im Rahmen einer Zeugenvernehmung herausstellt, dass er auch als Beschuldigter in Betracht kommt, eine qualifizierte Belehrung dahingehend erfolgen muss, dass seine früheren Angaben, die er als Zeuge gemacht hat und die ihn unter Umständen belasten, einem Verwertungsverbot unterfallen.

Einerseits gilt gegenüber einem Zeugen die Pflicht zur Belehrung gemäß § 55 StPO, wenn die Möglichkeit besteht, dass er sich durch die wahrheitsgetreue Aussage der Gefahr der Strafverfolgung aussetzt. Andererseits hat der Betroffene mit dem Übergang von der Zeugen- zur Beschuldigtenvernehmung ein generelles Aussageverweigerungsrecht im Sinne von § 136 I 2 StPO und nicht nur ein „punktuelles" Aussageverweigerungsrecht wie es ihm § 55 StPO verleiht[93].

Hat sich also der Zeuge während seiner Vernehmung bereits zur Sache eingelassen und sich dabei selbst belastet, was bewirkte, dass er jetzt als Beschuldigter vernommen werden soll, so führt die Nichtbeachtung des § 55 II StPO zu einem Beweisverwertungsverbot bezüglich seiner anfänglich gemachten Einlassungen[94]. Daher ist der nunmehr Beschuldigte auch in dieser Fallkonstellation

---

92 Geyer, S. 119; Geppert, S. 115; Rogall, S. 231;
93 Geyer, S. 119
94 Meyer-Goßner, § 55 Rn. 17; vgl. BGH, NStZ 2008, S. 48

qualifiziert über das Bestehen eines Beweisverwertungsverbots zu belehren, damit er in „seiner Rolle als Beschuldigter" von dem ihm durch § 136 I 2 StPO verliehenen generellen Aussageverweigerungsrecht Gebrauch machen kann[95]. Denn ohne einen derartigen Hinweis würde er sich an seine früheren Zeugenangaben gebunden fühlen und nicht von der ihm gesetzlich eingeräumten Wahlmöglichkeit (§ 136 I 2 StPO), die Aussage zu verweigern oder auszusagen de facto Gebrauch machen können[96].

5. Eigene Stellungnahme

Im Rahmen „einer qualifizierten Zeugenbelehrung" sind verschiedene Gesichtspunkte zu berücksichtigen. Zum einen soll der Zeuge durch die einfache Belehrungspflicht vor einem Gewissenkonflikt zwischen seiner Pflicht die Wahrheit zu sagen einerseits und seiner ethisch moralischen Verpflichtung einen Angehörigen durch seine Aussage nicht belasten zu müssen andererseits geschützt werden. Durch die Vorschriften, die dem Zeugen die Wahlmöglichkeit bieten, sich zur Sache einzulassen oder von seinem Auskunftsverweigerungsrecht Gebrauch zu machen, wird also die Freiheit seiner Willensbildung geschützt, da er sich eben ohne „Zwang" entscheiden können soll. Von einem juristisch nicht vorgebildeten oder gar kindlichen Zeugen kann ein derartiges Vorwissen nicht pauschal erwartet werden. Es kann eher davon ausgegangen werden, dass er sich – ohne Belehrung – aufgrund der neuartigen Situation z.B. der erste Kontakt mit Polizeibeamten, die ungewohnte Situation einer Vernehmung etc. dazu verpflichtet fühlt, gegen einen Verwandten auszusagen oder zumindest überhaupt irgendetwas zur Sache zu sagen. Sollte ein Zeuge aufgrund derartiger Umstände (ohne Belehrung) eine Aussage getätigt haben, so muss ihm, um die gesetzlich vorgegebene Wahlfreiheit wiederherzustellen, eine qualifizierte Belehrung erteilt werden. Darin ist ihm mitzuteilen, dass er immer noch bzw. wieder von seinem Recht, die Aussage zu verweigern Gebrauch machen kann, oder sich zur Sache einlassen kann. Gleichzeitig muss ihm dabei vermittelt werden, dass seine frühere Aussage einem Beweisverwertungsverbot unterfällt und damit „keinerlei Relevanz entfaltet".

Selbiges muss auch dann gelten, wenn eine zunächst als Zeuge vernommene Person später in derselben Angelegenheit als Beschuldigter vernommen wird. Auch hier wird der nunmehr Beschuldigte aufgrund seiner früheren Vernehmung glauben, die dabei gewonnenen, ihn unter Umständen belastenden Einlassungen

---

95 Vgl. Trüg, StraFo 2005, S. 203; Bosch, S. 342; Geppert, S. 116; BGH, StraFo 2009, S. 150/151
96 Vgl. auch BGH, NJW – Spezial 2005, S. 89; Schäfer, StV 2004, S. 215; vgl. Grasnick, NStZ 2010, S. 158/159

seien gegen ihn verwertbar, obwohl ein Beweisverwertungsverbot besteht. Um dem nunmehr Beschuldigten die von § 136 StPO vorgesehene Aussagefreiheit einzuräumen, muss er daher qualifiziert dahingehend belehrt werden, dass seine als Zeuge gemachte Aussage einem Verwertungsverbot unterfällt und er daher nach wie vor in seiner Entscheidung frei ist, sich (erneut) zur Sache einzulassen, oder von seinem Schweigerecht Gebrauch zu machen. Gestützt wird diese Auffassung auch durch eine neuere Entscheidung des BGH aus dem Jahre 2008[97]. Wird danach ein Tatverdächtiger zunächst zu Unrecht als Zeuge vernommen, so ist er wegen des Belehrungsverstoßes entgegen der Vorschrift des § 136 Abs. 1 Satz 2 StPO bei Beginn der nachfolgenden Vernehmung als Beschuldigter auf die Nichtverwertbarkeit der früheren Angaben hinzuweisen („qualifizierte" Belehrung). Unterbleibt die qualifizierte Belehrung, sind allerdings die trotz rechtzeitigen Widerspruchs nach der Belehrung als Beschuldigter gemachten Angaben nach Maßgabe einer Abwägung im Einzelfall verwertbar. Neben dem in die Abwägung einzubeziehenden Gewicht des Verfahrensverstoßes und des Sachaufklärungsinteresses ist nach Ansicht des BGH maßgeblich darauf abzustellen, ob der Betreffende nach erfolgter Beschuldigtenbelehrung davon ausgegangen ist, von seinen früheren Angaben nicht mehr abrücken zu können

IV. Die qualifizierte Belehrung über die Freiheit des Rechtsmittelverzichts nach Absprache

Eine weitere Fallgruppe, bei der möglicherweise die Anwendung einer qualifizierten Belehrung zum Tragen kommt, ist die über die Freiheit des Rechtsmittelverzichts nach bzw. im Rahmen einer Urteilsabsprache.

1. Die frühe Rechtsprechung

a) BGHSt 43, S. 195 ff.

1997 legte der 4. Senat des BGH fest, unter welchen Voraussetzungen eine Urteilsabsprache zulässig sei. Dies sollte zum einen dann der Fall sein, wenn alle Verfahrensbeteiligten – Gericht, Staatsanwaltschaft, Verteidigung und Angeklagter – in öffentlicher Hauptverhandlung an der Absprache beteiligt gewesen seien, wobei das Ergebnis der Absprache als wesentliche Verfahrenshandlung ins Protokoll der Hauptverhandlung aufzunehmen ist[98].

---

97 BGH, NJW 2009, S. 1427 ff.
98 BGHSt 43, S. 205 ff.

Des Weiteren dürfe das Gericht für den Fall der Ablegung eines glaubhaften Geständnisses des Angeklagten lediglich eine Strafobergrenze, die es nicht überschreiten würde zusagen, nicht jedoch bereits in den Vorfeldverhandlungen auf eine bestimmte Strafe erkennen[99]. Dabei sei das Gericht jedoch dann nicht an die zugesagte Strafobergrenze gebunden, wenn ihm bisher schwerwiegende Faktoren, wie zum Beispiel dass die Tat aufgrund neuer, bisher unbekannter Beweismittel als Verbrechen und nicht wie angenommen als Vergehen zu bewerten sei, unbekannt waren und daher nicht der Urteilsabsprache zugrunde gelegt werden konnten[100].

Weitere Voraussetzung für die Zulässigkeit einer Urteilsabsprache sei auch, dass es sich bei Zusage einer Strafobergrenze um eine schuldangemessene Strafe handeln muss, um damit auch dem Unrechtsgehalt der Tat Rechnung zu tragen[101]. Das Geständnis darf allerdings auch dann strafmildernd berücksichtigt werden, wenn es nicht aus Reue, sondern aus prozesstaktischen Gründen abgegeben wurde.

Allerdings, so der 4. Senat, sei die Vereinbarung eines Rechtsmittelverzichts mit dem Angeklagten vor der Urteilsverkündung nicht zulässig. Denn eine derartige Vorgehensweise bedeutet quasi den „Tausch" eines Verzichts auf Rechtsmittel gegen die Inaussichtstellung einer milderen Strafe. Dies sei unzulässig, weil dies eine „unzulässige Verknüpfung der Rechtsmittelbefugnis mit der Höhe der Strafe, auf die der Angeklagte keinen Einfluss haben darf" zur Folge hätte[102]. Auch stehe der Vereinbarung eines Rechtsmittelverzichts vor Verkündung des Urteils entgegen, dass ein Rechtsmittelverzicht zu diesem Zeitpunkt nicht möglich sei (vgl. § 302 I StPO). Eine andere Sichtweise würde, so der 4. Senat, bedeuten, dass der Angeklagte, bevor er die Entscheidung des Gerichts kennt, auf die „Kontrollmöglichkeit" der Rechtsmitteleinlegung verzichten würde[103]. Folglich soll die Unwirksamkeit eines Rechtsmittelverzichts in der Urteilsabsprache auch die Willensbildung des Angeklagten schützen.

Damit geht der 4. Senat konform mit der Rechtsansicht des 3. Senats, wonach die Annahme der Unwirksamkeit des Rechtsmittelverzichts in einer Urteilsabsprache nötig ist, da der Angeklagte ein Geständnis ablege, sich dadurch einer wesentlichen Verteidigungsmöglichkeit begebe und daher mit ihm nicht bereits vor der Urteilsverkündung ein Rechtsmittelverzicht vereinbart werden dürfe[104].

---

99 BGHSt 43, S. 207; zur Unzulässigkeit der Vereinbarung einer „Punktstrafe" vgl. auch BGH, StV 2007, S. 23/24
100 BGHSt 43, S. 210
101 BGHSt 43, S. 208/209
102 BGHSt 43, S. 204/205; Meyer-Goßner, Einl. Rn. 119 ff.; Weigend, NStZ 1999, S. 60; Braun, S. 80; Rönnau, wistra 1998, S. 49/50
103 BGHSt 43, S. 205
104 Vgl. BGHSt 45, S. 231; BGH NStZ 1995, S. 556/557

Allerdings ließ es der BGH in seiner Entscheidung offen, ob der Angeklagte dann, wenn in der Absprache unzulässigerweise ein Rechtsmittelverzicht vereinbart wurde, der Angeklagte in „qualifizierter" Form dahingehend belehrt werden muss, dass es für ihn trotz des vormals zugesagten (unzulässigen) Rechtsmittelverzichts nach wie vor möglich ist, nach Verkündung des Urteils Rechtsmittel einzulegen.

b) BGH, wistra 2004, S. 232 ff.

Zu Beginn des Jahres 2004 war jedoch der 2. Senat des BGH noch der Überzeugung, dass dann, wenn bei einer Urteilsabsprache ein Rechtsmittelverzicht vereinbart wurde, dieser nicht ohne weiteres unwirksam sei[105]. Ein Rechtsmittelverzicht der genannten Art sei nur ausnahmsweise unwirksam, nämlich bei „Verhandlungsunfähigkeit, Dissens, nicht eingehaltener sonstiger Zusagen, unrichtiger Auskunft, unzulässiger Willensbeeinflussung durch Täuschung, Drohung etc.", also nur bei schwerwiegenden Willensmängeln. Dies gelte auch dann, wenn der Rechtsmittelverzicht durch das Gericht herbeigeführt oder zumindest beeinflusst wurde. Der Grund hierfür sei, dass die Rechtskraft durch Rechtsmittelverzicht Geschäftsgrundlage einer Urteilsabsprache sei und somit auch in einer Urteilsabsprache ein Rechtsmittelverzicht vereinbart werden könne. Ein Rechtsmittelverzicht sei jedoch dann unwirksam, wenn die Urteilsabsprache selbst unwirksam sei und diese zur Unwirksamkeit der Urteilsabsprache führenden Gründe auch zur Unwirksamkeit des Rechtsmittelverzichts führen würden.

Daher sei auch keine qualifizierte Belehrung – außer in den genannten Ausnahmefällen – dahingehend erforderlich, dass der in der Urteilsabsprache vereinbarte Rechtsmittelverzicht unwirksam sei und es dem Rechtsmittelberechtigten daher immer noch frei stehe, Rechtsmittel einzulegen. Nach der Rechtsansicht des BGH sei es dem verteidigten Angeklagten bewusst, dass er immer noch Rechtsmittel einlegen könne und eine qualifizierte Belehrung aus diesem Grunde überflüssig sei[106]. Auch sei der Rechtsmittelverzicht auf den sich alle Beteiligten – Gericht, Angeklagter, Verteidiger und Staatsanwaltschaft – verständigt haben gerade Geschäftsgrundlage der Urteilsabsprache, so dass es seltsam anmuten würde, wenn der Angeklagte nunmehr noch qualifiziert über die nach wie vor bestehende Freiheit Rechtsmittel einlegen zu können, zusätzlich belehrt werden müsse. Nach Auffassung des BGH hätte eine derartige Belehrung „nur eine Alibifunktion und würde in der Praxis nichts ändern"[107].

---

105 BGH, wistra 2004, S. 232
106 BGH, wistra 2004, S. 233
107 BGH, wistra 2004, S. 233

2. Die heutige Rechtsprechung des Großen Senats (NJW 2005, S. 1444 ff.)

Im März 2005 entschied der Große Senat für Strafsachen des Bundesgerichtshofs, dass eine Urteilsabsprache im Strafprozess zulässig sei[108]. Allerdings folge die Unwirksamkeit eines Rechtsmittelverzichts nicht automatisch aus einem unzulässigen Verzicht im Rahmen einer Urteilsabsprache, Rechtsmittel einzulegen. Denn die Urteilsabsprache betreffe den ersten Teil des Verfahrens bis zur Verkündung des Urteils. Dieses stelle dann eine zeitliche Zäsur dar, nach der dann – im zweiten Verfahrensabschnitt – auf die Einlegung von Rechtsmitteln verzichtet werden könne. Aufgrund dieser beiden voneinander zu unterscheidenden Verfahrensteile sei es daher nicht möglich, bereits vor der Verkündung des Urteils auf die Rechtsmitteleinlegung zu verzichten, so dass ein solcher Verzicht im Rahmen einer Urteilsabsprache unwirksam sei[109].

Damit beseitigte er die zwischen dem 2. und 4. Senat bestehenden Divergenzen. Insofern hält er also an der Rechtsprechung des 4. Strafsenats fest, wonach ein Gericht im Rahmen einer Urteilsabsprache weder an der Aushandlung eines Rechtsmittelverzichts beteiligt sein darf, noch den Rechtsmittelberechtigten in eine solche Richtung drängen darf[110]. Der BGH begründet seine Ansicht damit, dass eine derartige Vorgehensweise die Würde des Gerichts verletzt und seiner Autorität schadet. Des Weiteren sei zu befürchten, dass wenn das Gericht bei der Vereinbarung eines Rechtsmittelverzichts beteiligt sei, es aufgrund der Hoffnung, seine Entscheidung werde nicht mehr nachgeprüft, weniger sorgfältig bei der „Ermittlung des Sachverhalts, bei seiner Subsumption unter das materielle Strafrecht und bei der Bestimmung der schuldangemessenen Strafe" handeln würde[111]. Ein Rechtsmittelverzicht der so zustande gekommen ist, ist also unwirksam.

Darum entschied der Große Senat für Strafsachen des Bundesgerichtshofs, dass bei jedweder Urteilsabsprache – „mit Gesprächen über einen Rechtsmittelverzicht oder ohne, mit oder ohne Aufnahme in das Protokoll der Hauptverhandlung" – der Betroffene zusätzlich zu der nach § 35 a 1 StPO vorgeschriebenen Rechtsmittelbelehrung dahingehend qualifiziert zu belehren ist, dass er – trotz des in der Urteilsabsprache vereinbarten (unzulässigen und daher unwirksamen) Rechtsmittelverzichts – immer noch befugt ist, Rechtsmittel gegen das Urteil einzulegen. Diese zusätzliche Belehrung ist nach Ansicht des Großen Senats gemäß

---

108 BGH, NJW 2005, S. 1441
109 BGH, NJW 2005, S. 1445
110 Ebenso, BGH, NStZ 2008, S. 416
111 BGH, NJW 2005, S. 1444

§ 273 I StPO als wesentliche Förmlichkeit zu protokollieren, wobei sich auf sie auch die Beweiskraft des Protokolls gemäß § 274 StPO erstreckt[112].

Der Betroffene ist also dahingehend zu belehren, dass ihn eine Ankündigung seinerseits im Rahmen einer Urteilsabsprache keine Rechtsmittel einzulegen, weder rechtlich noch sonst in irgend einer Weise bindet, sondern er frei darüber entscheiden kann, ob er von seinem Recht, Rechtsmittel einzulegen, Gebrauch machen will. Diese erweiterte Hinweispflicht gelte auch unabhängig von Empfehlungen der anderen Verfahrensbeteiligten, auch von denen des Verteidigers[113].

Als Grund für die Notwendigkeit der qualifizieren Belehrung über die Freiheit des Rechtsmittelverzichts nach einer Urteilsabsprache führt der BGH den Schutz vor möglichen Willensbeeinträchtigungen des Betroffenen bei der nach einer Urteilsabsprache abgegebenen Erklärung über den Verzicht auf Rechtsmitteleinlegung ins Feld. Denn der Angeklagte wird sich an die im Vorfeld getroffene Vereinbarung, auf Rechtsmittel zu verzichten gebunden fühlen, vor allem dann, wenn der „deal" auf Empfehlung seines Verteidigers gemacht wurde und er daraufhin in Vorleistung ein Geständnis abgelegt hat. Aus diesem Grund müsse der Betroffene darauf hingewiesen werden, dass er unabhängig von dem zuvor „versprochenen" Verzicht immer noch in der Lage ist, Rechtsmittel einzulegen[114].

Verzichtet der Angeklagte nunmehr – nach Erteilung einer qualifizierten Belehrung – auf Rechtsmittel, so ist dieser Verzicht wirksam und unwiderruflich, da dem Betroffenen jetzt vor Augen geführt worden ist, dass er in seiner Entscheidung Rechtsmittel einzulegen trotz des Verzichts in der Urteilsabsprache immer noch frei ist[115].

Wurde eine derartige qualifizierte Belehrung jedoch nicht erteilt, so kann der Betroffene innerhalb der Rechtsmitteleinlegungsfrist Rechtsmittel einlegen[116]. Ein Verzicht auf die qualifizierte Belehrung selbst ist nicht möglich[117]. Einer unbefristeten Möglichkeit Rechtsmittel einzulegen bedarf es nach Ansicht des Großen Senats nicht, da ansonsten derjenige, der keinen Rechtsmittelverzicht erklärt hat im Vorteil gegenüber demjenigen wäre, der ohne die qualifizierte Belehrung, also nach einfacher Rechtsmittelbelehrung auf Rechtsmittel verzichtet hat. Demnach kommt die Vermutungsregel des § 44 S. 2 StPO nach einer unterbliebenen qualifizierten Belehrung nicht zur Anwendung[118]. Grund hierfür sei auch, dass der Rechtsmittelverzicht des Betroffenen meist darauf zurückzuführen sei, dass die

---

112 Vgl. BGH, StV 2005, S. 489 ff.; BGH, wistra 2006, S. 146 ff.
113 BGH, NJW 2005, S. 1446
114 BGH, StV 2005, S. 315; vgl. dazu auch BGH, NStZ 2006, S. 464/465
115 BGH, wistra 2007, S. 272
116 BGH, NJW 2005, S. 1446; ebenso KG, StV 2008, S. 293/294
117 BGH, NStZ 2007, S. 475
118 BGH, StV 2005, S. 315

gefundene Verständigung seinen Interessen entspricht. Müssten die Fristenregelungen für Rechtsmittel in diesem Fall nunmehr nicht zur Anwendung kommen, so bestünde die Gefahr – die im Interesse der Rechtssicherheit nicht hinnehmbar sei –, dass der Betroffene allein aus einem späteren „Motivwechsel" heraus zeitlich unbegrenzt Rechtsmittel einlegen könnte[119]. Auch stellt die Unkenntnis des Angeklagten oder seines Verteidigers von der bisherigen Rechtsprechung des Bundesgerichtshofs zur Wirksamkeit eines abgesprochenen Rechtsmittelverzichts keine Verhinderung im Sinne von § 44 S. 1 StPO dar, die eine Wiedereinsetzung in den vorigen Stand rechtfertigen könnte[120].

3. Die Ansicht der Literatur

In der Literatur ist bisher die Frage, ob eine qualifizierte Belehrung über die Freiheit des Rechtsmittelverzichts notwendig ist, nicht einheitlich beantwortet worden.

a) Die Ansicht von Satzger und Höltkemeier

Satzger und Höltkemeier vertreten die Rechtsauffassung, dass einer qualifizierten Belehrung über die Freiheit des Rechtsmittelverzichts nach einer Absprache – so wie es der 2. Senat betont – lediglich eine „Alibifunktion" zukomme[121]. Denn der Angeklagte sei von seinem Rechtsbeistand bereits über die Belehrung informiert worden, wisse daher also, dass der vormals vereinbarte Rechtsmittelverzicht unwirksam sei und er daher immer noch frei darüber entscheiden könne, ob er Rechtsmittel einlegt oder nicht. Auch könne man – wie es die Gegenansicht vertritt – nicht von einer Beeinträchtigung der Willensbildungsfreiheit ausgehen. Denn der Wunsch nach einem Rechtsmittelverzicht seitens des Angeklagten komme zumeist vom Vorsitzenden, so dass keine „Neutralisierung der Willensbildung" vorliegt, wenn der Vorsitzende eine Belehrung des Angeklagten dahingehend vornimmt, dass es ihm – trotz des zuvor (unter seiner Mitwirkung) zustande gekommenen Rechtsmittelverzichts – immer noch freisteht, Rechtsmittel

119 BGH, StV 2005, S. 315
120 BGH, wistra 2005, S. 344/345; so auch BGH, wistra 2006, S. 146/147; kritisch dazu Joecks, Einleitung Rn. 186, § 302 En. 13
121 Satzger/Höltkemeier, NJW 2004, S. 2489; vgl. auch Duttge/Schoop, StV 2005, S. 422; vgl. des weiteren Meyer, HRRS 2005, S. 242–245; allgemein kritisch zur qualifizierten Belehrung, Dahs, NStZ 2005, S. 581–582, wobei er sich über das mangelnde Vertrauen, das der Beschluss des Großen Senats in Verteidiger und Richter zu setzen scheint, beklagt.

einzulegen[122]. Auch vertritt Satzger in diesem Zusammenhang die Auffassung, dass sich der Richter mit seinem Verhalten in Widerspruch setzt, wenn er einmal (unzulässigerweise) auf einen Rechtsmittelverzicht hinwirkt und nunmehr eine qualifizierte Belehrung dahingehend erteilt, dass der vormals vereinbarte Rechtsmittelverzicht unwirksam sei[123].

b) Die Ansicht von Rieß und Meyer-Goßner

Rieß vertritt dagegen die Rechtsauffassung, dass die Erteilung einer qualifizierten Belehrung dahingehend notwendig ist, dass der Angeklagte weiterhin die Möglichkeit hat, trotz des – unzulässigen – Rechtsmittelverzichts, Rechtsmittel einzulegen[124]. Das Erfordernis einer solchen qualifizierten Belehrung leitet sich nach Rieß aus dem Rechtsinstitut der prozessualen Fürsorgepflicht ab. Denn wenn es in den Verantwortungsbereich des Gerichts fällt, dass im Rahmen einer Urteilsabsprache ein – an dieser Stelle unzulässiger – Rechtsmittelverzicht vereinbart wurde, so müsse es auch dafür Sorge tragen, dass „die nicht ausschließbare motivierende Kraft dieser Vereinbarung neutralisiert wird"[125]. Nach Rieß besteht also eine besondere „Rechtspflicht, prozessuales Fehlverhalten zu neutralisieren[126]".

Dieser Rechtsansicht schließt sich auch Meyer-Goßner im Grundsatz an. Denn er hält es zumindest für „denkbar", dass eine erweiterte Hinweispflicht des Gerichts dergestalt existiert, dass es den Angeklagten vor der Annahme des Rechtsmittelverzichts darauf hinweist, dass ein zuvor im Rahmen einer Absprache vereinbarter Rechtsmittelverzicht unwirksam ist[127]. Dies habe dann zur Folge, dass wenn diese zusätzliche Belehrung nicht erteilt wurde, eine Wiedereinsetzung in den vorigen Stand gemäß § 44 S. 2 StPO gewährt wird.

Zwar verwendet Meyer-Goßner die Formulierung „qualifizierte Belehrung" nicht explizit, seine Ausführungen entsprechen aber inhaltlich denen des Großen Senats, so dass die von Meyer-Goßner angenommene erweiterte „Hinweispflicht" einer Pflicht zur Erteilung einer qualifizierten Belehrung entspricht.

---

122 Satzger/Höltkemeier, NJW 2004, S. 2489; vgl. auch Duttge/Schoop, StV 2005, S. 422: vgl. auch Fahl, ZStW 2005, S. 622
123 Satzger, JA 2005, S. 686
124 Rieß in FS Meyer-Goßner, S. 655/660; vgl. Wegner, PStR 2005, S. 150
125 Rieß in FS Meyer-Goßner, S. 656
126 Rieß in FS Meyer-Goßner, S. 656
127 Meyer-Goßner, Einl. Rn. 119 g

c) Die Ansicht von Seher

Auch Seher befürwortet im Grundsatz eine qualifizierte Belehrung über die Freiheit des Rechtsmittelverzichts, wenn dieser – unzulässigerweise – im Rahmen einer Absprache vereinbart wurde. Allein beim Zeitpunkt zu dem die qualifizierte Belehrung nach Ansicht des Großen Senats zu erfolgen hat, nämlich nach der Urteilsverkündung, setzt Seher mit seiner Kritik an. Nach seiner Ansicht muss die qualifizierte Belehrung vor der Absprache erfolgen, da sie nach dem Urteil verspätet erteilt werde[128]. Diese Vorverlagerung der qualifizierten Belehrung habe ihre Rechtfertigung darin, dass dadurch die Rechte des Angeklagten umfassender gewährleistet werden könnten. Denn dann wisse der Angeklagte bereits, dass ein Rechtsmittelverzicht in einer Urteilsabsprache nicht vereinbart werden dürfe, darum nicht ins Protokoll aufgenommen werde und, sollte dennoch ein Verzicht auf Rechtsmittel erfolgen, dieser nicht protokolliert werden dürfe und der Verzicht somit de facto als nicht stattgefunden gilt. Nach Seher wäre eine nach Urteilsverkündung erteilte qualifizierte Belehrung dann zwar nicht überflüssig, „aber auf eine Erinnerungsfunktion" beschränkt[129].

Allerdings bezweifelt Seher, dass der Richter, der zuvor – wenn auch unzulässigerweise – an der Vereinbarung des Rechtsmittelverzichts mitgewirkt hat, die geforderte qualifizierte Belehrung über die trotz der Absprache nach wie vor bestehende Freiheit, Rechtsmittel einzulegen, dem Angeklagten überzeugend darlegen kann[130].

4. Eigene Stellungnahme

Hat der Angeklagte aufgrund einer Absprache mit den übrigen Verfahrensbeteiligten einen Rechtsmittelverzicht vereinbart, bei dem das Gericht mitgewirkt hat, so ist dieser unwirksam. Über diese Unwirksamkeit ist der Angeklagte qualifiziert zu belehren[131]. Denn die freie Willensentschließung des Angeklagten ist auch in diesem Verfahrensstadium zu wahren. Daher hat nach jedem, auf einem „deal" beruhenden Urteil eine qualifizierte Belehrung über die Rechtsmitteleinlegung zu erfolgen, unabhängig davon, ob von der Absprache ein Rechtsmittelverzicht erfasst sein sollte, oder nicht. Der Angeklagte ist immer über die Freiheit, trotz der Absprache Rechtsmittel einlegen zu können, qualifiziert zu belehren[132]. Hierfür spricht auch, dass der Angeklagte nach einer Urteilsabsprache weder auf

---

128 Seher, JZ 2005, S. 636; noch weitergehender Fahl, ZStW 2005, S. 625–627
129 Seher, JZ 2005, S. 636
130 Seher, JZ 2005, S. 636
131 So auch BGH, NJW 2007, S. 1829
132 So auch Eisenberg, Rn. 48

die gesetzlich vorgeschriebene noch auf die qualifizierte Belehrung verzichten kann[133]. Denn ansonsten wird er glauben, an die Absprache gebunden zu sein, obwohl es ihm trotzdem frei steht, Berufung oder Revision einzulegen. Durch die Erteilung einer qualifizierten Belehrung wird der auf dem Angeklagten lastende „faktische Motivationsdruck" zumindest abgemildert[134]. Denn der Angeklagte wird ansonsten einem Rechtsirrtum dahingehend unterliegen, dass er aufgrund der Absprache – und der damit einhergehenden Erwartungshaltung bezüglich der Nichteinlegung von Rechtsmitteln – faktisch daran gehindert ist, Berufung oder Revision einzulegen.

Jedoch überzeugt die Rechtsansicht des Bundesgerichtshofs, wonach § 44 S. 2 StPO nicht anwendbar sei, da der Rechtsmittelverzicht des Betroffenen meist darauf zurückzuführen sei, dass die gefundene Verständigung seinen Interessen entspricht, nicht. Denn gemäß § 44 S. 2 StPO gilt die Fristversäumung als unverschuldet, wenn die Belehrung nach § 35 a StPO unterblieben ist. Dies muss jedoch auch dann gelten, wenn die geforderte qualifizierte Belehrung unterblieben ist, da diese eine erweiterte Hinweispflicht, zusätzlich zu der „normalen" darstellt, so dass für die qualifizierte Belehrung nichts anderes gelten kann. Auch vor dem Hintergrund, dass die unrichtige oder unvollständige Belehrung der unterbliebenen entspricht, ist § 44 S. 2 StPO anwendbar[135].

5. Die weitere Entwicklung der Gesetzgebung

Durch das Gesetz zur Regelung der Verständigung im Strafverfahren vom 29. Juli 2009 ist der Gesetzgeber der Aufforderung des Großen Senats nunmehr nachgekommen und hat die Praxis der Urteilsabsprache durch die Einfügung eines neuen § 257 c StPO und die Etablierung eines sogenannten „Verständigungsverfahrens" anerkannt. Dabei hat sich der Gesetzgeber weitestgehend an die Vorgaben des Großen Senats gehalten, teilweise wurde auch darüber hinausgegangen. Dies führte zu einigen rechtlichen Unsicherheiten, da der Gesetzgeber auch die geforderte qualifizierte Belehrung bei den Regelungen über das Verständigungsverfahren mit aufgenommen. Der nunmehr neu eingefügte § 35 a StPO hat dabei folgenden Wortlaut: „Ist einem Urteil eine Verständigung (§ 257 c) vorausgegangen, ist der Betroffene darüber zu belehren, dass er in jedem Fall in seiner Entscheidung frei ist, ein Rechtsmittel einzulegen".

Dies verhält sich grundsätzlich konträr zu der Neufassung des § 302 Abs. 1 S. 2 StPO, der vorschreibt, dass ein Rechtsmittelverzicht nach einer Urteilsabsprache

133 BGH, NStZ 2007, S. 475; vgl. BGH, wistra 2007, S. 314
134 So auch Altenhain/Haimerl, GA 2006, S. 298
135 So auch Rieß, JR 2006, S. 438

überhaupt nicht mehr wirksam abgegeben werden kann. Bei Gegenüberstellung dieser beiden Vorschriften erscheint die Regelung des § 35 a S. 3 StPO überflüssig, vor allen Dingen da der neue § 35 a S. 3 StPO nur nach einer Verständigung gemäß § 257 c StPO gilt, nicht aber bei unzulässigen heimlichen Rechtsmittelverzichtsvereinbarungen. § 35 a S. StPO sollte aber vielmehr als Schutzvorschrift zugunsten des Beschuldigten verstanden werden, die in dieser Form nicht überflüssig ist, da sich der Beschuldigte aufgrund der getroffenen Absprache u.U. vorschnell gezwungen sehen könnte, auf Rechtsmittel zu verzichten, so dass die zusätzliche Belehrungspflicht in § 35 a StPO mit aufgenommen wurde. Im Rahmen von heimlichen Rechtsmittelverzichtsvereinbarungen ist dabei auch zu beachten, dass sie – nicht wie es § 257 c StPO aufgrund des implementierten Transparenzgebotes vorsieht – in der Hauptverhandlung zustande gekommen sind[136]. Damit ist die Absprache unwirksam, so dass § 35 a S. 3 StPO und die darin vorgesehen erweiterte Belehrung gar nicht erst zu Anwendung kommt.

§ 257 c Abs. 4 StPO legt in seiner Neuregelung weiter fest, dass eine Verständigung die Beteiligten grundsätzlich bindet. Aufgrund dieser Neuregelung besteht ein praktisches Bedürfnis, die Überprüfung der Verständigung in einem Strafverfahren durch eine zweite Instanz zu ermöglichen. Daher werden die Beteiligten in ihrem Recht gegen ein Urteil Rechtsmittel einzulegen nicht beschränkt. Dies ergibt sich aus der Neufassung des § 302 Abs. 1 StPO. Diese neue Vorschrift ist damit noch strenger als die durch den Großen Senat für Strafsachen im Jahre 2005 entwickelten Grundsätze bezüglich eines Rechtsmittelverzichts bei einer Absprache im Strafverfahren. Denn dieser hatte die Möglichkeit eines Rechtsmittelverzichts noch ausdrücklich offen gelassen, der entsprechende Vorschlag der Bundesregierung konnte sich jedoch nicht durchsetzen[137]. Vielmehr wurde § 35 a S. 3 StPO neu in die StPO integriert, wonach der Betroffene in jedem Fall darüber zu belehren ist, dass er in seiner Entscheidung frei ist, Rechtsmittel einzulegen. Diese „Unabdingbarkeit eines Rechtsmittelverzichts" soll eine ganzheitliche Kontrolle der erstinstanzlichen Gerichte dergestalt sicherstellen, dass dort Verständigungen so verlaufen, wie es die Absicht des Gesetzgebers ist, nämlich die Transparenz von Absprachen zu gewährleisten.

---

136 Schlothauer/Weidner, StV 2009, S. 604
137 Vgl. Weimar/Mann, StaFO 2010, S. 12 ff.

V. Die qualifizierte Belehrung nach dem Übergang von der informatorischen Befragung zur Vernehmung

Auch beim Übergang von einer informatorischen Befragung zur eigentlichen Vernehmung des nunmehr Beschuldigten wird die Notwendigkeit einer qualifizierten Belehrung diskutiert. Allerdings muss hierbei unterschieden werden, ob es sich um eine zulässige oder eine unzulässige informatorische Befragung handelt.

1. Die qualifizierte Belehrung beim Übergang von einer zulässigen informatorischen Befragung zur Vernehmung

Beim Übergang von einer *zulässigen* informatorischen Befragung zur eigentlichen Vernehmung stellt sich die Frage, ob der Betroffene, der nunmehr als Beschuldigter vernommen werden soll, dahingehend informiert werden muss, dass er sich erstmals als solcher zu den gegen ihn erhobenen Vorwürfen äußern kann, wenn dies sein Wunsch ist, möglicherweise auch völlig verschieden von dem, was er bei der zuvor erfolgten informatorischen Befragung gesagt hat[138].

Allerdings ergibt sich für den Beschuldigten in psychologischer Hinsicht keine andere Bewertung der Situation. Denn es spielt keine Rolle, ob er sich an seine während der (zulässigen) informatorischen Befragung gemachten Einlassungen gebunden fühlt, oder an diejenigen, die er in der Vernehmung gemacht hat[139]. Beide Angaben sind für bzw. gegen ihn verwertbar.

Nach Geppert ist somit eine qualifizierte Belehrung dahingehend, dass die früheren Angaben, die der Beschuldigte während der informatorischen Befragung gemacht hat, verwertet werden können, nicht notwendig. Dies ergebe sich insbesondere daraus, dass die Strafverfolgungsorgane „durch die Art und Weise ihrer Belehrung insbesondere den Eindruck zu vermeiden suchen (sollten), in unstatthafter Form auf die Entschließungsfreiheit der jeweiligen Aussageperson einwirken zu wollen"[140].

Des weiteren fehlt eine § 252 StPO entsprechende Vorschrift, die es verbieten würde, die im Rahmen einer informatorischen Befragung getätigte Aussage eines nunmehr Beschuldigten zu verlesen[141].

---

138 Geppert, S. 109; Geyer, S. 117
139 Geppert, S. 109, Geyer, S. 117; ter Veen, StV 1983, S. 296
140 Geppert, S. 110; vgl. auch SK – Rogall, vor § 133 Rn. 47; a.A. AG Tiergarten, StV 1983, S. 278; Bosch, S. 341
141 Geppert, S. 342

Daher sei die Notwendigkeit einer qualifizierten Belehrung nach einer zulässigen informatorischen Befragung abzulehnen[142].

2. Die qualifizierte Belehrung beim Übergang von einer unzulässigen informatorischen Befragung zur Vernehmung

Eine andere Bewertung des Erfordernisses einer qualifizierten Belehrung ergibt sich allerdings dann, wenn die informatorische Befragung unzulässig und somit mit einem Beweisverwertungsverbot belegt war[143].

a) Voraussetzungen, unter denen eine informatorische Befragung unzulässig ist

Die Vornahme einer informatorischen Befragung ist dann unzulässig, wenn von den Strafverfolgungsbehörden von der tatbezogenen zur täterbezogenen Ermittlung übergegangen wurde[144]. Denn dann muss der informatorisch Befragte unter Beachtung der Belehrungsvorschriften des § 136 StPO vernommen werden, was im Rahmen einer informatorischen Befragung, bei der zunächst niemand als Verdächtiger in Frage kommt und die im Vorfeld der eigentlichen Ermittlungen stattfindet, nicht der Fall ist.

Umgehen die Strafverfolgungsorgane diese Belehrungspflichten dadurch, dass der Verdächtige nicht als Beschuldigter sondern weiterhin informatorisch befragt wird, so sind seine – als eigentlich Beschuldigter gemachten – Einlassungen mit einem Verwertungsverbot belegt[145]. Insofern kann die hier beschriebene Situation derjenigen, bei der ein Beschuldigter entgegen der Vorschrift des § 136 StPO nicht belehrt wurde, fast gleichgestellt werden. Denn auch hier weiß der – eigentlich als Beschuldigter – zu Befragende nicht um seine prozessualen Rechte, bzw. um seine durch § 136 StPO vermittelte Aussagefreiheit. Er wird daher aufgrund der fehlenden Beschuldigtenbelehrung glauben, an seine früheren Einlassungen gebunden zu sein und der Ansicht sein, dass ihm Schweigen jetzt nichts mehr nützt, da er bereits Angaben zu Sache gemacht hat, die ihn unter Umständen

---

142 A.A. Kudlich, JA 2005, S. 430/431, der ein Verwertungsverbot bezüglich Äußerungen verlangt, die im Rahmen einer informatorischen Befragung gewonnen wurden. Denn die „Gesprächsinitiative" gehe meist von den Strafverfolgungsbehörden aus, so dass eine vernehmungsähnliche Situation gegeben sei. Folglich müsse der spätere Beschuldigte durch eine qualifizierte Belehrung darauf hingewiesen werden, dass seine bei der informatorischen Befragung getätigten Einlassungen einem Beweisverwertungsverbot unterfallen.

143 Geyer, S. 118; Geppert, S. 110; SK – Rogall, vor § 133 Rn. 47; Roxin, S. 199

144 Geppert, S. 110; Geyer, S. 22

145 SK – Rogall, vor § 133 Rn. 47

belasten. Der Unterschied zu der unterlassenen Beschuldigtenbelehrung besteht jedoch darin, dass hier der zu Vernehmende um seinen Status als Beschuldigter weiß, wohingegen der informatorisch Befragte zum einen nicht weiß, dass er einer Straftat verdächtig ist und folglich als Beschuldigter in Betracht kommt; und zum anderen, dass er aufgrund seiner Stellung als Beschuldigter ein Aussageverweigerungsrecht gemäß § 136 StPO hat.

Daher kann auf die im 1. Kapitel B I. 2. und 3. dargestellten Ausführungen bezüglich des Bestehens eines Beweisverwertungsverbots nach einer unterlassenen Beschuldigtenbelehrung und die sich daraus ergebenden Rechtsfolgen bezüglich der Erteilung einer qualifizierten Belehrung verwiesen werden.

b) Eigene Stellungnahme

Sind die im Rahmen einer informatorischen Befragung erlangten Erkenntnisse wegen der Missachtung der oben dargestellten Grundsätze mit einem Verwertungsverbot belegt, so muss der nunmehr Beschuldigte durch die Erteilung einer qualifizierten Belehrung auf eben diese Unverwertbarkeit hingewiesen werden[146].

Diese Rechtsansicht findet eine Stütze auch im Wege eines erst-recht-Schlusses. Muss der Beschuldigte, der entgegen der zwingenden Vorschrift des § 136 StPO nicht belehrt wurde, durch eine qualifizierte Belehrung auf das Bestehen eines Beweisverwertungsverbots bezüglich unbelehrt gemachter Einlassungen hingewiesen werden, so gilt dies erst recht beim informatorisch Befragten, der eigentlich den Status eines Beschuldigten innehat. Denn dieser ist sich im Gegensatz zum Erstgenannten nicht seiner „verfahrensrechtlichen Rolle" bewusst und weiß nicht, dass seine früheren Angaben nicht verwertet werden dürfen. Er befindet sich also in einer für ihn noch nachteiligeren Position als der unbelehrte Beschuldigte, so dass die Pflicht zu Erteilung einer qualifizierten Belehrung bezüglich des Bestehens eines Beweisverwertungsverbots erst recht auch gegenüber ihm gilt. Folglich muss dem Betroffenen dabei erklärt werden, dass er sich erstmalig und ohne Rücksicht auf die informatorische Befragung und das dort Gesagte nun zur Sache äußern kann, gegebenenfalls auch anders als in der informatorischen Befragung, da die dort gewonnenen Erkenntnisse mit einem Verwertungsverbot belegt sind[147]. Die erweiterte Belehrung hat damit die Funktion einer zusätzlichen Absicherung der Aussagefreiheit inne[148].

---

146 So auch Artkämper, Kriminalistik 1996, S. 474 u. 398; Geppert, S. 110; Geyer S. 117/118; SK – Rogall, vor § 133 Rn. 47; BGH, NJW – Spezial 2005, S. 89; Bosch, S. 341
147 Ähnlich auch das AG Tiergarten, StV 1983, S. 278
148 So auch Ranft, S. 126, vgl. BGH, 4 StR 170/09

2. Kapitel: Die Belehrung des Beschuldigten in der Vernehmung

Hier wird der Frage nachgegangen, ob sich schon aus der Belehrungspflicht ergibt, dass der Beschuldigte über den gesamten Umfang aller bisher im Ermittlungsverfahren gefundenen Beweismittel sowie über die damit gegebenenfalls einhergehenden Beweisverwertungsverbote zu informieren ist. Dabei wird ebenfalls die Reichweite und somit die Funktion des § 136 I 2 StPO untersucht.

A. Der Beschuldigte

§ 136 StPO legt fest, dass der Beschuldigte ein Recht zur Verweigerung der Aussage hat. Folglich ist die Figur des Beschuldigten für das Erfordernis einer Pflicht zur Belehrung über die Aussagefreiheit von grundlegender Bedeutung.

I. Die Beschuldigteneigenschaft

Der Begriff des Beschuldigten ist für die Strafprozessordnung von elementarer Bedeutung. Dennoch hat es der Gesetzgeber versäumt ihn einer Definition zu unterwerfen. Allein der Begriff des Angeschuldigten, also der Beschuldigte, gegen den bereits die öffentliche Klage erhoben wurde (§ 170 I StPO) und der des Angeklagten, das heißt der Beschuldigte oder Angeschuldigte, gegen den die Eröffnung des Hauptverfahrens bereits beschlossen wurde (§ 203 StPO), wurde gesetzlich in § 157 StPO definiert. Der Begriff des Beschuldigten ist also ein Oberbegriff, den der Gesetzgeber in allen strafprozessualen Verfahrensstadien für Personen gebraucht, die strafrechtlich zur Verantwortung gezogen werden sollen[1].

Dieses Fehlen einer Definition beruht jedoch nicht auf einem Zufall, sondern war von gesetzgeberischer Seite aus gewollt. Im Gesetzgebungsverfahren zur RStPO herrschte damals die Auffassung vor, dass der Begriff des Beschuldigten einer Definition nicht zugänglich sei, da eine solche ihm einen statischen Charakter verleihen würde, was der StPO nicht zuträglich wäre[2]. Die Festlegung der

---

1 Geyer, S. 46, Meyer-Goßner; § 157 Rn. 4; KK – Schoreit, § 157 Rn. 1
2 Dingeldey, JA 1984, S. 409 Fn. 31

Beschuldigteneigenschaft wurde damit in die Hände von Rechtsprechung und Lehre gelegt.

1. Der objektive oder materielle Beschuldigtenbegriff

Die Belehrungspflicht der Strafverfolgungsorgane entsteht mit Beginn der Beschuldigteneigenschaft[3]. Daher ist der Beginn der Beschuldigteneigenschaft in Bezug auf § 136 I 2 StPO von großer Wichtigkeit.

Nach der objektiven Beschuldigtentheorie wird der Beginn der Beschuldigteneigenschaft anhand der Lage des Verfahrens bzw. dem Stand der Ermittlungen festgelegt[4]. Ausschlaggebend für die Beschuldigteneigenschaft ist also, welchen Eindruck ein objektiver Bobachter von dem Verdächtigen in der konkreten Verfahrenslage hat[5].

Jedoch ist die objektive Theorie nicht frei von Fehlern. So verkennt sie, dass die Inkulpation auf dem Willen der Strafverfolgungsbehörden beruht, einer Person den Status eines Beschuldigten zuzuweisen. Das heißt, dass niemand „automatisch" die Rolle eines Beschuldigten einnehmen kann[6].

2. Der subjektive oder formelle Beschuldigtenbegriff

Nach der subjektiven Beschuldigtentheorie kann die Beschuldigteneigenschaft nur durch einen Willensakt der zuständigen Strafverfolgungsbehörden begründet werden[7]. Bedeutung hat hierbei vor allem, dass das Strafverfahren gezielt gegen eine bestimmte Person gerichtet ist, also die Beschuldigteneigenschaft das „Ergebnis eines Zuschreibungsprozesses" ist[8]. Der Willensakt der Zuschreibung liegt damit im Entscheidungsbereich der Strafverfolgungsorgane, denen ein Beurteilungsspielraum zukommt[9].

Allerdings ist auch die subjektive Theorie mit Schwächen behaftet, die namentlich darin liegen, dass dadurch, dass die Erlangung des Beschuldigtenstatus einen Willensakt erfordert, die Gefahr der Rechtsunsicherheit besteht, bzw. dass wenn die Sichtweise der Strafverfolgungsbehörden für die Annahme der

---

3   Die Abgrenzung des Beschuldigten vom Tatverdächtigen und Zeugen soll hier außer Betracht bleiben, da sie den Rahmen der Arbeit überschreiten würde.

4   Bringewat, JZ 1981, S. 292; von Gerlach, NJW 1969, S. 779; Lesch, JA 1995, S. 158; Klein, S. 16/17

5   Lesch, JA 1995, S. 158; Geyer, S. 51; Klein, S. 16

6   SK – Rogall, vor § 133, Rn. 30; Geyer, S. 52

7   Meyer-Goßner, Einl. Rn. 77; Klein, S. 14/15

8   Meyer-Goßner, Einl. Rn. 76; Lesch, JA 1995, S. 158; vgl. Klein, S. 15

9   Geyer, S. 52; Rieß, JA 1980, S. 298

Beschuldigteneigenschaft maßgeblich ist, die „Gefahr einer Umgehung der Beschuldigtenrechte" existiert[10].

II. Konsequenz

Aufgrund der sowohl an der objektiven wie auch an der subjektiven Theorie angemeldeten Kritikpunkte verbindet eine vermittelnde Ansicht diese beiden Rechtsauffassungen und wendet § 397 AO bei der Frage, wann eine Person als Beschuldigter zu behandeln (d.h. zu belehren) ist, analog an[11]. Denn danach gilt ein Strafverfahren als eingeleitet „sobald die Finanzbehörde, die Polizei, die Staatsanwaltschaft, einer ihrer Hilfsbeamten oder der Strafrichter eine Maßnahme trifft, die erkennbar darauf abzielt, gegen jemanden wegen einer Steuerstraftat strafrechtlich vorzugehen".

Hierin drückt sich zum einen der Wille der Strafverfolgungsorgane, eine bestimmte Person strafrechtlich verfolgen zu wollen aus und zum anderen wird dadurch für einen außenstehenden Dritten deutlich, in welche Richtung die Ermittlungen gehen sollen. Auch die Rechtsprechung tendiert partiell zu einer entsprechenden Anwendung des § 397 I AO[12].

B. Die Vernehmung des Beschuldigten

Um das Erfordernis nach einer qualifizierten Belehrung des Beschuldigten in der Vernehmung genauer zu durchleuchten bedarf es auch eines kurzen Blick auf die Situation des Beschuldigten in der Vernehmung.

In seinem Urteil zur Frage der Verwertbarkeit von Aussagen, die unter Verstoß gegen die Belehrungspflicht des § 136 I 2 StPO zustande gekommen waren[13], führt der BGH aus, dass vor allem die Vernehmungssituation bei dem Beschuldigten, der „meist unvorbereitet, ohne Ratgeber und auch sonst von seiner vertrauten Umgebung abgeschnitten, nicht selten auch durch die Ereignisse verwirrt und durch die (meist) ungewohnte Umgebung bedrückt und verängstigt (ist)" und den Strafverfolgungsorganen als Abgesandten des Staates gegenübersteht, einen psychischen Belastungsdruck aufbauen kann, der umso größer wird, je weniger

---

10 SK – Rogall, vor § 133 Rn. 27
11 Vgl. Geyer, S. 53; SK – Rogall, vor § 133 Rn. 31; Beulke, S. 70; Klein, S. 18/19; so auch Klein, S. 18/19
12 So auch Rcepka, S. 386; vgl. BGH, NStZ 2008, S. 48
13 BGHSt 38, S. 214 (222); BGHSt 42, S. 14 (19); ebenso Kratzsch, JA 1984, S. 180

der Beschuldigte über die ihm zustehenden Rechte aufgeklärt wird[14]. Daher sei ein Beweisverwertungsverbot die Folge einer unterlassenen Beschuldigtenbelehrung[15].

I. Die Gewährung rechtlichen Gehörs

Die Vernehmung des Beschuldigten soll nach überwiegender Ansicht zunächst der Gewährung rechtlichen Gehörs dienen[16]. Mit dieser Funktion der Belehrung soll der Subjektstellung des Beschuldigten im Strafprozess Rechnung getragen werden. Der Anspruch auf rechtliches Gehör wird durch Art. 103 I GG, 6 I EMRK und 14 I IPBR gewährt. Beheimatet ist dieses „prozessuale Urrecht des Menschen" im Rechtsstaatsprinzip und der Achtung der Menschenwürde[17]. Grundsätzlich gilt die Gewährung rechtlichen Gehörs nur in der Hauptverhandlung; dadurch jedoch, dass dieser Grundsatz auch im Rechtsstaatsprinzip und der Menschenwürde wurzelt, wird im Ermittlungsverfahren ebenfalls rechtliches Gehör gewährt[18]. Ausprägung erfuhr dieses Prinzip in den §§ 136, 163 a StPO, die die Vernehmung und damit die Gewährung rechtlichen Gehörs regeln. Dieses Prinzip verlangt, dass eine Entscheidung eines Gerichts erst dann fallen soll, wenn dem Betroffenen rechtliches Gehör gewährt wurde. So soll die optimale Wahrheitsfindung des Gerichts gewährleistet, und die materiellen Rechte des Bürgers geschützt werden[19].

Die Gewährung rechtlichen Gehörs besteht im wesentlichen aus drei Teilen. Zum einen soll der Berechtigte die Möglichkeit erhalten sich zu den erhobenen Vorwürfen zu äußern. Daraus folgt, dass das Gericht ihn bis zu einem bestimmten Punkt über die Sach- und Rechtslage informieren muss. Und schließlich sollen die Äußerungen des Betroffenen auch beachtet werden[20].

Fraglich erscheint in diesem Zusammenhang, ob der zweite Teilbereich der Gewährung rechtlichen Gehörs – also die Information des Berechtigten über die Sach- und Rechtslage – auf die Problematik der qualifizierten Belehrung übertragen werden kann[21]. Folglich bedarf es der Klärung, inwieweit das Gericht und

---

14 Rogall, S. 186 f.; Kramer, Jura 1988, S. 523; Sternberg-Lieben, Jura 1995, S. 306; Verrel, S. 120
15 Vgl. dazu 1. Kap.itel B. I. 2. a)
16 BGHSt 25, S. 325; Degener, GA 1992, S. 443; Grünwald, S. 59 ff.; Geyer, S. 2
17 SK – Rogall, vor § 133 Rn. 88
18 BVerfG, NStZ 1994, S. 551, 552
19 Umbach/Clemens, Art. 103 Rn. 26
20 von Mangoldt/Klein, Art. 103 Rn. 53
21 Die Themenbereiche der Äußerungsbefugnis des Berechtigten und die Beachtung eben dieser Äußerung durch das Gericht und die Strafverfolgungsorgane werden hier, da sie für die Problematik der qualifizierten Belehrung irrelevant sind, nicht weiter behandelt.

damit auch die Vernehmungsorgane gemäß §§ 136, 163 a StPO verpflichtet sind, den Beschuldigten bzw. Angeklagten über das Bestehen eines Beweisverwertungsverbots qualifiziert zu belehren.

Geklärt werden soll zunächst, welche Informationspflichten auf das Gericht bzw. die Staatsanwaltschaft oder die Polizei entfallen. Denn Grundlage einer gerichtlichen Entscheidung dürfen grundsätzlich nur Tatsachen und Beweisergebnisse sein, zu denen sich der Berechtigte äußern konnte[22]. Von dieser Mitteilungspflicht werden sämtliche Tatsachen und Beweismittel, unabhängig von ihrer Herkunft umfasst[23]. Inwieweit jedoch eine allgemeine Aufklärungspflicht des Gerichts bzw. der Strafverfolgungsorgane bezüglich aufgefundener Beweismittel und daraus eventuell entstehender Beweisverwertungsverbote besteht, bedarf der genaueren Untersuchung.

1. Die Ansicht der Rechtsprechung

Das Bundesverfassungsgericht ist der Überzeugung, dass sich aus Art. 103 I GG keine allgemeine Aufklärungspflicht über die prozessuale Lage ergibt[24]. Relevant in diesem Zusammenhang seien vor allem die für den Prozess wichtigen Entscheidungen des Gerichts[25]. Kein Bestandteil der gerichtlichen Informationspflicht seien jedoch Informationen aus strafrechtlichen Ermittlungsverfahren[26]. Daher bestehe keine Pflicht der Strafverfolgungsorgane, das gesamte Ermittlungsergebnis dem Beschuldigten zu offenbaren. Auch bestehe kein Anspruch auf ein umfassendes „Rechtsgespräch"[27]. Folglich ergibt sich nach Ansicht der Rechtsprechung aus dem Grundsatz der Gewährung rechtlichen Gehörs kein Anspruch auf Mitteilung bzw. Belehrung, dass ein Beweisverwertungsverbot besteht.

2. Die Ansicht der Literatur

Auch die Literatur scheint – zumindest teilweise – mit der Rechtsansicht der Rechtsprechung konform zu gehen. Die Gewährung rechtlichen Gehörs und damit auch die Information über die Verfahrenslage ist in Art. 103 I GG, 6 EMRK

---

22 von Mangoldt/Klein, Art. 103 Rn. 53 ff.
23 BVerfGE 17, S. 86, 95
24 BVerfGE 66, S. 116, 147
25 Vgl. zu den Hinweispflichten im Einzelnen: Dreier – Schulze – Fielitz, Band III Art. 103 Rn. 33 ff.
26 BVerfG, NJW 1988, S. 405
27 LR – Schäfer, Einleitung Kap. 13, Rn. 94; SK – Rogall, vor § 133 Rn. 91; BVerfGE 31, S. 364;54, S. 117; kritisch hierzu Frohn, GA 1984, S. 556

und 14 I IPBR normiert. Ausprägung erfand sie in den Vorschriften zur Vernehmung des Beschuldigten gemäß §§ 136, 163 a StPO. Zwar verlange § 136 II StPO, dass dem Beschuldigten Gelegenheit gegeben werde, die gegen ihn vorliegenden Verdachtsgründe zu beseitigen. Allerdings umfasse dies auch hier nicht die Pflicht, dem Beschuldigten sämtliche Ermittlungsergebnisse zu offenbaren[28]. Begründet wird diese Rechtsansicht damit, dass sich aus § 147 II StPO ergibt, dass dem Verteidiger das Akteneinsichtsrecht bis zum Abschluss der Ermittlungen verwehrt werden kann, wenn dadurch der Untersuchungszweck gefährdet würde[29]. Können also dem Verteidiger Informationen vorenthalten werden, so kann der Grundsatz der Gewährung rechtlichen Gehörs nicht dazu führen, dass dem Beschuldigten Ermittlungsergebnisse mitgeteilt werden. Denn andernfalls würde der Sinn und Zweck von § 147 II StPO nicht gewahrt werden.

Auch sei § 136 II StPO, wonach dem Beschuldigten Gelegenheit gegeben werden soll, die gegen ihn vorliegenden Verdachtsgründe zu beseitigen, lediglich als „Soll-Vorschrift" formuliert, so dass sich daraus kein Anspruch des Beschuldigten auf Informationen, die die Ermittlungen betreffen, ergäbe.

a) Die Ansicht von Rogall und Hanack

Rogall[30] und Hanack[31] vertreten die Rechtsansicht, dass dem Beschuldigten während der ersten Vernehmung nicht das gesamte Ermittlungsergebnis mitgeteilt werden müsse. Dies sei nicht Bestandteil der Gewährung rechtlichen Gehörs. Nach ihrer Meinung stellt § 136 II StPO lediglich eine Soll-Vorschrift dar, die keine Verpflichtung der Strafverfolgungsorgane beinhaltet, den Beschuldigten gleich zu Beginn der Vernehmung über das gesamte bisherige Ermittlungsergebnis zu informieren. Denn bei einer derartigen Verfahrensweise wäre eine ordnungsgemäße Durchführung der Ermittlungen nicht mehr gewährleistet. Als Begründung wird die Vorschrift des § 147 II StPO ins Feld geführt. Danach können dem Verteidiger Ermittlungsergebnisse vorenthalten werden, wenn zu befürchten ist, dass dies den Untersuchungszweck gefährden könnte. Daraus schließen Rogall und auch Hanack, dass dann wenn dem Verteidiger Ermittlungsergebnisse vorenthalten werden können, dies auch für den Beschuldigten gelte. Denn es wäre widersinnig, wenn die Möglichkeit bestünde den Verteidiger in seinen Informationen zu beschränken und die Strafverfolgungsorgane anderseits der

---

28   Dencker, StV 1994, S. 676; Grünwald, S. 63; Meyer-Goßner, § 136 Rn. 13; Lesch, ZStW 1999, S. 642
29   SK – Rogall, vor § 136 Rn. 42
30   SK – Rogall, § 136 Rn. 42
31   LR – Hanack, § 136 Rn. 34

Pflicht unterliegen, dem Beschuldigten das gesamte Ermittlungsergebnis schon zu Beginn der Vernehmung mitteilen zu müssen.

Haben jedoch die Ermittlungen ihren Abschluss gefunden, so besteht keine Bedürfnis mehr, Ermittlungsergebnisse zurückzuhalten. Sobald dies in den Akten dokumentiert ist, haben der Beschuldigte bzw. sein Verteidiger einen Anspruch darauf, dass ihnen das Ermittlungsergebnis mitgeteilt wird[32].

Zusammenfassend lässt sich folglich festhalten, dass Rogall und Hanack dem Beschuldigten das Recht auf Mitteilung der Ermittlungsergebnisse aufgrund der Soll-Vorschrift des § 136 II StPO und dem Normzweck des § 147 II StPO zumindest während des Ermittlungsverfahrens verwehren. Daher besteht nach ihrer Ansicht keine Pflicht, den Beschuldigten in einem laufenden Ermittlungsverfahren auf das Bestehen eines Beweisverwertungsverbots aufgrund der Verpflichtung zur Gewährung rechtlichen Gehörs hinzuweisen. Damit entfällt in letzter Konsequenz auch das Erfordernis einer qualifizierten Belehrung.

b) Die Ansicht von Dencker

Dencker ist der Auffassung, dass, um dem Beschuldigten tatsächlich rechtliches Gehör zu gewähren, er zumindest im Verlauf der Vernehmung, mit dem gesamten Belastungsmaterial konfrontiert werden muss[33]. Dieses müsse ihm demnach offen gelegt werden. Allein beim Zeitpunkt der Konfrontation macht Dencker Zugeständnisse. Ausschlaggebend sei, dass der Vernehmungsbeamte dem Beschuldigten im Verlauf der Vernehmung das belastende Material gegenüberstellt. Zuvor jedoch sei es ihm gestattet, einzelne Ermittlungsergebnisse zurückzuhalten, um den zu Vernehmenden in Widersprüche oder Lügen zu verstricken, die der Vernehmende dann – aufgrund der zunächst zurückgehaltenen Informationen – widerlegen kann. Zu beachten sei also lediglich, dass sich der Beschuldigte nach Abschluss der Vernehmung über die Beweislage im Klaren sei.

Nach Denckers Auffassung haben Beschuldigte somit einen – wenn auch nicht zu Beginn ihrer Aussage – Anspruch darauf, dass ihnen das gesamte Belastungsmaterial dargelegt wird. Während dieser Zeitspanne liege im Vorenthalten der Beweise also keine Täuschung durch Unterlassen, sondern ein „bloßes Verschweigen"[34].

An dieser Stelle beendet Dencker seine Ausführungen, so dass nicht deutlich wird, wann das Verschweigen von Beweisen eine Täuschung im Sinne von § 136 a I StPO darstellt. Nachdem Dencker jedoch zuvor festgestellt hat, dass der Ver-

---

32 LR – Hanack, § 136 Rn. 34
33 Dencker, StV 1994, S. 676
34 Dencker, StV 1994, S. 677

nehmungsbeamte während der Vernehmung einzelne Beweise zurückhalten kann, jedoch spätestens mit Abschluss der Vernehmung zur Offenbarung verpflichtet ist, so ergibt sich daraus folgende Konsequenz:

Aufgrund der Verpflichtung zur Gewährung rechtlichen Gehörs muss der Vernehmungsbeamte den Beschuldigten spätestens zu Ende der Vernehmung über vorliegende Beweismittel informieren. Kommt er dem nicht nach, so liegt darin eine Täuschung durch Unterlassen gemäß §§ 136 a I, 163 IV StPO, da er nunmehr der Pflicht unterlag dem Beschuldigten das Ermittlungsergebnis und damit auch die ihn belastenden Beweismittel mitzuteilen. Um diesen Verfahrensverstoß zu beseitigen, also dem Beschuldigten wieder rechtliches Gehör zu gewähren, müsste er ihn qualifiziert dahingehend belehren, dass z.b. bei einer Hausdurchsuchung zwar Beweismittel gefunden wurden, diese aber einem Verwertungsverbot unterliegen und daher nicht gegen ihn verwendet werden können.

c) Die Ansicht von Degener und Grünwald

Degener und Grünwald hingegen sind der Auffassung, dass dem Beschuldigten alle Verdachtsgründe mitgeteilt werden müssen[35]. Grünwald zieht hierbei die historische Entwicklung heran. Vor allen Dingen spricht er sich gegen eine entsprechende Anwendung des Rechtsgedankens von § 147 II StPO aus, wonach dem Beschuldigten bzw. dessen Verteidiger keine Ermittlungsergebnisse mitgeteilt werden müssen, welche die Gefahr in sich bergen, dass Ermittlungen zu Fall kommen. Eine weitere Zurückhaltung von Informationen entspreche aber nicht dem Rechtsgedanken des § 147 II StPO. Als Argument für diese Rechtsansicht verweist auch Wagner auf die seelische Verfassung des Beschuldigten, der sich nur dann angemessen verteidigen könne, wenn er „die Bedeutung des Tatvorwurfs und der Verdachtsgründe erfasse"[36].

Die Gewährung rechtlichen Gehörs soll – nicht zuletzt durch § 136 II StPO – dem Beschuldigten die Möglichkeit geben, die gegen ihn vorliegenden Verdachtsgründe zu beseitigen. Dies kann er jedoch nur, wenn sie ihm auch mitgeteilt werden[37]. Aus diesen seinen Überlegungen resultiere daher die Pflicht der Strafverfolgungsorgane, dem Beschuldigten während des Ermittlungsverfahrens die Ermittlungsergebnisse mitzuteilen. Sollte dies die Ermittlungen gefährden, so sind sie ihm spätestens dann mitzuteilen, wenn diese Gefahr nicht mehr besteht.

Auch Degener vertritt die Auffassung, dass sich aus § 136 II StPO die Pflicht der Strafverfolgungsbehörden ergibt, dem Beschuldigten alle ihn belastenden

---

35 Grünwald, S. 63 f.; Degener, GA 1992, S. 465 f.; s.a. Wagner, ZStW 1997, S. 572, 573
36 Wagner, ZStW 1997, S. 573
37 Grünwald, S. 60

Tatsachen mitzuteilen, da er nur so die Möglichkeit erhalte, die gegen ihn sprechenden Verdachtsgründe zu entkräften und für ihn sprechende Tatsachen vorzutragen[38]. Nach Degeners Meinung kann § 147 II StPO nicht dazu herangezogen werden, eine Einschränkung des Informationsflusses über die Ermittlungen zu begründen. Denn zurückgehalten werden dürften nur solche Angaben, bei denen die Gefahr besteht, dass der Beschuldigte die bisherige Beweisgrundlage vernichtet oder „schmälert". Alle anderen Informationen müssten ihm zugänglich gemacht werden, um ihm die Möglichkeit einer effektiven Verteidigung zu bieten[39].

Bei bereits aufgefundenen und sich im Gewahrsam der Strafverfolgungsbehörden befindlichen Beweismitteln ist die Gefahr der Vernichtung oder Schmälerung der Beweislage jedoch ausgeschlossen, da der Beschuldigte keinen Zugriff mehr auf die Beweismittel hat.

d) Die Ansicht von Lesch und Bockemühl

Auch Lesch und Bockemühl schließen sich der Ansicht von Degener und Grünwald an. Es sei gerade Sinn und Zweck der Vernehmung, dass der Beschuldigte gemäß § 136 II StPO die Möglichkeit erhält, die gegen ihn vorliegenden Verdachtsgründe zu entkräften und entlastende Tatsachen zur Sprache zu bringen. Sollte ihm diese Gelegenheit mangels Mitteilung der Verdachtsgründe verwehrt sein, so stelle dies einen Rückfall in Zeiten des Inquisitionsprozesses dar, bei dem die Erlangung eines Geständnisses im Vordergrund lag und der Beschuldigte daher im Hinblick auf die Ermittlungsergebnisse „im Dunkeln tappen" sollte[40]. Dies sei mit der Gewährung rechtlichen Gehörs nicht in Einklang zu bringen. Lesch und Bockemühl begründen dies, wie zuvor angesprochen aus rechtshistorischer Sicht. Bereits bei Erlass der RStPO herrschte Einstimmigkeit dahingehend, dass die Verteidigung des Beschuldigten Hauptzweck der Vernehmung sei. Hierdurch sollte besonderes Gewicht auf die Subjektstellung des Beschuldigten im Strafprozess gelegt werden, um deutlich zu machen, dass er nicht mehr Inquisitionsobjekt ist, sondern mit eigenen Rechten ausgestattet ist[41]. Dies hatte zur Folge, dass der Beschuldigte mit „eigenen Mitwirkungs- und Gestaltungsrechten" versehen wurde, welche er in der Vernehmung ausüben sollte. Daher sei, um eben diese Rechte zu wahren, die Mitteilung der Ermittlungsergebnisse notwendig. Ist der Hinweis auf das bisherige Ermittlungsergebnis im Hinblick auf das eventuell gefährdete

---

38 Degener, GA 1992, S. 466
39 Degener, GA 1992, S. 466
40 KMR – Lesch, § 136 Rn. 44; Bockemühl, S. 1155
41 KMR – Lesch, § 136 Rn. 45; Bockemühl, S. 1155

Sachaufklärungsinteresse nicht mit selbigem in Einklang zu bringen, so bietet sich nach Lesch folgende Lösung an:

Um die Ermittlungen nicht zu gefährden und dennoch dem Grundsatz der Gewährung rechtlichen Gehörs Rechnung zu tragen muss eben bis zum Abschluss der Ermittlungen mit einer Vernehmung des Beschuldigten gewartet werden[42].

e) Die Ansicht von Gillmeister

Gillmeister vertritt die Ansicht, dass die Pflicht zur Gewährung rechtlichen Gehörs nicht bereits dann eingehalten wurde, wenn dem Beschuldigten die Gelegenheit gegeben wurde, zu den gegen ihn erhobenen Vorwürfen Stellung zu nehmen. Die Gewährung rechtlichen Gehörs diene auch dazu sich zu verteidigen. Dies gelinge aber solange nicht, wie ihm nicht die Verdachtsgründe mitgeteilt werden[43]. Auch aus Art. 6 III lt. a MRK ergebe sich die Pflicht, dass der Vernommene „in allen Einzelheiten über die Art und den Grund der gegen ihn erhobenen Beschuldigungen in Kenntnis gesetzt" wird. Dennoch vertritt Gillmeister die Rechtsansicht, dass der Beschuldigte keinen Anspruch darauf habe, dass ihm „die Beweismittel" mitgeteilt werden[44].

Dies steht jedoch mit dem Wortlaut der MRK in Widerspruch, wonach dem Beschuldigten der „Grund" der gegen ihn erhobenen Vorwürfe mitgeteilt werden muss. Wenn ihm also der Grund mitgeteilt werden soll, so kann dies nur bedeuten, dass ihm die Beweismittel, aufgrund derer er als Beschuldigter im Verdacht steht, eine strafbare Handlung begangen zu haben, zugänglich gemacht werden müssen. Nach der Ansicht Gillmeisters hat der Beschuldigte durch das Akteneinsichtsrecht die Möglichkeit, Informationen über die gesammelten Beweismittel zu erhalten[45], so dass ihm dies nicht mitgeteilt werden müssen. Dies gelte jedoch lediglich für die Gewährung rechtlichen Gehörs im Ermittlungsverfahren.

Anders verhält es sich jedoch nach Gillmeister in der Hauptverhandlung. Entgegen der herrschenden Meinung im Schrifttum[46], zieht Gillmeister eine Parallele zur Hinweispflicht des Richters im Zivilprozess. Danach verpflichtet § 139 I 1 ZPO den Richter, im Rahmen der Aufklärung des Sachverhalts „das Sach- und Streitverhältnis mit den Parteien nach der tatsächlichen und rechtlichen Seite zu erörtern"[47]. Dieser Grundsatz müsse, um der Gewährung rechtlichen Gehörs

42   KMR – Lesch, § 136 Rn. 44; vgl. auch Bockemühl, S. 1155
43   Gillmeister, StraFO 1996, S. 116
44   Gillmeister, StraFO 1996, S. 116
45   Gillmeister, StraFO 1996, S. 117
46   LR – Hanack, § 136 Rn. 17 mit weiteren Nachweisen
47   Thomas/Putzo – Reichold, § 139 Rn. 3

Geltung zu verschaffen, auch im Strafprozess gelten[48]. Das Gericht müsse rechtliche Fragen, die für die Verfahrensbeteiligten von Gewicht sind – dies ist, wenn es um die Frage der Verwertbarkeit von Beweisen geht zumindest für den Angeklagten unstreitig der Fall – zeitig beantworten, und diese den Beteiligten mitteilen. Speziell bei der Frage der Hinweispflicht bezüglich des Bestehens eines Beweisverwertungsverbots ergebe sich diese Pflicht zur Erörterung der Rechtsfrage aus der prozessualen Fürsorgepflicht[49]. Diese beinhalte die Pflicht, dem Beschuldigten „alle für seine Verteidigung erheblichen Tatsachen und Rechtsfragen" mitzuteilen[50]. Gillmeister beschränkt diese Hinweispflicht des Gerichts jedoch darauf, dass sie für eine „sachgemäße Verteidigung" notwendig und für die „Verfahrensökonomie" von Nutzen ist. Die Frage, ob z.B. die Ergebnisse einer rechtswidrig vollzogenen Hausdurchsuchung einem Beweisverwertungsverbot unterliegen oder nicht, ist für die Entscheidung, ob sich der Beschuldigte schweigend verteidigt oder sich zur Sache einlässt von entscheidender Bedeutung. Dies gilt natürlich erst recht für die umstrittene und hier zu erörternde Frage, ob das Erfordernis einer qualifizierten Belehrung bezüglich des Bestehens eines Beweisverwertungsverbots besteht. Denn hier kann sich der Beschuldigte – mangels ge-festigter Rechtsprechung – nicht auf die Rechtsauffassung des Gerichts verlassen. Auch die Verfahrensökonomie wird hinreichend berücksichtigt. Denn wenn die aufgefundenen Beweismittel mit einem Verwertungsverbot belegt sind, kann dies zur Einstellung des Verfahrens mangels hinreichenden Tatverdachts führen und damit zu einer wesentlichen Verkürzung des Prozesses. Folglich ergibt sich aus der Weiterentwicklung der Ansicht Gillmeisters die Pflicht zur Erteilung einer qualifizierten Belehrung bezüglich des Bestehens eines Beweisverwertungsverbots aus der Gewährung rechtlichen Gehörs.

3. Zwischenergebnis

Nach dem bisherigen Kenntnisstand begründet der Grundsatz der Gewährung rechtlichen Gehörs – nach bestimmten Auffassungen – keine Pflicht der Strafverfolgungsbehörden dahingehend, den Beschuldigten im Ermittlungsverfahren über aufgefundene Beweismittel zu informieren. Grund hierfür ist in erster Linie eine befürchtete Gefährdung des Untersuchungszwecks (vgl. § 147 II StPO) bzw. die als Soll-Vorschrift ausgestaltete Normierung des § 136 II StPO. Nach der Gegenansicht muss dem Beschuldigten bereits im Ermittlungsverfahren offenbart werden, ob Beweismittel aufgefunden wurden.

---

48 Gillmeister, StraFO 1997, S. 12/13
49 Gillmeister, StraFO 1997, S. 13
50 Gillmeister, StraFO 1997, S. 13

Nach Abschluss der Ermittlungen ist jedoch keine Gefährdung des Untersuchungszwecks mehr zu besorgen, so dass dem Beschuldigten zumindest dann das Ergebnis der Ermittlungen – auch im Wege des Akteneinsichtsrechts – mitgeteilt werden muss.

Fraglich ist allerdings, ob sich die Informationspflicht nach Abschluss der Ermittlungen auch auf die Frage der Rechtmäßigkeit bzw. Rechtswidrigkeit der Maßnahme erstreckt. Sollte dies zu bejahen sein, so müssten das Gericht bzw. im Vorfeld der Verhandlung auch die Polizei oder die Staatsanwaltschaft den Beschuldigten/Angeklagten qualifiziert dahingehend belehren, dass die erfolgte Maßnahme rechtswidrig war und die aufgefundenen Beweismittel einem Verwertungsverbot unterliegen[51].

II. Die Verteidigungsfunktion

1. Inhalt der Verteidigungsfunktion

Ein weiterer Zweck der Vernehmung des Beschuldigten soll darin bestehen, dass der Beschuldigte die Gelegenheit erhält, die gegen ihn vorliegenden Verdachtsgründe zu beseitigen, also, sich zu verteidigen[52]. Dabei sind ihm der gegen ihn bestehende Tatvorwurf, sowie die Verdachtsgründe mitzuteilen[53]. Dencker vertritt die Rechtsauffassung, dass der Beschuldigte einen Anspruch darauf hat, dass seine Aussagen überhaupt ernstlich zur Kenntnis genommen werden[54]. Damit er tatsächlich rechtliches Gehör erhält müsse er vollständig mit dem vorliegenden Belastungsmaterial konfrontiert werden, es müsse ihm also bekannt gegeben werden. Ansonsten würde – nach Denckers Meinung – dem Beschuldigten die von § 136 II StPO gegebene Möglichkeit „die gegen ihn vorliegenden Verdachtsgründe zu beseitigen, vereitelt". Ein Verschweigen solcher Tatsachen sei demnach unzulässig, so dass § 136 StPO also eine „Rechtspflicht zur Offenbarung" darstelle[55].

---

51 Zu dieser Problematik vgl. 2. Kapitel D I. und II.
52 Dencker, ZStW 1990, S. 51, 63; ders. StV 1994, S. 675; von Heintschel-Heinegg, JA 1993, S. 320; zum Streitstand s. 2. Kapitel B. I. 1. – 2.
53 Ransiek, S. 8
54 Dencker, StV 1994, S. 675/676
55 Dencker, StV 1994, S. 676

2. Übertragung auf das Prinzip der qualifizierten Belehrung

Wenn nun also dem Beschuldigten die vorliegende Beweislage offenbart werden muss, so stellt sich hierbei die Frage, ob dem Beschuldigten aufgrund der Verteidigungsfunktion des § 136 II StPO ebenfalls vor Augen geführt werden muss, dass die vorliegenden Beweismittel einem Verwertungsverbot unterliegen.

Zunächst verdient die Definition des Wortes „Beweismittel" besonderes Augenmerk. Beweismittel sind die Sammelbezeichnung für die Möglichkeiten, durch deren Verwendung das Gericht die Wahrheit oder Unwahrheit einer prozesserheblichen Tatsache feststellt[56]. Nach der Definition wird also vorausgesetzt, dass das sogenannte Beweismittel „verwendet" werden darf. Diese Verwendung wäre jedoch nicht mehr möglich, wenn ein Beweisverwertungsverbot besteht. Folglich ist ein rechtswidrig erlangtes Beweismittel kein solches im strafprozessualen Sinn mehr. Dies führt daher in letzter Konsequenz dazu, dass dann, wenn kein Beweismittel im technischen Sinn vorhanden ist, auch keine „Offenbarungspflicht" der Strafverfolgungsbehörden hinsichtlich der Klarstellung, dass ein Beweisverwertungsverbot vorliegt, eingreift.

3. Zwischenergebnis

Aus der Verteidigungsfunktion des § 136 II StPO lässt sich also – stellt man auf den Wortlaut der Definition von Beweismitteln ab – kein Erfordernis einer qualifizierten Belehrung ableiten. Jedoch ist festzuhalten, dass in dem Zeitpunkt, in dem ein Beweismittel als solches aufgefunden wird, meist nicht feststeht, ob dieses verwendet werden darf. Dies kann erst dann beantwortet werden, wenn die verfahrensrechtlichen Erfordernisse – Bestehen eines Beweisverwertungsverbotes oder nicht – überprüft worden sind. Im Interesse einer effektiven Strafverfolgung muss daher, solange das Gegenteil nicht festgestellt wurde, davon ausgegangen werden, dass das zunächst aufgefundene Beweismittel als solches auch verwertet werden dürfen.

III. Die Erforschung der Wahrheit und Sicherung der Beweise

Neben den bereits aufgeführten Funktionen der Gewährung rechtlichen Gehörs und der Möglichkeit der Verteidigung des Beschuldigten besteht die Funktion der Belehrung auch in der Erforschung der Wahrheit und Sicherung der Beweise.

---

56 Deutsches Rechtslexikon, S. 739

IV. Konsequenz

Konsequenz davon ist, dass die Ermittlung der Wahrheit und das Recht des Beschuldigten auf Verteidigung zueinander in Kollision geraten können[57]. Um dieses Spannungsverhältnis im Einzelfall zu lösen muss daher festgelegt werden, welchem Aspekt – dem der Erforschung der Wahrheit, oder dem der Verteidigung – bei der Auslegung der Vernehmungsvorschriften Vorrang zu gewähren ist. Die überwiegende Ansicht geht davon aus, dass dem Gehörs- und dem Verteidigungsaspekt Vorrang einzuräumen ist, da § 136 StPO dem Schutz des Beschuldigten zu dienen bestimmt ist[58].

---

57 Geyer, S. 2
58 Vgl. SK – Rogall, § 136 Rn. 7; Rogall, S. 32; Rieß, JA 1980, S. 297; Roxin JZ 1993, S. 426/427; LR – Hanack, § 136 Rn. 35; Geyer, S. 3

3. Kapitel: Die qualifizierte Belehrung nach einer rechtswidrigen Hausdurchsuchung

A. Die Voraussetzungen einer Durchsuchung gemäß § 102, 105 StPO

Im folgenden Kapitel soll untersucht werden, ob es auch einer qualifizierten Belehrung nach einer rechtswidrig erfolgten Hausdurchsuchung bedarf, die unter Umständen ein Beweisverwertungsverbot nach sich zieht.

Bevor jedoch die möglichen Fehlerquellen einer rechtswidrigen Hausdurchsuchung dargestellt und analysiert werden können, ist es notwendig, zunächst die Voraussetzungen einer Hausdurchsuchung – hier anhand der §§ 102, 105 StPO – darzustellen.

I. Straftat i.S.v. § 102 StPO

§ 102 StPO setzt für die Anordnung einer Durchsuchung voraus, dass eine Person einer Straftat verdächtig sein muss. Problematisch erscheint hierbei, dass die Strafprozessordnung einer Definition des Begriffes der Straftat entbehrt. Eine Definition ergibt sich jedoch in Anlehnung an den Begriff der Straftat im Sinne von § 11 I Nr. 5 StGB[1]. Danach liegt eine rechtswidrige Tat dann vor, wenn der Straftatbestand eines Strafgesetzes verwirklicht ist, wobei schuldhaftes Verhalten nicht notwendig ist[2]. Jedoch ist Voraussetzung für eine Durchsuchung gemäß § 102 StPO, dass die persönliche Vorwerfbarkeit zumindest als möglich erscheint, wenn nicht in Ausnahmefällen eine Durchsuchung trotz gegebener fehlender Schuld als geboten erscheint[3]. Weitere Voraussetzung für die Annahme einer Straftat im Sinne von § 102 StPO ist das Vorliegen der objektiven Strafbarkeitsbedingungen, sowie das Nichtvorliegen von Strafausschließungs- bzw. Strafaufhebungsgründen[4].

---

1   Wecker, S. 48
2   Tröndle, § 11 Rn. 27
3   Warda, S. 186 ff.
4   Achenbach, MDR 1975, S. 19, 20

II. Täter oder Teilnehmer

Weitere Voraussetzung für die Anordnung bzw. Durchführung einer Hausdurchsuchung ist, dass jemand Täter oder Teilnehmer einer Straftat ist. Als mögliche Täterschaftsformen kommen in Betracht, wenn die Person/-en als unmittelbarer Täter gemäß § 25 I, 1. Alt. StGB, als mittelbarer Täter gemäß § 25 I, 2. Alt. StGB oder als Mittäter gemäß § 25 II StGB einzuordnen sind. Als Teilnahmeformen existieren die Beihilfe gemäß § 27 StGB und die Anstiftung gemäß § 26 StGB.

III. Der Tatverdacht

Die §§ 102, 105 StPO schreiben vor, dass der Verdacht einer Straftat vorliegen muss. Daher stellt sich die Frage, in welcher Verdachtsform dieser vorliegen, wie wahrscheinlich die Begehung einer Straftat sein muss. Ebenso wie später in Anklage und Urteil muss ein Lebenssachverhalt dargestellt, und unter eine Norm subsumiert werden. Anzumerken ist hierbei, dass weder ein dringender (§ 112 I StPO) noch ein hinreichender (§ 203 StPO) Tatverdacht vorliegen müssen. Denn die Durchsuchung dient – da sie bereits meist im Ermittlungsverfahren stattfindet – dem Sammeln von Beweisen. Würde man an die Voraussetzungen einer Durchsuchung gleichermaßen hohe Anforderungen stellen, so würde sich die Zahl der Hausdurchsuchungen und damit auch die Aufklärungsquote verringern[5]. Daher ist nach überwiegender Ansicht der sogenannte einfache Anfangsverdacht im Sinne von § 152 II StPO ausreichend. Hier werden „zureichende tatsächliche Anhaltspunkte" für das Vorliegen einer Straftat verlangt. Diese sind solche, die es den Strafverfolgungsbehörden erlauben, ihre Möglichkeiten einzusetzen, um herauszufinden, ob eine verfolgbare Straftat vorliegt, wobei eine geringe Wahrscheinlichkeit ausreicht[6]. Allerdings reichen bloße Vermutungen nicht aus[7]. Ebenfalls Bestandteil des Tatverdachts und damit Voraussetzung für die Anordnung einer Durchsuchung ist, dass die Vermutung besteht, dass der Verdächtige, Beweismittel oder Tatspuren aufgefunden werden[8].

---

5   Wecker, S. 52; Peiffer, § 102, Rn. 1
6   Wecker, S. 52
7   AK – Amelung, § 102 Rn. 3; Schroeder, JuS 2004, S. 860
8   Schroeder, JuS 2004, S. 860

IV. Verhältnismäßigkeits- und Bestimmtheitsgrundsatz

Auch stellt die Durchführung einer Durchsuchung einen schweren Eingriff in Art. 2 I, 13 I GG des Betroffenen dar. Somit muss dem Grundsatz der Verhältnismäßigkeit besondere Beachtung geschenkt werden[9], d.h., dass die Anordnung der Durchsuchung in einem angemessenen Verhältnis zur Schwere der Tat und der Stärke des Tatverdachts stehen[10] und geeignet sowie erforderlich sein muss. Diese Notwendigkeit der Berücksichtigung des Verhältnismäßigkeitsgrundsatzes ergibt sich schon daraus, dass bei der Wohnungsdurchsuchung gemäß §§ 102, 103 StPO im Gegensatz zu anderen Zwangsmaßnahmen (vgl. §§ 98 a, 100 a, 100c, 131 III, 131 a III, 163 e und 163 f StPO) eine Subsidiaritätsklausel fehlt, beispielsweise dahingehend, dass die Anordnung einer Durchsuchung nur zur Verfolgung einer Katalogtat, ähnlich denen des 100 c StPO, erfolgen darf. Dieser eingeschränkte Schutz des Wohnungsgrundrechts bedarf folglich einer besonderen Sicherung, der durch die Beachtung des Verhältnismäßigkeitsgrundsatzes Genüge getan wird.

Dabei ist zu berücksichtigen, dass eine Wohnungsdurchsuchung auch im Rahmen eines Ordnungswidrigkeitenverfahrens in Betracht kommt. Im Zusammenhang mit der Durchsuchung einer Anwaltskanzlei wegen einiger Verkehrsordnungswidrigkeiten, für die Geldbußen von je 15 Euro festgesetzt wurden, hat das Bundesverfassungsgericht entschieden, dass eine solche Maßnahme „evident sachfremd und daher grob unverhältnismäßig und willkürlich ist"[11]. Daher sei in diesem Fall die Durchsuchung rechtswidrig.

Weiterhin ist erforderlich, dass die Straftat, die Anlass zur Durchsuchung gibt, im Durchsuchungsbeschluss bezeichnet wird[12]. Notwendig ist insofern, dass neben dem gesetzlichen Straftatbestand ausreichende tatsächliche Angaben über die aufzuklärende Straftat enthalten sind, also eine Beschreibung des Lebenssachverhalts vorliegt. Dies beinhaltet auch, dass neben den zu durchsuchenden Räumlichkeiten und dem Zweck und Ziel der Durchsuchung zumindest in beispielhafter Form die aufzufindenden Beweismittel annäherungsweise bezeichnet werden[13].

---

9   KK – Nack, § 102 Rn. 12; für eine besondere Beachtung der Verhältnismäßigkeitsprüfung bei Berufsgeheimnisträgern, BVerfG, StV 2008, S. 293 ff.
10 LG Frankfurt am Main, NStZ 1997, S. 564; LG Freiburg, StV 2000. S. 14; Pieroth/Schlink, Rn. 883
11 BVerfG, 2 BvR 1141/05, Beschluss vom 07.09.2006; vgl. BVerfG, NStZ 2008, S. 103/104
12 Meyer-Goßner, § 105 Rn. 5; Pfeiffer, § 102, Rn. 1; Kühne, Rn. 499
13 BVerfGE, 42, S. 212, 221; Schmidt, S. 348; Burhoff, PStR 2005, S. 152/153

V. Die Zuständigkeit

Zuständig für die Anordnung der Durchsuchung ist gemäß §§ 102, 105 StPO grundsätzlich der Richter, bei Gefahr im Verzug auch die Staatsanwaltschaft oder die Polizei[14].

B. Verfahrensfehler bei der Hausdurchsuchung

Gemäß §§ 102, 105 I StPO ist grundsätzlich der Richter für die Anordnung der Durchsuchung zuständig. Nur bei „Gefahr im Verzug" dürfen auch die Staatsanwaltschaft bzw. die Polizei die Durchsuchung anordnen. Diese Kompetenz eröffnet den nichtrichterlichen Organen die Möglichkeit eines Eingriffs, wenn die vorherige Einholung der richterlichen Anordnung den Erfolg der Durchsuchung gefährden und dadurch eventuell Beweismittel verloren gehen würden[15]. Die bloße Möglichkeit des Beweismittelverlustes ist nicht ausreichend[16]. Gefahr im Verzug ist also immer dann anzunehmen, wenn die vorherige Einholung der richterlichen Anordnung den Erfolg der Durchsuchung gefährden würde[17].

In seinem Urteil vom 20.02.01 legte das Bundesverfassungsgericht fest, dass der Begriff der Gefahr im Verzug eng auszulegen sei. Danach sei die richterliche Anordnung der Durchsuchung die Regel, die nichtrichterliche hingegen die Ausnahme. Gefahr im Verzug müsse mit Tatsachen begründet werden, die auf den Einzelfall bezogen sind. Reine Spekulationen, hypothetische Erwägungen oder lediglich auf kriminalistische Alltagserfahrung gestützte, fallunabhängige Vermutungen reichen nicht aus[18].

Das Bundesverfassungsgericht begründet seine Ansicht mit dem hohen Schutz des Wohnungsgrundrechts aus Art. 13 GG. Damit werde dem Einzelnen im Hinblick auf seine Menschenwürde und freie Entfaltung der Persönlichkeit ein „elementarer Lebensraum" gewährleistet[19]. In dieses Grundrecht greift eine Durchsuchung in erheblicher Weise ein. Daher soll eine vorbeugende Kontrolle dem Richter überlassen sein, damit dieser die Rechte des Beschuldigten hinreichend schützt. Denn das Gericht stelle – im Gegensatz zu Polizei und Staatsanwalt-

---

14 Pfeiffer, § 105 Rn. 1
15 Jarass/Pieroth, Art. 13 Rn. 19
16 Pieroth/Schlink, Rn. 884; vgl. OLG Düsseldorf, StraFO 2008, S. 238/239; AG Essen, StraFO 2008, S. 199/200
17 BVerGE 51, S. 97, 111
18 Meyer-Goßner, § 102 Rn. 2; Burhoff, PStR 2005, S. 139; Schmidt, S. 403; OLG Dresden, StraFO 2008, S. 118
19 BVerfGE 96, 27, 40

schaft – eine unabhängige und neutrale Instanz dar, die einer strengen Bindung an Recht und Gesetz unterworfen sei[20].

Bei der Durchführung einer Durchsuchung ist auch zu berücksichtigen, dass weder der allgemeine Ermittlungsauftrag an die Staatsanwaltschaft oder die Polizei (§§ 152 II, 163 I StPO) noch § 102 StPO eine Rechtsgrundlage zur heimlichen Ausforschung eines Computers bieten[21]. Denn „bei dem heimlichen Zugriff auf die auf dem Computer des Beschuldigten gespeicherten Daten handelt es sich um einen schwerwiegenden Eingriff in das den persönlichen Freiheitsrechten zuzuordnende Recht auf informationelle Selbstbestimmung"[22]. Für eine derartige heimliche „Durchsuchung" fehlt es nach Ansicht des Ermittlungsrichters des BGH an der notwendigen gesetzlichen Grundlage. Der allgemeine Ermittlungsauftrag an die Staatsanwaltschaft oder die Polizei biete daher keine Grundlage für Eingriffe in Grundrechte. § 102 StPO finde ebenfalls keine Anwendung, da die Durchsuchung selbst von „Offenheit" gekennzeichnet sei, während die Ausforschung eines Computers auf Heimlichkeit angelegt sei. Eine entsprechende Anwendung der Vorschrift des § 102 StPO verstoße daher gegen das Analogieverbot des Art. 103 II GG bzw. § 1 StGB[23].

I. Mögliche Verstöße gegen die Annahme von Gefahr im Verzug

1. Die fernmündliche Anordnung

Eine Gefahr im Verzug, die die Staatsanwaltschaft zur Anordnung der Durchsuchung berechtigen würde liegt dann nicht vor, wenn nicht der Versuch unternommen wurde den Ermittlungsrichter fernmündlich zu erreichen[24]. Denn dieser kann, sofern ihm der Sachverhalt plausibel vermittelt wird, selbst entscheiden, ob eine Durchsuchung angeordnet werden soll oder nicht. Dies war auch der ausschlaggebende Grund dafür, dass die Einrichtung eines richterlichen Bereitschaftsdienstes eingeführt wurde. Der Richtervorbehalt darf nicht deswegen missachtet werden, weil der Ermittlungsrichter wegen anderweitiger Angelegenheiten verhindert ist oder einfach keine Lust hat, sich außerhalb der offiziellen Dienstzeit mit einem Durchsuchungsantrag zu beschäftigen[25]. Als Begründung

---

20 BVerfG, StV 2003, S. 204
21 Beschluss des Ermittlungsrichters des BGH, JR 2007, S. 77/78
22 Beschluss des Ermittlungsrichters des BGH, JR 2007, S. 77
23 Vgl. hierzu ausführlich, Jahn/Kudlich, JR 2007, S. 57 ff.
24 Verfassungsgericht des Landes Brandenburg, StV 2003, S. 207; vgl. auch Burhoff, PStR 2005, S. 127/128; LG Berlin, StV 2008, S. 244/245
25 Hofmann, NStZ 2003, S. 230

für die mangelnde Bereitschaft wird häufig angeführt, dass es dem Richter ohne Akteneinsicht und Hilfe einer Sekretärin nicht möglich sei, sich mit dem Durchsuchungsantrag auseinander zu setzen. Ob die Staatsanwaltschaft oder die Polizei die Durchsuchung dann selbst vornehmen darf ist umstritten.

a) Die Ansicht von Beichel und Kieninger

Beichel und Kieninger vertreten im Falle der Unwilligkeit des Bereitschaftsrichters die Auffassung, dass die Staatsanwaltschaft die Durchsuchung dann nicht selbst anordnen darf. Begründet wird ihre Ansicht damit, dass Gefahr im Verzug nur dann vorliegt, wenn mit dem Versuch den Bereitschaftsrichter zu erreichen, eine zeitliche Verzögerung einherginge[26]. Ihrer Ansicht nach stellt jedoch der unwillige Bereitschaftsrichter kein zeitliches Problem dar, sondern es handele sich dabei um ein Versagen des Organs. Jedoch hätten die Väter des Grundgesetzes allein die zeitliche Komponente der Gefahr im Verzug als wesentlich erachtet. Dies sei deshalb geschehen, um die Regelzuständigkeit des Richters herauszustellen und um den Schutz des Betroffenen vor Eingriffen in Art. 13 GG zu gewährleisten. Daher sei eine restriktive Auslegung des Richtervorbehalts erforderlich, die keine Ausdehnung auf den „unwilligen" Bereitschaftsrichter zulasse[27]. Dazu käme noch, dass bei eben dieser Missachtung des Richtervorbehalts keine unabhängige und neutrale Instanz die Rechtmäßigkeit der Durchsuchung überprüfen und die Rechte des Betroffenen ausreichend schützen würde. Denn die Staatsanwaltschaft sei kraft ihrer Aufgabe – der Strafverfolgung – nicht daran interessiert, dem Betroffenen den gleichen Schutz zukommen zu lassen, wie ein Richter[28]. Daher sei es der Staatsanwaltschaft im Falle des „unwilligen" Bereitschaftsrichters verwehrt, die Durchsuchung wegen Gefahr im Verzug selbst anzuordnen[29].

Allerdings nehmen Beichel und Kieninger für den Fall, dass der Ermittlungsrichter sich bereit erklärt, sich mit der Sache zu befassen, jedoch im Verlauf der Prüfung der Anordnung einer Durchsuchung merkt, dass diese zu lange dauern würde an, dass in dieser Fallkonstellation der Staatsanwalt zu Recht Gefahr im Verzug annehmen dürfe und somit die Durchsuchung selbst anordnen dürfe.

---

26 Beichel/Kieninger, NStZ 2003, S. 11
27 Beichel/Kieninger, NStZ 2003, S. 11
28 Beichel/Kieninger, NStZ 2003, S. 12
29 Beichel/Kieninger, NStZ 2003, S. 13

b) Die Ansicht von Hofmann

Hofmann nimmt die gegenteilige Position im Vergleich zu Beichel und Kieninger ein. Seiner Ansicht nach stellt der Fall des unwilligen Bereitschaftsrichter kein Organversagen dar. Es sei nur darauf abzustellen, dass eine richterliche Entscheidung nicht mehr innerhalb der Zeit eingeholt werden könne, in der der Zweck der Durchsuchung nicht gefährdet würde[30]. Die Gründe, warum die richterliche Entscheidung nicht einholbar war, seien unerheblich. Denn dann, wenn es der Richter ablehnt, sich außerhalb der Dienstzeiten mit dem Durchsuchungsantrag zu befassen, impliziere dies gleichzeitig die Aussage, dass er sich zumindest am folgenden Tag – während der Dienstzeit – damit auseinandersetzen werde. Es liege also keine ablehnende Entscheidung vor, sondern nur die, dass über den Antrag nicht jetzt entschieden werde. Zu diesem Zeitpunkt wäre der Erfolg der Durchsuchung aber bereits gefährdet, wenn nicht sogar vereitelt, so dass der Staatsanwalt zu Recht Gefahr im Verzug annehmen dürfe[31]. Hofmann geht sogar noch weiter, indem er die Behauptung aufstellt, die Staatsanwaltschaft dürfe nicht nur Gefahr im Verzug annehmen, sondern sei aufgrund des Legalitäts- und Rechtsstaatsprinzips sogar dazu verpflichtet. Eine gegenteilige Auffassung würde seiner Ansicht nach den Nährboden für „Verdunkelung" leisten und es dem Betroffenen ermöglichen Beweismittel zu verstecken, nur weil ein Bereitschaftsrichter seiner Pflicht nicht nachkommt[32].

c) Eigene Stellungnahme

Hofmann übersieht bei seiner Begründung zur Annahme von Gefahr im Verzug, dass in dem Urteil des Bundesverfassungsgerichts vom 20.02.01[33] deutlich herausgestellt wurde, dass der Begriff der Gefahr im Verzug eng auszulegen sei[34]. Denn Art. 13 GG und § 105 StPO dienen dem Schutz des Beschuldigten vor vorschneller Annahme der Eilkompetenz durch die Staatsanwaltschaft und die Polizei. Würde man Hofmann zustimmen, so liefe der Schutz des Betroffenen quasi leer. Denn wie bereits dargestellt haben Staatsanwaltschaft und Polizei aufgrund ihrer Aufgabenstellung kein übermäßiges Interesse am Schutz der Rechte des Beschuldigten. Auch würde der im oben genannten Urteil aufgeführte Grundsatz, dass die richterliche Anordnung der Durchsuchung die Regel, die nichtrichterliche hingegen die Ausnahme sei, untergraben. Auch die Begründung, dass

---

30   Hofmann, NStZ 2003, S. 232
31   Hofmann, NStZ 2003, S. 232
32   Hofmann, NStZ 2003, S. 232
33   BVerfGE 103, S. 142 ff.
34   Ebenso LG Berlin, NStZ 2008, S. 244/245; BGH, Kriminalistik 2008, S. 189/190

dann wenn die Staatsanwaltschaft im Falle des „unwilligen" Bereitschaftsrichters Gefahr im Verzug nicht annehmen dürfe, dem Betroffenen die Verdunkelung und Beseitigung von Beweisen ermöglicht werde, ist unhaltbar. Denn das deutsche Strafprozessrecht kennt keine Erforschung der Wahrheit um jeden Preis, da sonst ein eklatanter Verstoß gegen das Rechtsstaatsprinzip vorliegen würde. Hofmann berücksichtigt ebenfalls nicht, dass das Bundesverfassungsgericht klargestellt hat, dass maßgeblich für die Annahme von Gefahr im Verzug sei, dass der Zeitverlust bis zur Einholung einer richterlichen Durchsuchungsanordnung den Zweck der Zwangsmaßnahme gefährden könnte[35].

Hierbei entsteht ein Konflikt zwischen der zeitlichen Komponente und der persönlichen „Unwilligkeit" des Bereitschaftsrichters. Daher bedarf es der Klärung welcher der beiden der Vorzug zu gewähren ist. Sinn und Zweck des Richtervorbehalts ist vor allem der Schutz des von der Maßnahme Betroffenen. Wenn sich der Richter weigert, sich mit dem Durchsuchungsantrag zu befassen und nunmehr der Staatsanwalt seine Eilkompetenz wahrnehmen kann, so wird eben dieser Schutz des Betroffenen vereitelt. Daher ist entgegen der Meinung Hofmanns, der Auffassung Beichel und Kieningers zu folgen.

Beachtung finden sollte in diesem Zusammenhang auch ein Beschluss des BGH aus dem Jahre 2003. Danach sollen dann, wenn feststeht, dass eine Wohnung durchsucht werden soll und nur noch der Zeitpunkt einer solchen wegen anderweitiger noch vorzunehmender Untersuchungen nicht geklärt ist, die Strafverfolgungsorgane den Versuch unternehmen müssen, die Regelzuständigkeit eines Ermittlungsrichters – notfalls durch fernmündliche Anfrage – zu wahren[36]. Denn aufgrund der zeitlichen Diskrepanz zwischen Anordnung der Durchsuchung und deren Vollziehung sei kein Grund mehr für die Annahme von Gefahr im Verzug gegeben. Allerdings unterfielen die aufgefundenen Beweismittel dann keinem Verwertungsverbot, wenn die Anordnung der Durchsuchung nicht von Willkür gekennzeichnet sei und auch nicht mit „besonders schwerwiegenden Fehlern behaftet" sei[37]. Hier greift die Rechtsprechung demnach wieder auf ihre Lehre vom hypothetischen Ermittlungseingriff zurück, wonach einer rechtswidrigen Durchsuchung dann kein Beweisverwertungsverbot nachfolge, wenn die aufgefundenen Beweismittel auch auf rechtmäßigem Wege zu erlangen gewesen seien[38].

---

35 So auch Schulz, NStZ 2003, S. 635
36 Beschluss des BGH, NStZ 2004, S. 449
37 Beschluss des BGH, NStZ 2004, S. 450
38 Vgl. BVerfG, NJW 1999, S. 273

d) Die Ansicht von Krehl

Nach Krehl hat der Ermittlungsrichter einen verfassungsrechtlich verbürgten Anspruch darauf, dass ihm beim Vorliegen eines Durchsuchungsantrags – auch eines fernmündlichen – auf seinen Wunsch hin alle zur Entscheidung notwendigen Unterlagen übermittelt werden. Allerdings müsse er sich – so Krehl – gegebenenfalls mit der fernmündlichen Unterrichtung durch den Staatsanwalt abfinden. Erhält er die gewünschten Informationen nicht, kann er dem Durchsuchungsantrag eine Absage erteilen[39]. Besteht jedoch aufgrund von Zeitverlust lediglich die Möglichkeit den Richter von der beabsichtigten Durchsuchung fernmündlich zu unterrichten, da die Erstellung der aus Sicht des Ermittlungsrichters notwendigen Unterlagen zu lange dauert, so sei es den Strafverfolgungsbehörden erlaubt, ihre Eilkompetenz in Anspruch zu nehmen und selbst zu entscheiden, ob Gefahr im Verzug vorliegt[40].

Allerdings sei Voraussetzung für eine solche Vorgehensweise, dass der Richter dahingehend informiert wird, dass die Erstellung der Unterlagen die Gefahr eines Beweismittelverlusts nach sich ziehen kann und er daher nur fernmündlich ins Bild gesetzt werden kann. Dann sei die Möglichkeit gegeben, Gefahr im Verzug anzunehmen.

e) Eigene Stellungnahme

Diese Sichtweise ist jedoch nicht unproblematisch, da der Ermittlungsrichter für den Fall, dass ihm nicht genügend Informationen zur Verfügung stehen die Anordnungskompetenz für den Vollzug einer Durchsuchung nicht so einfach auf die Strafverfolgungsbehörden übertragen kann. Denn die Regelzuständigkeit des Richters wurde faktisch gewahrt. Ist er aufgrund mangelnder Information nicht in der Lage, eine Entscheidung zu treffen, so ist die Übertragung der Kompetenz zum Vollzug der Durchsuchung auf die Strafverfolgungsbehörden versagt. Ansonsten könnte nämlich dadurch, dass dem Ermittlungsrichter nur spärlich Informationen zugetragen werden, seine Regelzuständigkeit umgangen werden, so dass im Endeffekt die Strafverfolgungsbehörden über ihre Zuständigkeit selbst entscheiden könnten, was der Intention des Urteils des Bundesverfassungsgerichts aus dem Jahre 2001 zuwiderlaufen würde.

---

39   Krehl, NStZ 2003, S. 462
40   Krehl, NStZ 2003, S. 462

f) Ausnahme vom Erfordernis der Einrichtung eines
richterlichen Bereitschafsdienstes

Bereits oben wurde dargelegt, dass es zur Wahrung der Regelzuständigkeit des Ermittlungsrichters im Sinne von Art. 13 II GG der Einrichtung eines richterlichen Bereitschaftsdienstes bedarf. Jedoch ist nach einem Beschluss des Bundesverfassungsgerichts auch dem praktischen Bedürfnis nach einem solchen Bereitschaftsdienst Rechnung zu tragen[41]. Hiernach sei die Einrichtung eines nächtlichen richterlichen Bereitschaftsdienstes erst dann notwendig, wenn hierfür ein „praktischer Bedarf" besteht, der über den Ausnahmefall hinausgeht[42]. Als Beispiel wird das Bundesland Brandenburg angeführt. Hier kommt es nur sehr selten zur Anordnung von Durchsuchungen zur Nachtzeit. Daher stelle in einem solchen Falle der Mangel eines richterlichen Bereitschaftsdienstes keinen Verstoß gegen die Regelzuständigkeit des Ermittlungsrichters aus Art. 13 II GG dar[43]. Bei Tage gilt jedoch die Regelzuständigkeit des Ermittlungsrichters ausnahmslos. Daher bleibt die Verpflichtung der Länder am Tage einen richterlichen Bereitschaftsdienst einzurichten bestehen.

Werden die eben dargestellten Voraussetzungen missachtet, so soll ein Beweisverwertungsverbot hinsichtlich der aufgefundenen Beweismittel bestehen. In einem dem Landgericht Cottbus vorliegenden Fall hatte die Polizei zur Vorabendzeit eine Durchsuchung durchgeführt ohne zuvor versucht zu haben den zuständigen Richter zu erreichen, obwohl dieser telefonisch erreichbar war. Anhaltspunkt dafür, dass Gefahr im Verzug zu Unrecht angenommen wurde, soll sein, dass zwischen Anordnung der Durchsuchung und Vornahme derselben, ein Zeitraum von mehr als drei Stunden lag[44]. In dieser Zeit wäre es möglich gewesen, einen zuständigen Richter zu erreichen.

2. Die Dokumentationspflicht

a) Inhalt der Dokumentationspflicht

Nach dem BVerfG besteht vor bzw. während der Durchführung einer Hausdurchsuchung die Pflicht der Ermittlungsbeamten, durch eine zeitnah zu den Akten gebrachte Dokumentation, die maßgeblichen Umstände der Durchsuchung und ihrer behördlichen Bewertung, ausreichende Hinweise für die Annahme von Ge-

---

41 BVerfG, NJW 2004, S. 1442; vgl. auch Burhoff, PStR 2005, S. 127
42 So auch OLG Hamm, NStZ 2010, S. 165
43 BVerfG, NJW 2004, S. 1442; vgl. Burhoff, PStR 2005, S. 140
44 LG Cottbus, StV 2002, S. 535; vgl. Burhoff, PStR 2005, S. 139, ebenso OLG Hamm, NStZ 2010, S. 166

fahr im Verzug zu geben[45]. Wird dieser Dokumentationspflicht nicht ausreichend Rechnung getragen, so muss davon ausgegangen werden, dass Gefahr im Verzug zu Unrecht angenommen wurde und ein Beweisverwertungsverbot hinsichtlich der gefundenen Beweismittel besteht, denn die Durchsuchung war dann objektiv willkürlich[46]. Grund hierfür ist, dass die Durchsuchung einen schweren Eingriff in Art. 13 I GG darstellt. Die Voraussetzungen eines solchen sollen der vollständigen gerichtlichen Überprüfung zugänglich sein[47]. Dies würde jedoch unmöglich gemacht, wenn der Richter die Voraussetzungen der Inanspruchnahme der Eilkompetenz nicht nachprüfen und so dem Schutz des Art. 13 I GG Geltung verleihen könnte. Denn nur durch eine derartige Vorgehensweise werden die Interessen des Betroffenen ausreichend berücksichtigt, bzw. die Durchsuchung einer gerichtlichen Überprüfung zugänglich gemacht[48]. Der Zustand, der den Ermittlungsbehörden Tür und Tor dahingehend öffnen würde, dass es ausreichend ist, dass die Möglichkeit von Gefahr im Verzug lediglich behauptet wurde, wäre dann wieder eingetreten[49]. Daher ist es nach Park zu begrüßen, dass das Bundesverfassungsgericht in seiner Entscheidung ausführt, dass die „verfassungsrechtlich gebotene volle richterliche Kontrolle der Annahme von Gefahr im Verzug (...) in der Praxis nur möglich (ist), wenn nicht nur das Ergebnis, sondern auch die Grundlagen der Entscheidung der Behörden und ihr Zustandekommen zuverlässig erkennbar werden"[50]. Insbesondere genügt es der Dokumentationspflicht nicht, wenn allein die juristische Definition von Gefahr im Verzug in den Akten dokumentiert wird[51]. Auch soll vermieden werden, dass die Gründe für die Anordnung der Durchsuchung erst nachträglich Eingang in die Akten finden. Denn eine derartige Vorgehensweise berge die „Gefahr von Umgehungen und Ungenauigkeiten" in sich, was eben durch die Notwendigkeit einer zeitnahen Do-

---

45 Beschluss des BVerfG, StV 2003, S. 205; ebenso LG Bielefeld, wistra 2008, S. 117; dies legte auch der Europäische Gerichtshof für Menschenrechte in seiner Entscheidung vom 9.12.2004 fest (vgl. StraFo005, S. 283–286). Danach muss „ein Durchsuchungsbefehl (...) Mindestangaben enthalten, die es ermöglichen, dass eine Kontrolle über die Einhaltung des darin festgelegten Untersuchungsbereichs durch die ausführenden Beamten ausgeübt wird" (StraFo 2005, S. 283). In dem zu beurteilenden Fall hatte der Ermittlungsrichter angeordnet, dass „alle für die Untersuchung nützlichen Belege und Dokumente zu suchen und zu beschlagnahmen (seien), ohne irgendeine Einschränkung" (StraFo 2005, S. 285), was nach Ansicht der EMRK einen Verstoß gegen Art. 8 EMRK darstellt.
46 Beschluss des BVerfG, StV 2003, S. 205; ebenso BGH, Urteil vom 18. April 2007, BGH 5 StR 546/06
47 Vgl. Schenke, Rn. 156
48 BVerfG, StV, 2003, S. 206
49 Park, StraFO 2001, S. 160
50 Park, StraFO 2001, S. 160
51 BVerfG, wistra 2001, S. 142

kumentation verhindert werden soll[52]. Dies wird daher in absehbarer Zeit dazu führen, dass die Durchführung von Durchsuchungen, die auf dieser angeblichen Annahme von Gefahr in Verzug, d.h. auf deren Behauptung beruhen, zurückgehen wird. Durch die Dokumentationspflicht wird auch das Grundrecht aus Art. 19 IV GG auf Gewährung effektiven Rechtsschutzes gewahrt, da der Betroffene so die Rechtmäßigkeit der Durchsuchung nachträglich anhand der schriftlichen Aufzeichnung bezüglich der Annahme von Gefahr im Verzug überprüfen lassen kann und nicht nur die Behauptung, die Möglichkeit von Gefahr im Verzug habe bestanden, zum „Maß aller Dinge" erhoben wird.

Allerdings sei nach Ansicht des BGH ein Beweisverwertungsverbot dann nicht die Folge einer fehlenden Dokumentation, wenn eine richterlich angeordnete oder gestattete Durchsuchung nur unzureichend dokumentiert worden ist[53]. Die vorbeugende richterliche Kontrolle sei gewahrt, wenn ein Staatsanwalt fernmündlich (aufgrund der Annahme von Gefahr im Verzug) die Anordnung einer Durchsuchung beantrage und der Ermittlungsrichter dem Ersuchen nachkommt, woraufhin die Polizeibeamten die Einzelheiten über die Anordnung der Durchsuchung in den Akten vermerken[54]. Bei einer derartigen Vorgehensweise seien die Rechte des Betroffenen ausreichend geschützt und die Anordnung der Durchsuchung genüge den Voraussetzungen des § 105 StPO. Daher habe die unzureichende Dokumentation der richterlichen Entscheidung dann kein Verwertungsverbot bezüglich der aufgefundenen Beweismittel zur Folge, da der Vermerk der Ermittlungsbeamten in den Akten den Anforderungen an eine wie – vom Bundesverfassungsgericht geforderte – hinreichende Dokumentation genügt[55].

In einem Beschluss des Landgerichts Berlin zur Frage der Dokumentationspflicht bei Hausdurchsuchungen verlangte das Gericht, dass es dann, wenn aus ermittlungstaktischen Gründen Angaben, die den Sachverhalt im Einzelnen genauer darlegen, im Durchsuchungsbeschluss weggelassen werden, notwendig ist, eben diese weggelassenen Gründe in den Ermittlungsakten zu vermerken[56]. Denn, wie bereits oben erwähnt, muss der Durchsuchungsbeschluss den Tatvorwurf in tatsächlicher und rechtlicher Hinsicht konkretisieren. Zwar könne nicht verlangt werden, dass bereits zu Anfang des Ermittlungsverfahrens sämtliche Details bekannt seien, jedoch muss die Beweisgrundlage zumindest „angedeutet" sein. Wenn diese jedoch aus ermittlungstaktischen Gründen einfach weggelassen werde, so würde der Dokumentationspflicht nicht ausreichend Rechnung getragen. Eine derartige „Nachbesserung" des fehlerhaften Durchsuchungsbeschlus-

---

52 BVerfG, wistra 2001, S. 142
53 BGH, NJW 2005, S. 1060
54 BGH, NJW 2005, S. 1061
55 BGH, NJW 2005, S. 1061; vgl. Trüg, StraFO 2005, S. 202/203
56 LG Berlin, wistra 2004, S. 319 f.

ses im Beschwerdeverfahren ist dann nach abgeschlossener Durchsuchung nicht mehr möglich. Denn es sei dem Beschwerdegericht verwehrt, nachzuprüfen, ob eine verfahrensrechtlich fehlerfreie Durchsuchungsanordnung hätte erlassen werden können[57]. Daraus ergebe sich somit die Pflicht der Ermittlungsbehörden, die im Erlass des Durchsuchungsbeschlusses ausgeklammerten Gründe aktenkundig zu machen.

Zuletzt macht das Gericht in dem ihm vorliegenden Fall deutlich, dass ein solcher Verstoß seiner Ansicht nach nicht zwingend ein Beweisverwertungsverbot zur Folge hat.

b) Eigene Stellungnahme

Die Dokumentationspflicht bietet dem von der Durchsuchung Betroffenen die Möglichkeit, die Anordnung und den Vollzug der Durchsuchung nachträglich zu überprüfen. Dabei kann die Dokumentation auch Grundlage etwaiger Ansprüche des Betroffenen in einem Amtshaftungsprozess gemäß Art. 34 GG i.V.m. § 839 BGB sein. Darüber hinaus gewährleistet die Dokumentation, dass genau protokolliert wird, welche Beweismittel aufgrund des Durchsuchungsbeschlusses aufgefunden wurden und ob die Strafverfolgungsbehörden Gefahr im Verzug zu Recht angenommen haben. Somit schützt die Dokumentationspflicht auch das Recht des von der Maßnahme Betroffenen auf Unverletzlichkeit der Wohnung, dem nicht zuletzt aufgrund der Entscheidung des Bundesverfassungsgerichts im Jahre 2003 herausragende Bedeutung zukommt. Von daher ist es zu begrüßen, wenn das Bundesverfassungsgericht bei einem Verstoß gegen die Dokumentationspflicht annimmt, dass Gefahr im Verzug zu Unrecht angenommen wurde und die bei der Durchsuchung aufgefundenen Beweismittel daher einem Verwertungsverbot unterfallen.

3. Die Begründungspflicht

a) Inhalt der Begründungspflicht

Wie bereits oben ausgeführt, bedarf der Durchsuchungsbeschluss der Begründung. In seinem Urteil aus dem Jahre 2003 stellte das BVerfG fest, dass unter bestimmten Voraussetzungen bei einem Verstoß gegen die Begründungspflicht, ein Beweisverwertungsverbot die Folge ist[58]. Nach Ansicht des Bundesverfassungsgerichts besteht die Verpflichtung des die Durchsuchung anordnenden

57 LG Berlin, wistra 2004, S. 320
58 BVerfG, StV 2003, S. 205

Richters durch „eine geeignete Formulierung des Durchsuchungsbeschlusses im Rahmen des Möglichen und Zumutbaren sicherzustellen, so dass der Eingriff in die Grundrechte messbar und kontrollierbar bleibt"[59]. Wenn der Beschluss keine tatsächlichen Angaben zum Inhalt des Tatvorwurfs macht und auch die aufzufindenden Beweismittel nicht genauer bezeichnet, so soll dann ein Beweisverwertungsverbot vorliegen, wenn diese Angaben ohne weiteres möglich gewesen wären und dem Zweck der Strafverfolgung nicht geschadet hätten[60]. Dies ergibt sich daraus, dass es aus Gründen der Rechtsstaatlichkeit einer angemessenen Eingrenzung des Durchsuchungszwecks bedarf, weil häufig eine große Zahl von potentiellen Beweismitteln, die bei der Durchsuchung gefunden werden sollen, in Betracht kommt[61]. Weiterer Bestandteil der Begründungspflicht ist der, dass der Tatvorwurf einer genauen Beschreibung bedarf, so dass die Rahmenbedingungen für die Durchsuchung abgegrenzt sind, innerhalb derer sie durchzuführen ist. Denn dann ist der Betroffene in der Lage, eventuellen Maßnahmen, die nicht vom Durchsuchungsbeschluss gedeckt sind, im Rahmen seiner rechtlichen Möglichkeiten entgegenzutreten[62]. Auch hierfür lautet die Begründung ähnlich. Der Schutz von Art. 13 GG des Betroffenen verdient umfassenden Schutz, der einer gerichtlichen Nachprüfung zugänglich sein muss. Daher ist eine Begründung des Durchsuchungsbeschlusses notwendig, um nachprüfen zu können, ob die Voraussetzungen für einen solchen gegeben waren.

Das gilt vor allem auch bei einer gemäß § 103 StPO gegen einen Nichtverdächtigen gerichteten Durchsuchung[63]. Im Streitfall war die Durchsuchung zugleich gegen den Verdächtigen und einen Nichtverdächtigen angeordnet worden. Das Bundesverfassungsgericht hat darauf hingewiesen, dass ein Eingriff in die Rechte eines Nichtverdächtigen gem. § 103 StPO nur unter engeren Voraussetzungen zulässig ist als eine Durchsuchung beim Verdächtigen nach § 102 StPO. Ist eine Person einer Straftat verdächtig, so sei es bereits nach der Lebenserfahrung in gewissem Grade wahrscheinlich, dass bei dieser Person Beweisgegenstände zu finden sind, die zur Prüfung der Verdachtsannahme beitragen können. Durch die Verknüpfung des personenbezogenen Tatverdachts mit einem eher abstrakten Auffindeverdacht werde ein ausreichender Eingriffsanlass geschaffen. Fehle dagegen ein gegen den von der Durchsuchung Betroffenen selbst gerichteter Verdacht der Beteiligung an der Tat, dann müsse der Eingriffsanlass hinsichtlich des Durchsuchungsziels näher konkretisiert sein, um die staatliche Inanspruchnahme des Betroffenen zu rechtfertigen. Insoweit müssten konkrete Grün-

59 Vgl. Burhoff, PStR 2005, S. 152
60 LG Hildesheim, StraFO 2007, S. 114/115
61 BVerfG, StV 2003, S. 204; Burhoff, PStR 2005, S. 140/141
62 BVerfG, StV 2003, S. 203; vgl. OLG Düsseldorf, wistra 2008, S. 318
63 BVerfG, Beschl. v. 28. 4. 2003–2 BvR 358/03

de dafür sprechen, dass ein Beweisgegenstand bei dem Unverdächtigen gefunden werden kann. Seien aber im Einzelfall ausreichende Gründe dafür gegeben, dass Beweisgegenstände einer bestimmten Kategorie auch bei einem Nichtverdächtigen zu finden seien, so sei es rechtlich nicht fehlerhaft, wenn aus demselben Grunde sowohl bei einem Nichtverdächtigen als auch bei dem Beschuldigten durchsucht werde. In dem zu beurteilenden Fall bezog sich die Annahme des Verdachts des Verrats von Geschäftsgeheimnissen darauf, dass der Beschuldigte, ein Bilanzbuchhalter, mandatsbezogene Daten und Unterlagen seines früheren Arbeitgebers zu seinem neuen Arbeitgeber transferiert hatte. Auf dieser Grundlage war dann, so das Bundesverfassungsgericht, die Suche nach entsprechenden Beweisgegenständen bei dem neuen Arbeitgeber sachlich gerechtfertigt. Auch im Fall des § 103 StPO reiche dabei eine eingegrenzte, aber zumindest doch gattungsmäßige Bestimmung der gesuchten Gegenstände aus.

b) Eigene Stellungnahme

Ebenso wie die Dokumentationspflicht dient die Begründungspflicht der nachträglichen Überprüfbarkeit der Durchsuchung bzw. des Durchsuchungsbeschlusses. Denn dadurch lässt sich nachvollziehen, ob zum Beispiel ein hinreichender Tatverdacht zu Recht angenommen wurde, oder ob auch die im Durchsuchungsbeschluss konkret bezeichneten aufzufindenden Beweismittel beschlagnahmt wurden. So kann festgestellt werden, ob ein Zufallsfund gemäß § 108 I StPO vorliegt. Das Bundesverfassungsgericht geht dabei zutreffend davon aus, dass „der Eingriff in die Grundrechte messbar und kontrollierbar" bleiben muss. Kontrollierbar ist ein solcher Eingriff jedoch nur, wenn er nachvollziehbar begründet worden ist. Somit sind die aufgefundenen Beweismittel dann als unverwertbar einzustufen, wenn der Durchsuchungsbeschluss nicht ordnungsgemäß begründet wurde, da ansonsten die Gefahr besteht, dass die an einen konkreten Durchsuchungsbeschluss zu stellenden Anforderungen dadurch unterlaufen werden, indem eine „schwammige" Formulierung gewählt wird.

4. Das Verbot der Willkür

a) Inhalt des Willkürverbots

Zufallsfunde und Erkenntnisse, die bei rechtsfehlerhafter Annahme von Gefahr im Verzug erlangt wurden, sind mit einem Beweisverwertungsverbot belegt[64].

---

64 Vgl. OLG Koblenz, StV 2002, S. 533; Müller/Trurnit, StraFO 2008, S. 149; OLG Hamm, wistra 2008, S. 76/77; OLG Hamm, NStZ 2007, S. 355; BGH, NStZ 2007, S. 601

Dies gilt zumindest dann, wenn die Anordnung einer Durchsuchung objektiv willkürlich war und kein außergewöhnliches Interesse der Allgemeinheit an der Aufklärung der Tat besteht[65]. Zunächst stellt sich hierbei die Frage, wann eine polizeiliche Durchsuchung objektiv willkürlich war. Das Oberlandesgericht Koblenz beantwortet diese Frage wie folgt: „eine polizeiliche Durchsuchungsanordnung ist dann objektiv willkürlich, wenn keine Tatsachen vorliegen, die die Annahme rechtfertigen könnten, ein Aufschieben der Durchsuchung bis zum Erlass einer richterlichen Anordnung werde den Ermittlungserfolg gefährden"[66].

In dem zugrunde liegenden Fall hatte es die Polizei versäumt, durch eine Dokumentation in den Akten die Gründe für die Annahme von Gefahr im Verzug zu belegen. Auch wurde nicht der Versuch unternommen, einen Ermittlungsrichter fernmündlich zu erreichen. Die Beweismittel (Betäubungsmittel) wurden hier zufällig gefunden. Die Möglichkeit einer solchen Beweismittelerlangung und deren Verwertung lässt § 108 StPO zwar ausdrücklich zu, allerdings war die Durchsuchung hier aufgrund der genannten Fehler nach Ansicht des Gerichts willkürlich angeordnet worden.

Dies spreche nach Ansicht des Gerichts dafür, dass die Voraussetzungen für eine Annahme von Gefahr im Verzug nicht vorgelegen hätten, diese vielmehr willkürlich angenommen wurde, und daher ein Beweisverwertungsverbot die Folge der rechtswidrigen Durchsuchung sei[67].

Weiterhin sei eine Durchsuchung dann willkürlich und die Verwertung von anlässlich einer unter Verletzung des Richtervorbehalts erlangten Beweismittel unzulässig, wenn im Zeitpunkt der Durchsuchungsdurchführung nur ein schwacher Tatverdacht bestand[68]. Weitere Voraussetzung für die Annahme einer willkürlichen Durchsuchung sei dabei auch, dass das Strafverfolgungsinteresse nicht besonders hoch sei und ein über den Einzelfall informierter Richter einen Durchsuchungsbeschluss voraussichtlich nicht erlassen hätte.

Ein Beweisverwertungsverbot ergäbe sich dabei aus der Abwägung zwischen dem Interesse des Staates an einer effektiven Strafverfolgung und dem Interesse des Bürgers an der Bewahrung seiner Rechtsgüter[69]. Dabei sei auch zu berücksichtigen, ob ein richterlicher Durchsuchungsbeschluss zu erlangen gewesen wäre.

---

65   Vgl. BGH, StV 2007, S. 337 ff.
66   OLG Koblenz, StV 2002, S. 534
67   OLG Koblenz, StV 2002, S. 535
68   OLG Hamm, StV 2007, S. 69/70
69   OLG Hamm, StV 2007, S. 70

b) Eigene Stellungnahme

Bei einer willkürlichen Annahme von Gefahr im Verzug muss ein Beweisverwertungsverbot die zwingende Konsequenz dieses Verfahrensverstoßes sein. Denn Art. 13 II GG und § 105 StPO behalten die Anordnung der Durchsuchung im Regelfall dem Richter vor[70]. Diese vorherige Überprüfung der Durchsuchungsvoraussetzungen soll sicherstellen, dass die Rechte des von der Durchsuchung Betroffenen gewahrt werden. Aus diesem Grund sind die vom Bundesverfassungsgericht aufgestellten Grundsätze[71] bei einer Durchsuchung zwingend zu beachten.

Durch die Annahme eines Beweisverwertungsverbots bei einer willkürlichen Annahme von Gefahr im Verzug werden dabei die Rechte des Beschuldigten hinreichend gewahrt. Diese Rechtsfolge ist auch insofern zwingend, als dass sie notwendig ist, um die Einhaltung des Richtervorbehalts zu gewährleisten. Denn ansonsten läge es im Ermessen der Ermittlungsbehörden, ob sie zunächst versuchen, einen Ermittlungsrichter fernmündlich zu erreichen, oder z.B. aus Bequemlichkeit oder fehlerhafter Verkennung der Rechtslage eigenmächtig Gefahr im Verzug annehmen.

5. Umgehung des Bestimmtheitsgrundsatzes durch Annahme
eines Zufallsfundes gemäß § 108 I StPO

a) Der Zufallsfund i.S.v. § 108 I StPO

Unter Zufallsfunden im Sinne von § 108 I StPO sind solche zu verstehen, die in keiner Beziehung zu der Untersuchung stehen, aber auf die Verübung einer anderen Straftat hindeuten (vgl. § 108 I StPO).

Wenn die aufzufindenden Gegenstände in dem der Durchsuchung zugrunde liegenden Durchsuchungsbeschluss genau bezeichnet werden müssen, so ist fraglich, ob eben dieser Bestimmtheitsgrundsatz dadurch umgangen werden kann, dass Gegenstände, die nicht im Durchsuchungsbeschluss aufgeführt sind, als Zufallsfunde im Sinne von § 108 I StPO deklariert und damit einer Verwertung zugänglich gemacht werden.

Zunächst ist festzuhalten, dass wenn sich der Durchsuchungsbeschluss beispielsweise auf Kleidungsstücke erstreckt, jedoch elektronische Kommunikationsmittel (Telefone, Pcs etc.) aufgefunden werden, die in Verbindung mit der zu untersuchenden Straftat stehen, es bereits am Merkmal der „anderen Straftat",

---

70 Ebenso Müller/Trurnit, StraFO 2008, S. 151
71 Ebenso BVerfG, StV 2001, S. 207 ff.

wie es § 108 StPO vorschreibt, fehlt. Denn dann steht der aufgefundene Gegenstand in einer Beziehung zur ursprünglich zu verfolgenden Straftat und deutet somit gerade nicht auf eine „andere Straftat" hin. Damit könnte man annehmen, dass bereits kein Zufallsfund vorliegt und der Bestimmtheitsgrundsatz auch durch die Annahme eines Zufallsfundes nicht umgangen werden könnte.

Für Zufallsfunde, die zwar mit dem in dem Durchsuchungsbeschluss festgelegten Tatvorwurf in Beziehung stehen, aber von der Anordnung der Durchsuchung nicht umfasst sind, ermangelt es einer gesetzlichen Regelung[72]. Dann, wenn der „Zufallsfund" gemäß § 98 I 1 StPO einer Beschlagnahme ohne richterliche Anordnung zugänglich sei, dürfe dadurch nicht „nachträglich die Eingrenzungsfunktion des bestehenden Durchsuchungsbeschlusses (...) ausgehöhlt" werden dürfen[73]. Daraus folgt, dass eben diese Gegenstände, die insbesondere nach einer „systematischen Suche" aufgefunden wurden, nicht ohne weiteres beschlagnahmt werden dürfen. Sollte dies doch geschehen, so könne ein Beweisverwertungsverbot die Folge sein. Ein solches sei anhand einer Interessenabwägung zu ermitteln. Hierbei habe das öffentliche Interesse an der Tataufklärung dann hinter die Interessen des Beschuldigten zurückzutreten, wenn „schwerwiegende Verstöße gegen gesetzliche Bestimmungen" vorliegen[74]. Der Zufallsfund sei jedoch dann einer Verwertung bzw. Beschlagnahme zugänglich, wenn er seine „Beweisbedeutung in Bezug auf den Ausgangstatvorwurf gleichsam auf der Stirn trägt"[75]. Bei einer gegenteiligen Auffassung bestehe nämlich die Gefahr, dass die Sicherstellung allein der Ausforschung des Betroffenen diene, was jedoch nicht von den §§ 102 ff. StPO gedeckt sei. Dies soll offenbar bedeuten, dass dann, wenn der Zufallsfund offensichtlich und ohne jeden vernünftigen Zweifel mit dem ursprünglichen Tatvorwurf in Beziehung steht, er beschlagnahmt und verwertet werden darf.

b) Eigene Stellungnahme

Diese Rechtsansicht des Gerichts trägt jedoch in Anbetracht des Beschlusses des Bundesverfassungsgerichts vom 20.02.01 den Rechten des Beschuldigten und der Bedeutung des Wohnungsgrundrechts aus Art. 13 I GG nicht hinreichend Rechnung. Das Bundesverfassungsgericht hob in seinem Beschluss hervor, dass dadurch, dass die aufzufindenden Gegenstände im Durchsuchungsbeschluss genau bezeichnet sein müssen, der Betroffene die Möglichkeit erhält, die begrenzende Wirkung des Durchsuchungsbeschlusses selbst zu überwachen. Wenn der Be-

---

72 LG Berlin, NStZ 2004, S. 573
73 LG Berlin, NStZ 2004, S. 573
74 LG Berlin, NStZ 2004, S. 573
75 LG Berlin, NStZ 2004, S. 573

stimmtheitsgrundsatz nicht gewahrt werde, sei ein Beweisverwertungsverbot die Folge. Durch die „schwammige" Formulierung des Gerichts, dass „schwerwiegende Verstöße gegen gesetzliche Bestimmungen" für die Annahme eines Beweisverwertungsverbots vorliegen müssten, wird die ursprünglich beabsichtigte Stärkung des Wohnungsgrundrechts wieder aufgeweicht. Vielmehr muss davon ausgegangen werden, dass dann, wenn andere Gegenstände gemäß § 98 I 1 StPO beschlagnahmt werden, als die, die vom Durchsuchungsbeschluss umfasst sind, auch wenn sie mit dem beschriebenen Tatvorwurf in Zusammenhang stehen, diese mit einem Beweisverwertungsverbot belegt sind. Diese Konsequenz kann dadurch umgangen werden, dass im Durchsuchungsbeschluss umfangreiche Angaben zu den aufzufindenden Gegenständen gemacht werden. Selbstverständlich muss hierbei sein, dass im Durchsuchungsbeschluss keine Angaben „ins Blaue hinein" gemacht werden dürfen, nur um möglichst viele Beweismittel aufzufinden. Denn auch ein solches Vorgehen würde wiederum einen Verstoß gegen den Bestimmtheitsgrundsatz darstellen und damit ein Beweisverwertungsverbot nach sich ziehen.

6. Die zeitliche Gültigkeit des Durchsuchungsbeschlusses

a) Die zeitliche Geltung des Durchsuchungsbeschlusses

Im Zusammenhang mit der Frage, wann ein Beweisverwertungsverbot aus einer rechtswidrigen Durchsuchung resultiert, ist auch die Problematik zu sehen, wie lange ein einmal erlassener Durchsuchungsbeschluss Gültigkeit besitzt.

Das Bundesverfassungsgericht entschied im Jahre 1997, dass eine Durchsuchungsanordnung dann ihre die Durchsuchung rechtfertigende Kraft verliert, wenn sie nicht spätestens nach sechs Monaten seit ihrem Erlass durchgeführt wird[76]. Begründet wird diese Ansicht damit, dass der Richtervorbehalt der vorbeugenden Kontrolle der Durchsuchung und damit dem Schutz des von der Maßnahme Betroffenen dient. Je länger der Zeitraum zwischen Anordnung der Durchsuchung und deren Vollzug wird, desto eher bestünde die Gefahr, dass sich die „tatsächliche Entscheidungsgrundlage" von dem "Entscheidungsinhalt", der in den Zuständigkeitsbereich des Richters fällt, entfernt. D.h., dass sich die Tatsachen, die Entscheidungsgrundlage für den Richter geworden sind, so weitgehend verändert haben könnten, dass sie mit der ursprünglichen Anordnung nicht mehr im Einklang stehen. Auch verringere sich mit zunehmendem Zeitablauf das Verfolgungsbedürfnis, so dass der verlängerte Zeitablauf zur Unverhältnismäßigkeit der Maßnahme führen könnte. Aus diesen Gründen sieht das Gericht eine Frist

---

76   BVerfG, NJW 1997, S. 2166

von einem halben Jahr als ausreichend an, um von der Vermutung ausgehen zu können, dass die richterliche Prüfung nach Ablauf dieser Frist einen effektiven Grundrechtsschutz nicht mehr gewährleisten kann[77]. Danach ist es notwendig, dass eine erneute Durchsuchungsanordnung beantragt wird[78].

Hieran knüpft die Problematik an, ob bei Durchführung einer Durchsuchung, die die vom BVerfG gesetzte Frist von sechs Monaten überschreitet, ein Beweisverwertungsverbot bezüglich der aufgefundenen Beweismittel die Folge ist. Rechtsprechung und Literatur sind sich hierbei einig, dass dann, wenn die „neue" Durchsuchung, also nach Ablauf der Frist von sechs Monaten auf Grundlage der „alten" Durchsuchungsanordnung durchgeführt wird, ein Beweisverwertungsverbot die Folge ist[79]. Dieser Fall sei dann so zu behandeln, als ob von Anfang an keine Durchsuchungsanordnung vorgelegen habe.

Unbeantwortet bleibt in diesem Zusammenhang allerdings die Frage, wie unterhalb der vom Bundesverfassungsgericht gesetzten Frist zu verfahren ist. Denn diese beinhaltet nicht automatisch die Zusage, dass Durchsuchungen, die unterhalb dieser Frist vorgenommen werden, unbegrenzte Gültigkeit besitzen[80]. Das Bundesverfassungsgericht hat nämlich in seiner Entscheidung objektive Prüfungsmerkmale festgesetzt, anhand derer das Ermessen der Staatsanwaltschaft, eine erteilte Durchsuchungsanordnung zu einem späteren Zeitpunkt zu vollziehen, begrenzt wird. Als solche sind die Art des Tatverdachts, die Schwierigkeit der Ermittlungen und die weiteren Besonderheiten des Falles beispielhaft zu nennen.

b) Eigene Stellungnahme

Diese Problematik lässt sich lösen, indem Nr. 80 I der RiStBV entsprechend herangezogen wird. Danach ist bei der Postbeschlagnahme von einer zeitlichen Begrenzung von „vornherein auf eine bestimmte Zeit (etwa einen Monat)" auszugehen[81]. Wenn man diese Frist entsprechend zur Anwendung kommen lassen würde, so dürfte die Durchsuchung nach Ablauf dieser zeitlichen Beschränkung nicht mehr durchgeführt werden. Sollte sie dennoch vollzogen werden, so wäre ein Beweisverwertungsverbot hinsichtlich der aufgefundenen Beweismittel an-

---

77 BGH, NJW 1997, S. 2166
78 Burhoff, Rn. 566
79 LG Bad Kreuznach, StV 1993, S. 629, 632 (Beweisverwertungsverbot nach 3 Monaten); LG Osnabrück, NStZ 1987, S. 522 (nach 3 Monaten noch kein Beweisverwertungsverbot); Krekeler, NStZ 1993, S. 266; Cassardt, NJW 1996, S. 557; vgl. OLG Köln, StV 2010, S. 14
80 So auch Burhoff, Rn. 566
81 So auch Burhoff, Rn. 567

zunehmen[82]. Wird nach Ablauf eben dieser Frist keine neue Durchsuchungsanordnung beantragt, so ist eine trotzdem vorgenommene Durchsuchung willkürlich, was ebenso ein Beweisverwertungsverbot nach sich zieht[83].

7. Verstoß bei Annahme von Ermessen

Das Bundesverfassungsgericht legte in seiner Entscheidung vom 20.02.01 auch
ausdrücklich fest, dass sowohl die Auslegung als auch die Anwendung des Begriffs „Gefahr im Verzug" einer unbeschränkten richterlichen Kontrolle unterliegen[84]. Den Strafverfolgungsbehörden werde diesbezüglich kein Ermessen und
damit auch kein Beurteilungsspielraum eingeräumt. Das erkennende Gericht
fordert, dass der Richter das „konkrete Handlungsfeld" des Beamten bei seiner
Prüfung, ob Gefahr im Verzug vorlag mitberücksichtigt, und dem „Beurteilungs-
und Handlungsdruck sowie (den) situationsbedingten Grenzen und (der) Unvoll-
ständigkeit der Erkenntnismöglichkeiten" des Strafverfolgungsorgans Rechnung
trägt[85]. Dies führt nach Kühlewein dazu, dass die gerichtliche Nachprüfung der
Annahme von Gefahr im Verzug der besonderen Situation des Beamten gerecht
wird, ohne ihrerseits eine Nachprüfungspflicht zu verletzen und Sinn und Zweck
der Eilkompetenz zu gefährden[86].

II. Konsequenz

Konsequenz der neueren Rechtsprechung ist vor allem, dass dem Schutzbereich
des Wohnungsgrundrechts aus Art. 13 GG als Verfassungsnorm wieder die entsprechende Geltung zuteil wurde. Damit wurde bzw. wird in Zukunft der laxen
Handhabe bei der Annahme von Gefahr im Verzug ein Riegel vorgeschoben[87].
Denn es war zu bemerken, dass Ermittlungsbehörden getreu dem Credo vor-
gingen: zunächst erst einmal durchsuchen; sollten wir dann irgend etwas Belastendes finden, können wir uns die Anordnung der Durchsuchung immer noch
bestätigen lassen. Sollte sich entgegen unseren Erwartungen doch nichts finden
lassen, haben wir eben Pech gehabt[88].

---

82 S.a. Streck, StV 1984, S. 350, der nach Verstreichung einer Frist von acht Wochen von einer
    Vermutung für eine Sachverhaltsänderung ausgeht; Cirener, JR 1997, S. 389 ff.
83 So auch Burhoff, Rn. 567
84 Vgl. BVerfG, StraFO 2000, S. 154
85 Park, StraFO 2001. S. 160
86 von Kühlewein, StraFO 2001, S. 193
87 Vgl. Roxin, StV 1997, S. 656; vgl. Auch OLG Köln, StV 2010, S. 15
88 Zu einer vergleichbaren Argumentation s.a. Park, StraFO 2001, S. 159

Bemerkenswert ist in diesem Zusammenhang jedoch auch, dass man den Strafverfolgungsorganen nicht in verallgemeinernder Form vorwerfen kann, Gefahr im Verzug zu Unrecht anzunehmen und so den Richtervorbehalt systematisch zu umgehen. So liegt zwar bei Eigentumsdelikten wie Raub und Diebstahl die Quote nichtrichterlicher Durchsuchungen bei 72 % bei Betrugstaten fällt sie jedoch auf nur noch 11 % und bei Wirtschaftsstraftaten ist ein Anteil von 4 % aller Durchsuchungen anzunehmen[89]. Dennoch bleibt – zumindest bei erstgenannten Delikten – ein relativ hoher Anteil an Durchsuchungen, die auf der Annahme der Eilkompetenz beruhen, so dass davon, dass die richterliche Anordnung die Regel, die nichtrichterliche die Ausnahme ist, nicht mehr die Rede sein kann.

Roxin beschreibt dieses Resultat und die sich daraus ergebenden Folgen zutreffend, indem er sagt: „in einer Zeit, in der der Gesetzgeber mit neuen Ermittlungsmethoden immer tiefer und nicht selten zu weitgehend (vgl. der teilweise rechtswidrige große Lauschangriff) in den privatesten Bereich der Bürger eingreift, ruht alle Hoffnung auf die Sicherung eines rechtsstaatlichen Mindeststandards auf der Effektivität der richterlichen Kontrolle"[90].

C. Die Folge der Verletzung von Verfahrensvorschriften bei der Durchsuchung

Ist den Strafverfolgungsbehörden der Weg für eine Eilanordnung von Verfassungswegen verschlossen, kann sich die Frage stellen, ob und gegebenenfalls unter welchen Voraussetzungen die fehlerhafte Inanspruchnahme der Eilkompetenz zu einem Beweismittelverbot hinsichtlich der bei der Durchsuchung gefundenen Beweismittel führt[91]. Hierzu werden in Rechtsprechung und Literatur unterschiedliche Auffassungen vertreten. Die Strafprozessordnung enthält keine ausdrückliche Regelung darüber, unter welchen Umständen Beweismittel, die unter Verstoß gegen verfahrensrechtliche Vorschriften der Hausdurchsuchung gewonnen worden sind, verwertbar sind[92]. Dargestellt wird daher im Folgenden, ob die Möglichkeit besteht, aufgrund der neueren Rechtsprechung eine allgemeingültige Formel zu entwickeln, bei der das Vorliegen eines Beweisverwertungsverbots bei einer rechtswidrigen Annahme von Gefahr im Verzug bejaht werden kann.

---

89 von Kühlewein, StraFO 2001, S. 194; die Zahlen sollen nicht absolute Werte darstellen, sondern werden durchaus kritisch gesehen. An dieser Stelle dienen sie lediglich der Veranschaulichung
90 Roxin, StV 1997, S. 654
91 Krehl, NStZ 2003, S. 463
92 Krehl, NStZ 2003, S. 463

I. Beweisverwertungsverbot: die einzige Möglichkeit – der Ansatz Ransieks

Fraglich ist jedoch, ob allein ein Beweisverwertungsverbot zur Wahrung des Rechts des Wohnungsinhabers auf Unverletzlichkeit seiner Wohnung die geeignete Rechtsfolge zum Schutz eben dieser Rechte sein kann. Ebenso bestünde die Möglichkeit, die die Durchsuchung anordnenden bzw. durchführenden Beamten strafrechtlich zu verfolgen[93]. Denn hier kämen sowohl möglicherweise eine Strafbarkeit gemäß §§ 123, 339 StGB in Betracht, als auch die Einleitung eines Disziplinarverfahrens oder die Verfolgung zivilrechtlicher Ansprüche.

Bei näherer Betrachtungsweise erscheinen jedoch auch diese Möglichkeiten nach Ransiek wenig praktikabel. Ein materieller Schaden, der nach zivilrechtlichen Vorschriften ersetzbar wäre muss nicht zwangsläufig bei jeder Hausdurchsuchung entstehen. Die Zubilligung eines Schmerzensgeldes setzt darüber hinaus eine besondere psychische Beeinträchtigung bei Betroffen voraus. Bei bloß formellen Fehlern steht fest, dass die Beeinträchtigung auch bei rechtmäßigem Vorgehen entstanden wäre[94]. Ob formale Mängel eines Durchsuchungsbeschlusses damit immer zur Tatbestandsmäßigkeit und Rechtswidrigkeit führen, ist zumindest in Bezug auf die oben genannten Straftatbestände fraglich. Des weiteren ist Voraussetzung der §§ 123, 339 StGB, dass der Täter vorsätzlich handelte, er also Kenntnis von der Fehlerhaftigkeit der Durchsuchung und des Durchsuchungsbeschlusses gehabt haben müsste. Dies würde zu erheblichen Beweisschwierigkeiten – nicht zuletzt aufgrund der Kollegialität der den Strafverfolgungsbehörden angehörigen Beamten – führen[95].

Auch wenn man die Verwirklichung eines Hausfriedensbruchs in mittelbarer Täterschaft für möglich hält, so könnte sich ein die Durchsuchung anordnender Richter nur strafbar gemacht haben, wenn er gewusst hätte, dass der den Durchsuchungsbeschluss ausführende Beamte bezüglich desselben gutgläubig ist. Diese Fallkonstellation dürfte jedoch – so Ransiek – eher die seltene Ausnahme als die Regel sein. Jenseits dieser Kenntnis der Rechtswidrigkeit der Durchsuchung gäbe es dann keine Rechtsfolge, die Art. 13 GG schützte, so dass auch die straf-, disziplin- oder zivilrechtliche Verfolgung der Strafverfolgungsorgane ein Beweisverwertungsverbot nicht verdrängt[96].

---

93 Ransiek, StV 2002, S.567/568
94 Ransiek, ,StV 2002, S. 568
95 Zur Existenz dieses „partnerschaftlichen Verhältnisses" vgl. Schäfer, StV 2004, S. 215
96 Ransiek, StV 2002, S. 567/568

II. Die Beweisverbotslehren

1. Strenge Beweisverbotslehre

a) Inhalt der strengen Beweisverbotslehre

Nach der strengen Beweisverbotslehre[97] ist ein umfassendes Verwertungsverbot aller rechtswidrig erlangten Beweismittel anzunehmen. Die Kernaussage dieser vor allem im angloamerikanischen Sprachraum vorherrschenden Ansicht[98] ist es, die Strafverfolgungsbehörden für ein rechtswidriges Vorgehen im Ermittlungsverfahren sozusagen zu „bestrafen", dass der staatliche Strafanspruch gleichsam als verloren anzusehen sei[99]. Fezer hebt in diesem Zusammenhang hervor, dass der Wahrheitsfindung des Gerichts nicht von vornherein alle Beweismittel zur Verfügung stehen dürften, sondern nur diejenigen, die in einem rechtsstaatlich durchgeführten Verfahren unter Einhaltung eben dieser Verfahrensregeln erlangt werden konnten[100]. Dadurch solle gewährleistet werden, dass dem Urteil des Gerichts keine Beweise zugrunde lägen, auf die sich das Gericht bei der Findung der Wahrheit in keinem Fall hätte stützen dürfen. Auf diese Weise würde – so Grünwald – der Gefahr entgegengewirkt werden, dass die Ermittlungsbeamten versucht sind, die seitens des Rechts aufgestellten Grenzen zu missachten[101].

b) Kritik an der strengen Beweisverbotslehre

Im Strafprozessrecht der Bundesrepublik ist diese automatische Sanktionierung jeder Verfahrensrechtsmissachtung mit einem weitreichenden Verwertungsverbot jedoch abzulehnen[102], da dieser Grundsatz ohne Rücksicht auf Sinn und Zweck der jeweiligen prozessrechtlichen Norm und den Schweregrad des Verstoßes gegen sie, zu einer vollständigen Lähmung des staatlichen Sanktionsanspruchs und somit zu kriminalpolitisch unangemessenen Ergebnissen führt[103]. Die „Ahndung" einer Missachtung des Richtervorbehalts durch ein Verwertungsverbot trifft nicht den vermeintlichen Straftäter, sondern die Bevölkerung,

---

97 Dagtoglou, JuS 1975, S. 753, 758
98 Harris, StV 1991, S. 313
99 Vgl. Amelung/Mittag, NStZ 2005, S. 615, die eine derartige „Verrechnung" von Verfahrensverstößen auf zukünftige Prozesse ablehnen und darüber hinaus bezweifeln, ob sich die Strafverfolgungsorgane überhaupt bestraft fühlen.
100 Fezer, StV 1989, S. 290, 295; Jäger, S. 70
101 Grünwald, JZ 1966, S. 499
102 Vgl. BGHSt 32, 345
103 So auch Grünwald, JZ 1966, S. 489, 490

indem sie deren Strafanspruch gegen einen erwiesenen Straftäter blockiert. Das Allgemeininteresse an der Durchsetzbarkeit des staatlichen Strafanspruchs bleibt dabei ohne Fürsprecher, weil die dafür Verantwortlichen ihrem entgegenstehenden Einzelinteresse an der Vermeidung disziplinärer Sanktionen den Vorzug geben[104]. Auch ist eine Disziplinierung der Ermittlungsbeamten durch die Anstrengung eines Disziplinarverfahrens möglich, ohne dabei auf ein Beweisverwertungsverbot zurückgreifen zu müssen[105]. Insofern erscheint fraglich, ob bei einem Verstoß gegen die Anforderungen an den Durchsuchungs- und Beschlagnahmebeschluss oder an das Vorliegen von Gefahr im Verzug keinerlei Rechtsfolgen zu befürchten sind.

Auf die insoweit zweckwidrige Lehre vom strengen Beweisverbot kann die Annahme der Unverwertbarkeit von Beweismitteln jedenfalls nicht gestützt werden[106].

Verfahrensregeln, die präventiven Grundrechtsschutz gewährleisten sollen, aber nur der ungewissen Hoffnung ausgesetzt sind, dass Strafverfolgungsbehörden und Richter ihren Anforderungen gerecht werden, stellen keinen Schutz der Grundrechte des Betroffenen dar[107].

Zutreffend ist allerdings im Grundsatz, dass eine Notwendigkeit dafür besteht, eine Rechtsfolge für Verstöße gegen Art. 13 GG bzw. §§ 102, 105 StPO bereitzuhalten. Dies zwingt jedoch nicht dazu, diese in einem Verwertungsverbot zu sehen[108]. Ist der von der Durchsuchung Betroffene unschuldig und werden keine Beweisgegenstände gefunden, ist für ihn ein Verwertungsverbot gerade keine passende Rechtsfolge. Nutznießer eines solchen wären damit nur Schuldige, die ohne ein solches Verwertungsverbot hätten verurteilt werden können.

2. Die Abwägungslehre

a) Inhalt der Abwägungslehre

Nach der Abwägungslehre (auch Fehlerfolgenlehre genannt[109]) sind – mangels allgemeinverbindlicher Kriterien – im Einzelfall die Interessen des Staates an der Tataufklärung – zu der er nach § 244 II StPO auch verpflichtet ist – gegen das

---

104 So Amelung, NStZ 2001, S. 341
105 So auch Jäger, S. 70
106 Vgl.Daleman/Heuchemer, JA 2003, S. 433; zu dieser Kritik vgl. auch Amelung/Mittag, NStZ 2005, S. 615
107 Vgl. Ransiek, StV 2002, S. 567
108 Ransiek, StV 2002, S. 567
109 Die Rechtsprechung vertritt immer noch häufig die ursprüngliche Abwägungslehre, vgl. BGHSt 38, 221 ff.; 42, S. 377; Wolter, NStZ 1984, S. 277

Individualinteresse des Bürgers an der Bewahrung seiner Rechtsgüter nach dem Verhältnismäßigkeitsprinzip[110] abzuwägen[111]. Im Rahmen dieser Abwägung wird generell auf eine verbindliche Methode verzichtet[112], sondern es findet eine Abwägung anhand des Einzelfalles statt. Der Schweregrad des Verstoßes ist dabei ebenso zu beachten wie der Umstand, dass Strafverfolgungsbehörden und Gerichte verpflichtet sind, Straftaten so weit als möglich aufzuklären[113]. Auch soll in diesem Zusammenhang von Bedeutung sein, inwiefern sich der Verfahrensfehler auf den Beweiswert des Beweismittels auswirkt, der Schutzzweck der verletzten Norm, die Schwere des Tatvorwurfs, die Bedeutung des Beweismittels für eine wirksame Bekämpfung schwerwiegender Straftaten und die Schutzwürdigkeit des Betroffenen[114]. Eine einheitliche Linie wird jedoch unter den Befürwortern der Abwägungslehre nicht vertreten[115]. In letzter Vergangenheit hat sich das Bundesverfassungsgericht noch einmal bei der Frage der Verwertbarkeit eines rechtswidrigen Zufallsfundes zu der Abwägungslehre geäußert[116]. Danach sei ein Beweisverwertungsverbot bei einer fehlerhaften Durchsuchung dann nicht anzunehmen, wenn die Verfahrensverstöße nicht schwerwiegend waren oder bewusst oder willkürlich umgangen wurden. Dabei ging das Gericht davon aus, dass jeweils im Einzelfall, insbesondere nach der Art des Verbots und dem Gewicht des Verstoßes unter Abwägung der widerstreitenden Interessen zu entscheiden sei.

Nach Roxins Auffassung tut man „gut daran, auf globale Ansätze zu verzichten und die Lösung für die einzelnen Beweiserhebungsverbote gesondert in einer abwägenden Analyse der jeweils verschiedenen Interessenlagen zu suchen"[117].

b) Kritik an der Abwägungslehre

Eine Güterabwägung der widerstreitenden Interessen zur Feststellung von Beweisverboten stellt jedoch keine hinlängliche Methode dar. Die Bestimmung von Beweisverboten nach den Umständen des Einzelfalles bedeutet eine „systematische" Begründung von Rechtsunsicherheit[118]. Dies heißt für den Beschuldigten, den Strafverteidiger und die Strafverfolgungsorgane, dass rechtliche Konsequenzen, die an staatliche Eingriffe in Art. 13 GG anknüpfen, nicht mehr voraussehbar

---

110 Rogall, ZStW 1979, S. 29; vgl. etwa BGHSt 26, S. 304; OLG Hamm, StV 2007, S. 69/70
111 Kaiser, S. 30
112 Kaiser, S. 30
113 Kropp, JA 2003, S. 690
114 Trüg, JA 2004, S. 396; Rogall, ZStW 1979, S. 28 ff.
115 Wecker, S. 163
116 BVerfG, NJW 2009, S. 3225 f.
117 Roxin, S. 182
118 Vgl. Kaiser, S. 33

sind. Diese rechtliche Unsicherheit stellt sich allerdings auch als Verstoß gegen das Rechtsstaatsprinzip im Sinne von Art. 20 III GG dar. Die Rechtsstaatlichkeit beinhaltet nämlich auch die Forderung, dass staatliches Handeln stets messbar und voraussehbar sein muss[119], was bei einer Abwägung anhand des Einzelfalles gerade nicht mehr möglich ist. Auch wird durch diesen Ansatz die Grenze des Gesetzesvorbehalts geschwächt. Daran ändert auch die neuere Entscheidung des Bundesverfassungsgerichts aus dem Jahre 2009 nichts. Gerade die Frage der „Abwägung widerstreitender Belange" und das daraus resultierende Ergebnis müssen für den Beschuldigten anhand eindeutiger Kriterien nach- und überprüfbar sein. Eine Abwägung anhand des jeweiligen Einzelfalles trägt dem Anspruch des Beschuldigten auf eine konsequente Rechtsanwendung nicht Rechnung. Vielmehr muss die Annahme eines Verwertungsverbotes nach einer rechtswidrigen Hausdurchsuchung die Regel, das Verneinen eines solchen die Ausnahme sein.

Der Abwägungslehre ist jedoch zuzugeben, dass sie die größtmögliche Einzelfallgerechtigkeit zulässt. Aufgrund der Vielzahl der möglichen Abwägungsergebnisse und der zunehmenden Masse an Einzelfallentscheidungen, ist dieser positive Gesichtspunkt aber zu vernachlässigen. Durch die Abwägung anhand des Einzelfalles besteht des weiteren die Gefahr, dass die Gerichte ihre Entscheidungen nicht objektiv, sondern willkürlich treffen, da sie nicht an einen verbindlichen Beurteilungsmaßstab gebunden sind. Somit wären die Entscheidungen einer nachträglichen Prüfung nicht zugänglich und die Justizförmigkeit des Strafverfahrens nicht mehr gewährleistet[120].

Wecker kritisiert an der Abwägungslehre insbesondere, dass dann wenn das Tatunrecht als Abwägungskriterium herangezogen wird, es bei der Frage der Strafbarkeit von Täter und Gehilfen einmal beim Täter zur Verwertung der aufgefundenen Beweismittel kommen kann, beim Gehilfen aufgrund der geringeren Schwere der Vorwürfe jedoch nicht. Dies würde – so Wecker – dazu führen, dass ein „unzulässiges Zwei-Klassen-Recht" geschaffen würde[121]. Daher sei die Abwägungslehre abzulehnen.

c) Konsequenz

Folgt man dieser Abwägung der widerstreitenden Belange, so muss angesichts des Ranges, den das Bundesverfassungsgericht dem Grundrecht aus Art. 13 GG und seiner Absicherung durch einen Richtervorbehalt einräumt, nach Darstellung dieser Kritikpunkte ein Beweisverwertungsverbot als mögliche Konsequenz ei-

---

119 So auch von Münch/Kunig, Art. 20 Rn. 27
120 Dazu Trüg, JA 2004, S. 396
121 Wecker, S. 161

nes Verfahrensverstoßes in der Regel zu vermuten sein[122]. Das Interesse an der „Funktionsfähigkeit der Strafrechtspflege" tritt also insoweit hinter die Bewahrung des Grundrechts aus Art. 13 GG zurück[123].

Als Ausnahme hierzu kann es jedoch – nach einem Teil der Literatur – angesehen werden, dass die Staatsanwaltschaft im Hinblick auf die Dauer der richterlichen Prüfung irrtümlich ihre Eilkompetenz für gegeben ansieht[124] oder es um die Verfolgung schwerster Straftaten geht, die ansonsten – bei Annahme eines Beweisverwertungsverbots – nicht aufgeklärt werden könnten[125].

Die oben dargestellten und kritisch gewürdigten Argumente für und gegen die Abwägungslehre legen den Schluss nahe, dass sie mangels einer sicheren Beurteilungsgrundlage abzulehnen ist.

3. Der hypothetische Ermittlungseingriff

a) Inhalt der Lehre vom hypothetischen Ermittlungseingriff

Die Rechtsprechung – und hier vor allem der BGH – stellte in der Vergangenheit die Theorie auf, dass die rechtswidrige Anordnung einer Wohnungsdurchsuchung zumindest dann kein Verwertungsverbot zur Folge hat, wenn dieser rechtliche Barrieren nicht entgegengestanden hätten und die beschlagnahmten Gegenstände als solche keinem Verwertungsverbot unterfielen[126]. Folglich stellt der BGH hier auf einen hypothetischen Ermittlungsverlauf ab[127].

Jedoch ist die frühere Rechsprechung des BGH hinsichtlich der Annahme eines hypothetischen Ermittlungsverlaufs nicht einheitlich. In einer vorangegangenen Entscheidung zur Anordnung einer Telefonüberwachung gemäß § 100 b StPO führte der BGH noch aus, dass es den Grundsätzen eines rechtsstaatlich durchgeführten Verfahrens widerspricht, wenn die richterliche Anordnungskompetenz unbeachtet bliebe und daher die erlangten Beweise einem Verwertungsverbot unterfielen[128]. Folglich wurde damals noch die Annahme eines hypothetischen Ermittlungsverlaufs abgelehnt.

---

122 Daleman/Heuchemer, JA 2003, S. 435
123 Amelung NStZ 2001, S. 337, 341, zugrunde gelegtes Kriterium – bewusste systematische Missachtung des Richtervorbehalts – lässt sich dieser Fallkonstellation durchaus ein Beweisverwertungsverbot begründen, Krehl JR 2001, 491, 493 f.
124 Krehl, JR 2001, S. 491, 494
125 Ähnlich auch Daleman/Heuchemer JA 2003, S. 430, 434
126 BGHSt 36, S. 119
127 Kropp JA 2003, S. 690
128 BGHSt 31, S. 304, 308

b) Kritik an der Lehre vom hypothetischen Ermittlungseingriff

Angesichts der Entscheidung des Bundesverfassungsgerichts vom 20.02.01 ist die Annahme eines hypothetischen Ersatzeingriffs nicht mehr vertretbar[129]. Entscheidend wäre neben der Beschlagnahmefreiheit nach § 97 StPO nur das Vorliegen des die Durchsuchung rechtfertigenden Tatverdachts und die Verhältnismäßigkeit der Maßnahme, da dann der richterliche Durchsuchungsbefehl rechtlich möglich gewesen wäre[130]. Hierbei bleibt selbst die Frage außer Betracht, ob der Richter den Durchsuchungsbefehl überhaupt erlassen hätte. Diese Auffassung passt daher augenscheinlich nicht zu der Bedeutung des Richtervorbehalts wie ihn das Bundesverfassungsgericht betont[131]. Der Richter müsse dafür „Sorge tragen, dass die sich aus der Verfassung und dem einfachen Recht ergebenden Voraussetzungen der Durchsuchung genau beachtet werden"[132]. Denn dann wäre es für die Annahme der Voraussetzungen einer Durchsuchung ausreichend, wenn der Richter im Nachhinein überprüft, ob der Staatsanwalt oder die Hilfsbeamten zur Zeit des Grundrechtseingriffs – der Hausdurchsuchung – Gefahr im Verzug zu recht oder unrecht angenommen haben. Dadurch würde der vom Bundesverfassungsgericht hervorgehobene Schutz des Wohnungsgrundrechts durch eine vorherige Überprüfung der Annahme von Gefahr im Verzug zu seinem Gegenteil verkehrt. Die grundrechtssichernde Funktion des Richtervorbehalts würde keine Rolle mehr spielen. Daher ist die Lehre vom hypothetischen Ermittlungseingriff sowohl nach der neueren Rechtsprechung des Bundesverfassungsgerichts als auch nach der überwiegenden Meinung in der Literatur abzulehnen[133].

Allerdings hindert diese Rechtsprechung einige Untergerichte nicht daran, die Lehre vom hypothetischen Ermittlungseingriff nach wie vor anzuwenden[134].

4. Die Lehre vom Beweisverbot bei systematischem Verfahrensmissbrauch

a) Inhalt der Lehre vom systematischen Verfahrensmissbrauch

Amelung hingegen will ein Beweisverwertungsverbot unter anderem dann annehmen, wenn der Richtervorbehalt in bewusster und systematischer Weise

---

129 So auch Fezer in FS für Riess, S.104
130 Ransiek, StV 2002, S. 566
131 BVerfG, NStZ 2003, S. 10 ff.
132 Daleman/Heuchemer, JA 2003, S. 432
133 . Kelnhofer, S. 198 ff.; Beulke, ZStW 1991, S. 673 ff.; Fezer in FS für Riess, S. 104; so auch BGH, StV 2007, S. 339
134 Vgl. LG Bremen, StV 2005, S. 320

umgangen wurde[135]. Unter diesen Voraussetzungen stelle sich das Vorgehen der Ermittlungsbehörde schlicht als ein Rechtsbruch dar und auf einen solchen könne ein materiell legitimes Urteil nicht gestützt werden[136]. Allerdings lässt auch Amelung Ausnahmen von diesen Grundsätzen zu. Wenn bei einer Hausdurchsuchung allein die Anordnungskompetenz des Richters nicht gewahrt wurde, ansonsten aber die Voraussetzungen gemäß §§ 102, 105 StPO beachtet worden seien, so fehle es am sogenannten „informationellen Erfolgsunrecht"[137]. Denn in dieser Fallkonstellation hätten die Ermittlungsbehörden einen Anspruch auf die so erlangten Informationen gehabt, so dass kein Beweisverwertungsverbot die Folge wäre.

b) Stellungnahme

Auch diese These ist so nicht haltbar. Zwar ist Amelung zuzugeben, dass die Strafverfolgungsbehörden einen Anspruch auf Information haben. Aber auch der in seinem Grundrecht aus Art. 13 I GG Betroffene hat einen Anspruch auf „Abwehr rechtswidriger Beweisgewinnungsmethoden"[138]. Folglich stehen sich hier zwei Ansprüche gegenüber, bei denen jedoch nicht auf der Grundlage des Fehlens eines "informationellen Erfolgsunrechts" ein Beweisverwertungsverbot abgelehnt werden kann.

5. Die Lehre der Informationsbeherrschungsrechte

a) Inhalt der Lehre der Informationsbeherrschungsrechte

Eine weitere Ansicht in der Literatur leitet ein Beweisverwertungsverbot aus den sogenannten Informationsbeherrschungsrechten ab. Danach garantiert unsere Rechtsordnung subjektive Rechte, die ihrem Inhaber die Befugnis verleihen, bestimmte Informationen zurückzuhalten und zu verhindern, dass sie von anderen gespeichert, weitergegeben oder verwertet werden[139]. Diese Informationsbeherrschungsrechte können sowohl dem Bürger, als auch dem Staat zustehen[140]. Die subjektiven Rechte leiten sich hierbei aus den Grundrechten gemäß Art. 2 I, 10, 13 GG ab.

---

135 Amelung, NStZ 2001, S. 337, 342
136 S.a. Meurer, JR 1990, S. 389, 392
137 Amelung, NJW 1991, S. 2533, 2537
138 So auch Kassing, JuS 2004, S. 678
139 Amelung, S. 30, 66; Amelung/Mittag, NStZ 2005, S. 615; dagegen Jäger, GA 2008, S. 477
140 Trüg, JA 2004, S. 396

Ein rechtswidriger Eingriff in Informationsbeherrschungsrechte liegt nach dieser Theorie dann vor, wenn in diese ohne Wahrung einer Ermächtigungsgrundlage eingegriffen wird[141]. Die Informationsbeherrschungsrechte sind demnach also Abwehrrechte des Bürgers gegen den Staat. Diese lassen sich wiederum in zwei Ansprüche untergliedern. Zum einen in Primär- und zum anderen in Sekundäransprüche[142].

Der Primäranspruch richtet sich darauf, dass der Bürger das geschützte Recht ungestört ausüben kann[143], also dass die geschützte Information nicht erhoben werden darf. Der Gegenstand des Abwehranspruchs gegen den Staat richtet sich also auf ein Unterlassen dahingehend, dass davon abgesehen werden muss, den Grundrechtsinhaber (Art. 13 I GG) an der Ausübung seiner Rechte zu hindern[144]

Der Sekundäranspruch wiederum zielt darauf ab, die bereits entstandene rechtswidrige Situation wieder in einen rechtmäßigen Zustand zurückzuführen. Dies bedeutet konkret, dass der Bürger aufgrund des Informationsbeherrschungsanspruchs die Unterlassung der Verwertung und die Löschung der gespeicherten Information verlangen kann[145]. Diese also weiterhin bestehende Beeinträchtigung des Informationsbeherrschungsrechts löst damit einen Anspruch des Betroffenen aus, der dogmatisch entweder als allgemeiner öffentlich-rechtlicher Unterlassungsanspruch[146] oder als allgemein öffentlich-rechtlicher Folgenbeseitigungsanspruch einzuordnen ist[147]. Durch ein Verwertungsverbot soll also der rechtswidrige Zustand wieder beseitigt werden.

Amelung, der als wichtigster Vertreter der Theorie der Informationsbeherrschungsrechte einzuordnen ist, unterscheidet bei der Frage, ob ein Verstoß gegen Vorschriften, die die Durchsuchung regeln ein Beweisverwertungsverbot zur Folge hat zwischen materiellen und formellen Verstößen.

Nach Amelung ist dann ein Beweisverwertungsverbot anzunehmen, wenn der Staat die materiellen Voraussetzungen der §§ 102, 103 StPO nicht beachtet hat. Denn dann hätte er sich einen Informationsstand verschafft, der so von der Rechtsordnung nicht vorgesehen sei, da die §§ 102, 103 StPO den Umfang der Informationen, die im Rahmen einer Durchsuchung erhoben werden dürfen, eingrenzen. Erlangt der Staat nunmehr Informationen aufgrund eines Verstoßes gegen §§ 102, 103 StPO, so liegt ein Erfolgsunrecht vor, welches es dem Staat untersagt, die so erlangten Informationen zu verwerten. Folglich ist bei einem

---

141 Amelung, S. 37
142 Vgl. Amelung, S. 66/67
143 Trüg, JA 2004, S. 396
144 Wecker, S. 149
145 Vgl. Ausführungen bei Fezer, S. 35
146 Störmer, S. 215 ff.
147 Trüg, JA 2004, S. 396

Verstoß gegen materielle Vorschriften, die die Durchsuchung betreffen ein Beweisverwertungsverbot die Folge[148].

Hingegen bei einem Verstoß gegen die formellen Voraussetzungen differenziert Amelung, ob die Voraussetzungen für die Anordnung einer Durchsuchung gemäß §§ 102, 103 StPO vorlagen, oder ob die Strafverfolgungsbehörden die Zuständigkeitsvorschrift des § 105 StPO nicht beachtet haben. Ein lediglich fahrlässiger Verstoß gegen die Zuständigkeitsvorschrift des § 105 StPO reiche nicht zur Annahme eines Beweisverwertungsverbotes aus. Denn wenn ein Staatsanwalt oder Polizeibeamter fälschlicherweise Gefahr im Verzug annimmt und daraufhin die Durchsuchung vornimmt, so sei der auf diese Art und Weise zustande gekommene Erfolg, auch wenn er auf einer rechtswidrigen Hausdurchsuchung beruht, im Ergebnis von der Rechtsordnung gewollt[149]. Daher führe ein nur fahrlässiger Verstoß gegen § 105 StPO nicht zur Annahme eines Beweisverwertungsverbots bezüglich der aufgefundenen Beweismittel.

Missachten die Strafverfolgungsbehörden den Richtervorbehalt jedoch vorsätzlich und machen sich eines Hausfriedensbruchs gemäß § 123 StGB strafbar, so verwirken sie ihre Legitimation die gewonnen Informationen zu verwerten. In dieser Konstellation ist also ein Beweisverwertungsverbot die Folge der vorsätzlichen Nichtbeachtung des Richtervorbehalts[150].

b) Stellungnahme

Amelung berücksichtigt bei seiner Theorie der Informationsbeherrschungsrechte jedoch nicht, dass bei einem Verstoß gegen formelle Vorschriften, die die Durchsuchung betreffen auch der Schutz des von der Maßnahme Betroffenen zu beachten ist. Wie das Bundesverfassungsgericht in seiner Entscheidung aus dem Jahre 2003 zutreffend festegestellt hat, dient der Richtervorbehalt vornehmlich dem Schutz des Wohnungsinhabers, so dass es nötig ist, das Wohnungsgrundrecht aus Art. 13 GG durch die Regelzuständigkeit eines Richters zu sichern. Nach Amelungs Ansicht jedoch führt die Nichtbeachtung einer formellen Verfahrensvorschrift, zumindest bei Fahrlässigkeit, nicht zur Annahme eines Beweisverwertungsverbots, da die zu erlangende Information aufgrund der Beachtung der materiellen Vorschriften auch rechtmäßig zu erlangen gewesen wäre. Insoweit nimmt also auch er auf die – abzulehnende – Theorie vom hypothetischen Ermittlungseingriff Bezug. Dies führt jedoch dazu, dass die vorbeugende Kontrolle durch den Richtervorbehalt de facto aufgehoben wird, da nur im nachhinein zu

---

148 Amelung, NJW 1991, S. 2536
149 Amelung, NJW 1991, S. 2537
150 Amelung, NJW 1991, S. 2537; Amelung, S. 41; ebenso Wohlers, StV 2008, S. 437

fragen ist, ob die Beweismittel auch auf rechtmäßige Art und Weise zu erlangen gewesen wären. Auch führt es in der Praxis zu erheblichen Beweisschwierigkeiten bezüglich der Frage, ob die formellen Verfahrensvorschriften die die Durchsuchung betreffen vorsätzlich oder fahrlässig missachtet wurden.

6. Beweisverwertungsverbot aufgrund der Bedeutung der Grundrechte

Eine beachtliche Meinungsgruppe im Schrifttum leitet jedoch ein Beweisverwertungsverbot nach einer rechtswidrig durchgeführten Durchsuchung aus dem Schutzzweck von § 105 StPO bzw. Art. 13 GG her.

In diesem Kontext wird die Auffassung vertreten, dass in einer Missachtung des Richtervorbehalts nicht nur eine Verletzung des Vorrangs des Gesetzes oder ein Formmangel liege, sondern dass ein Eingriff in den Vorbehalt des Gesetzes gegeben sei[151]. Dieser habe dann ein Beweisverwertungsverbot zur Folge.

Auch Beulke weist auf den Schutzzweck von § 105 StPO und Art. 13 GG hin. Eine richterliche Entscheidung sei nie vorhersehbar; danach verbiete sich die Lehre vom hypothetischen Ermittlungsverlauf und ein Beweisverwertungsverbot sei die Folge einer Nichtbeachtung des Richtervorbehalts[152].

Daher sei dieses Beweisverwertungsverbot die unumgängliche Folge einer Verletzung des Richtervorbehalts. Denn sowohl das Betreten einer Wohnung, als auch die Verhaltensweise der Strafverfolgungsorgane, die sich dort aufhalten bedarf zum Schutz des betroffenen Grundrechtsinhabers und zur Verringerung von Grundrechtseinschränkungen einer engen gesetzlichen Grundlage[153]. Ein Verstoß gegen diese Verfahrensvorschrift habe daher ein Beweisverwertungsverbot zur Folge, da nach einer solchen Verletzung der gesetzlichen Grundlage der eigentlichen Durchsuchung die zwingende Voraussetzung einer ordnungsgemäßen Anordnung fehle.

III. Ergebnis

Als Ergebnis bleibt jedoch festzuhalten, dass dann, wenn es – wie nach teilweise vertretener Auffassung – das Ziel eines Beweisverwertungsverbotes ist, die Strafverfolgungsorgane zur Einhaltung der Verfahrensvorschriften zu disziplinieren, es eines solchen eben dann nicht bedarf, wenn die Strafverfolgungsorgane – nach dem Ansatz von Ransiek – auf die oben genannte Art und Weise zur Verantwor-

---

151 Nelles, StV 1991, S. 488, 491
152 Beulke, ZStW 1991, S. 657, 674
153 Kühne, NJW 1979, S. 1053, 1054

103

tung gezogen werden können Denn eine doppelte Rechtsfolge findet im Gesetz keine ausreichende Grundlage[154]. Liegen die Voraussetzungen für eine solche Strafbarkeit nicht vor, so ist ein Verwertungsverbot die einzige Rechtsfolge, die die Vorgaben des Art. 13 GG und damit den von der rechtswidrigen Durchsuchung Betroffenen ausreichend schützt[155]. Denn, so hat es das Bundesverfassungsgericht in seiner Entscheidung aus dem Jahr 2001 deutlich herausgestellt, dem Richtervorbehalt kommt als Konkretisierung der Schranken des Art. 13 GG herausragende Bedeutung zu. Wird von den Strafverfolgungsbehörden nunmehr Gefahr im Verzug zu Unrecht angenommen, so entfällt die präventive Kontrolle der Anordnung der Durchsuchung durch eine unabhängige und neutrale Instanz. Nachdem Art. 13 GG und die Voraussetzungen für die Anordnung einer Durchsuchung für den Regelfall an einen Richtervorbehalt geknüpft sind, damit „dem Einzelnen im Hinblick auf seine Menschenwürde und im Interesse der freien Entfaltung der Persönlichkeit ein elementarer Lebensraum gewährleistet" wird, ist es notwendig, dann ein Beweisverwertungsverbot anzunehmen, wenn die vom Bundesverfassungsgericht aufgestellten engen Grenzen missachtet wurden[156].

Die Annahme eines Beweisverwertungsverbots schwächt auch nicht, wie teilweise befürchtet, die Funktionsfähigkeit des deutschen Strafverfahrens oder vereitelt gar den staatlichen Strafanspruch. Denn die Strafverfolgungsbehörden haben es selbst in der Hand, durch eine sorgfältige und gewissenhafte Prüfung festzustellen, ob die Voraussetzungen für die Annahme von Gefahr im Verzug und damit die Inanspruchnahme der Eilkompetenz vorliegen. Dabei bietet sich die Orientierung an den von Seiten des Bundesverfassungsgerichts aufgestellten Grenzen und deren einzelfallbezogenen Auslegung durch die Untergerichte an. Bei einer derartigen Vorgehensweise wird die Gefahr des Beweismittelverlusts auf ein Minimum reduziert, wobei den Strafverfolgungsbehörden „nichts Unmögliches" abverlangt wird, da auch sie sich im Rahmen ihrer Tätigkeit an Recht und Gesetz zu halten haben.

Diese Rechtsansicht des Bundesverfassungsgerichts wurde von ihm in seinem Beschluss vom 12. April 2005 nochmals bekräftigt. Denn danach ist „zumindest bei schwerwiegenden, bewussten oder willkürlichen Verfahrensverstößen (...) ein Beweisverwertungsverbot als Folge einer fehlerhaften Durchsuchung (...) geboten"[157]. Eine solche Rechtsfolge sei notwendig, um den Verhältnismäßigkeitsgrundsatz und die Verfahrensrechte des von der Durchsuchung Betroffenen effektiv zu wahren.

---

154 Amelung, NStZ 2001, S. 337, 342
155 Ransiek, StV, 2002, S. 568
156 BVerfG, StraFO 2001, S. 155; BVerfGE 42, S. 219
157 www.bundesverfassungsgericht.de/cgi-bin/link.pl?presse

Dadurch, dass das Bundesverfassungsgericht in seinem Beschluss die Formulierung *zumindest* verwendet, macht es des Weiteren deutlich, dass auch andere, weniger schwerwiegende Verfahrensverstöße ein Beweisverwertungsverbot zur Folge haben können.

D. Heilung des Beweisverwertungsverbots durch die Erteilung einer qualifizierten Belehrung

Ob eine Pflicht der Strafverfolgungsbehörden oder der Gerichte besteht, den von einer rechtswidrigen Durchsuchung Betroffenen durch die Erteilung einer qualifizierten Belehrung darauf hinzuweisen, dass die aufgefundenen Beweismittel einem Verwertungsverbot unterfallen, ist bis heute kaum durch Rechtsprechung oder Literatur geklärt worden.

I. Problem mit der Widerspruchslösung

In seinem Urteil betreffend die Frage, ob ein Beweisverwertungsverbot bezüglich der Aussage eines Beschuldigten nach einer unterlassenen Belehrung gemäß § 136 I 2 StPO die Folge ist, stellte der BGH fest, dass dann, wenn dem Beschuldigten in der Hauptverhandlung ein Verteidiger zur Seite steht, dieser spätestens bis zu dem in § 257 StPO benannten Zeitpunkt der Verwertung der Aussage widersprechen muss[158]. Ansonsten besteht kein Beweisverwertungsverbot.

Der Streit dahingehend, ob der Widerspruchslösung des BGH zuzustimmen ist, soll an dieser Stelle nicht weiter ausgeführt werden. Umstritten ist dabei insbesondere, ob dadurch, dass dem Verteidiger die „Pflicht" zum Widerspruch gegen die Verwertung einer Aussage auferlegt wird, die unter Verstoß gegen die Belehrungspflicht gemäß § 136 StPO zustande gekommen ist, eine „Vertauschung der prozessualen Rollen" vorliegt[159]. Die dem Gericht zuzuordnende Pflicht, Verfahrensfehler selbst zu beachten wird durch Anwendung der Widerspruchslösung also quasi auf den Verteidiger übertragen.

An dieser Stelle soll lediglich dargestellt werden, ob sich auch aus der vom BGH entwickelten „Widerspruchslösung" eine Pflicht zur Erteilung einer qualifizierten Belehrung bezüglich des Bestehens eines Beweisverwertungsverbots nach einer rechtswidrigen Hausdurchsuchung ergibt.

---

158 BGHSt 38, S. 225, 226; zur Verwirkung von Verfahrensrügen nach Fristablauf im Allgemeinen vgl. Schmid, S. 157 ff.
159 Vgl. KMR – Lesch, § 136 Rn. 24; Bohlander, StV 1999, S. 562 ff.

Als Begründung für das Erfordernis eines Widerspruchs der genannten Art führt der BGH an, dass es „der besonderen Verantwortung des Verteidigers und seiner Fähigkeit, Belehrungsmängel aufzudecken und zu erkennen" entspricht, ob die Erhebung eines Widerspruchs gegen die Verwertung einer Aussage für seinen Mandanten zweckdienlich ist[160].

Anders jedoch soll der Fall nach Ansicht des BGH liegen, wenn dem Angeklagten in der Hauptverhandlung kein Verteidiger zu Seite steht. Dann bestehe die Pflicht des Gerichts, den Angeklagten darauf hinzuweisen, dass die Möglichkeit besteht, gegen seine vor der Polizei gemachten Angaben Widerspruch einzulegen, wenn keine ordnungsgemäße Belehrung erfolgt war, um so die Verwertung der Aussage zu verhindern[161]. Denn es sei denkbar, dass der Beschuldigte aufgrund der fehlenden Belehrung nicht gewusste habe, dass die Angaben, die unter Verstoß gegen § 136 I 2 StPO gemacht wurden, einem Beweisverwertungsverbot unterfallen. Folglich dient die Verpflichtung des Gerichts, den unverteidigten Angeklagten auf die Möglichkeit des Widerspruchs hinzuweisen, dem Schutz seines Rechts auf Verweigerung der Aussage. Denn hätte er gewusst – was nicht ohne weiteres vorausgesetzt werden kann – dass er bei der Polizei Einlassungen zur Tat verweigern kann, so könne nicht ausgeschlossen werden, dass er von diesem Recht auch in der Hauptverhandlung Gebrauch gemacht hätte.

Es ist daher festzuhalten, dass der unverteidigte Beschuldigte für den Fall des Unterlassens der Belehrung nach § 136 I 2 StPO darauf hingewiesen werden muss, dass ein Beweisverwertungsverbot hinsichtlich seiner – vor der Polizei gemachten Einlassungen – besteht. Begründet wird dies vor allem mit dem „prozessualen Grundrecht" des Angeklagten oder Beschuldigten, frei und eigenverantwortlich entscheiden zu können, ob er eine Aussage machen wolle, oder doch sein Schweigerecht in Anspruch nehmen wolle[162]. Dieses Recht würde jedoch unzulässig verkürzt, wenn er nicht weitergehend seitens des Gerichts darüber belehrt würde, dass die Möglichkeit eines Widerspruchs gegen die Verwertung der Aussage besteht. Ihm bliebe, da er aufgrund der vorherigen Einlassung glaubt, zur Aussage verpflichtet zu sein, nur noch die Alternative der Einlassung in der Hauptverhandlung, da er sich an das bereits zuvor Gesagte gebunden fühlt. Damit sei auch das Recht des Angeklagten betroffen „nicht Zeuge gegen sich selbst sein zu müssen"[163]. Diese Beschränkung der dem Angeklagten und Beschuldigten zustehenden Wahlfreiheit soll durch den Hinweis auf die Möglichkeit des Widerspruchs entgegengewirkt werden.

---

160 BGHSt 38, S. 226
161 BGHSt 38, S. 226
162 BVerfGE 56, S. 37, 43; BGHSt 14, S. 358, 364
163 BGHSt 38, S. 221; BGHSt 25, S. 325, 331

1. Die Ansicht der Rechtsprechung

Fraglich ist, ob die vom BGH entwickelte Widerspruchslösung, die sicherstellen soll, dass Aussagen, die nach einem Verstoß gegen Belehrungsvorschriften deren Verwertung sicherstellen oder verhindern sollen, auch für die Erlangung von Beweismitteln gilt, die aufgrund einer rechtswidrigen Hausdurchsuchung gefunden wurden.

Das Amtsgericht Braunschweig erteilt der Anwendung der Widerspruchslösung in diesem Zusammenhang eine Absage[164]. Ein Verstoß gegen Art. 13 GG sei nicht heilbar, da ansonsten ein Verstoß gegen das Rechtsstaatsprinzip aus Art. 20 III GG vorliege. Nach Ansicht des Gerichts finde das absolute Beweisverwertungsverbot des § 136 a 2 III StPO Anwendung. Dies versage es dem Angeklagten bzw. Beschuldigten, der Verwertung rechtswidrig gewonnener Beweisergebnisse zuzustimmen bzw. einer Verwertung zu widersprechen. Auch sei ein Beweisverwertungsverbot als „Sanktion gegenüber rechtswidrigen Handlungen" notwendig, um die rechtswidrige Erlangung von Beweismitteln zu verhindern[165]. Daraus ergebe sich, dass der Betroffene der Verwertung weder zustimmen, noch dieser widersprechen könne. Denn das Schutzgut, dass der Staat Beweisergebnisse nur mit rechtmäßigen Mittel und Methoden erlangen darf, ist einer Disposition durch den Angeklagten oder Beschuldigten nicht zugänglich.

Ein Teil der Rechtsprechung vertritt somit die Ansicht, dass daher, weil der Angeklagte aufgrund der Absolutheit des Beweisverwertungsverbots (vgl. § 136 a III 2 StPO), der Verwertung der Beweismittel nicht zustimmen kann, auch ein Widerspruch nicht in Frage kommt. Folglich ist die Widerspruchslösung des BGH aus dem Anwendungsbereich der Verwertung der Ergebnisse einer rechtswidrigen Hausdurchsuchung ausgenommen.

2. Die Ansicht der Literatur und eigene Stellungnahme

Burhoff vertritt die Auffassung, dass der Verwertung der Beweise einer rechtswidrigen Hausdurchsuchung vorsorglich von Seiten des Verteidigers widersprochen werden solle[166]. Er begründet seine Ansicht damit, dass die Rechtsprechung des Bundesverfassungsgerichts eher dazu neigt, eine Interessenabwägung vorzunehmen, als eine nicht heilbare Verletzung von Art. 13 GG anzunehmen[167].

Denkt man den Lösungsansatz von Burhoff weiter so ergibt sich folgendes:

---

164 AG Braunschweig, StV 2001, S. 395
165 AG Braunschweig, StV 2001, S. 395
166 Burhoff, StraFO 2003, S. 269
167 Burhoff, StraFO 2003, S. 269; BVerfG, StV 2002, S. 113

Der verteidigte Beschuldigte muss darauf vertrauen, dass sein Verteidiger der Verwertung der Beweise der rechtswidrigen Hausdurchsuchung bis zu dem in § 257 StPO genannten Zeitpunkt widerspricht. Ansonsten gilt die Verfahrensrüge als verspätet und die Beweismittel sind einer Verwertung in der Hauptverhandlung zugänglich.

Für den Fall jedoch, dass der Beschuldigte bzw. Angeklagte unverteidigt ist, ergibt sich ein anderes Bild. Wie eingangs im Rahmen der „ursprünglichen" Widerspruchslösung dargestellt, müsste das Gericht den Angeklagten dann darauf hinweisen, dass ein Beweisverwertungsverbot hinsichtlich der aufgefundenen Beweismittel besteht, um auf diese Weise sicherzustellen, dass der Angeklagte seine Aussagefreiheit hinreichend wahren kann, da er „nicht Zeuge gegen sich selbst sein (muss)"[168]. Folglich müsste das Gericht den Angeklagten – nach Weiterentwicklung der Ansicht Burhoffs – im Rahmen der vom BGH entwickelten Widerspruchslösung qualifiziert dahingehend belehren, dass ein Beweisverwertungsverbot bezüglich der entdeckten Beweismittel besteht. Diese erweiterte Hinweispflicht im Rahmen der Widerspruchslösung kann jedoch nur dann auch auf die qualifizierte Belehrung nach einer rechtswidrigen Hausdurchsuchung ausgedehnt werden, wenn die Widerspruchslösung *generell* dazu dienen soll, die Aussagefreiheit des Angeklagten zu schützen. Soll die Widerspruchslösung dagegen nur bei einer unterlassenen Beschuldigtenbelehrung zur Anwendung kommen, d.h. nicht auf weitere Verfahrensfehler ausgedehnt werden, so wäre sie nicht dazu geeignet in weiteren Fallgruppen eine Pflicht zur Erteilung einer qualifizierten Belehrung zu begründen.

Zusammenfassend lässt sich daher festhalten, dass auch die Widerspruchslösung des BGH – gesteht man ihr einen weitergehenden Anwendungsbereich als allein den bei einer unterlassenen Beschuldigtenbelehrung zu – nach Weiterentwicklung der Ansicht eines Teils der Literatur zu einer Pflicht zur qualifizierten Belehrung führen kann.

Vergleichbar argumentiert auch Weyand, indem sie die Widerspruchslösung des BGH auch im Bereich der §§ 100 g und 100 h StPO zur Anwendung kommen lässt[169]. Wurde die Beschlagnahme eines Mobiltelefons rechtswidrig angeordnet, so hat dieses Vorgehen ein Beweisverwertungsverbot bezüglich der dabei aufgefundenen Daten zur Folge. Daher muss es – nach Weyand – „zur Disposition des Beschuldigten stehen, ob er die Verwertung des Beweismittels als für seine Beweisführung nützlich ansieht". Folglich muss der unverteidigte Angeklagte seitens des Gerichts auf die Möglichkeit des Widerspruchs gegen die Verwertung der Auswertung der Telekommunikationsverbindungsdaten

---

168 Vgl. 6. Kapitel C. I.
169 Weyand, StV 2005, S. 522

und damit auf das Vorliegen eines Beweisverwertungsverbots – welches nichts anderes als eine qualifizierte Belehrung ist – hingewiesen werden. Damit bleibt festzuhalten, dass die Widerspruchslösung des BGH nicht nur bei fehlerhaften Beschuldigtenvernehmungen Anwendung finden muss, sondern dass ihr nach Ansicht eines Teils der Literatur ein weitergehender Anwendungsbereich verbleibt.

II. LG Bremen, StV 2005, S. 318 ff.

Der Begriff der qualifizierten Belehrung ist bisher im Rahmen von rechtswidrigen Durchsuchungen selten erwähnt worden. Einen Anfang macht jedoch das LG Bremen mit einem Beschluss im April des Jahres 2005. In dem zugrunde liegenden Fall erfolgte die Durchsuchung einer Kabine auf einem Fischereischiff, wobei eine nicht unerhebliche Menge an Betäubungsmitteln aufgefunden wurde. Anzumerken ist hierbei, dass die Durchsuchung ohne den von § 102 StPO geforderten Anfangsverdacht vollzogen wurde, sondern allein aufgrund der Tatsache, dass acht der zwölf Besatzungsmitglieder bereits in der Vergangenheit durch Betäubungsmitteldelikte aufgefallen waren und ihren Heimathafen Reykjavik ohne die erforderliche Abmeldung verlassen hatten. Daher konnte die Durchsuchung nicht zwangsweise durchgesetzt werden, da weder eine richterliche Durchsuchungsanordnung noch Gefahr im Verzug vorgelegen haben[170]. Eine Durchsuchung der Kabinen war daher nur möglich, wenn die Betroffenen in die Durchsuchung einwilligten[171].

Bevor diese Durchsuchung erfolgte, befragte der Ermittlungsbeamte den Kabinenbesitzer auf Englisch, ob er mit der Durchsuchung einverstanden sei, was dieser durch Kopfnicken bejahte. Das Gericht nahm hierbei jedoch an, dass sich aufgrund der ungewohnten Situation (mehrere Ermittlungsbeamte mit Diensthunden etc. auf dem Schiff) beim Beschuldigten der Eindruck habe aufdrängen müssen, dass die Durchsuchung auf jeden Fall durchgeführt werden würde, unabhängig davon, ob er der Durchsuchung zustimmt oder nicht. Folglich war die vermeintliche Einwilligung des Betroffenen in die Durchsuchung nicht wirksam erteilt worden.

Das LG Bremen forderte daher angesichts der eingangs dargestellten rechtlichen Lage, dass eine qualifizierte Belehrung dahingehend erforderlich war, dass die Durchsuchung der Kabine ohne Zustimmung des Betroffenen nicht ohne wei-

---

170 LG Bremen, StV 2005, S. 319
171 LG Bremen, StV 2005, S. 319

teres stattfinden werde[172]. Denn dann hätte er sich – auch angesichts des Drogenfundes – gegebenenfalls überhaupt nicht mit der Durchsuchung einverstanden
erklärt.

In diesem Beschluss nimmt die Rechtsprechung nunmehr auch bei rechtswidrigen Durchsuchungen das Institut der qualifizierten Belehrung in ihr Repertoire
auf. Allerdings geht das LG Bremen nicht soweit zu sagen, dass eine qualifizierte
Belehrung auch insofern erfolgen muss, als dass die aufgefundenen Beweismittel
einem Verwertungsverbot unterfallen und der Beschuldigte daher zur Wahrung
seiner Aussagefreiheit auch auf eben diese Unverwertbarkeit hingewiesen werden muss.

III. LG Heilbronn, StV 2005, S. 380 ff.

Das Landgericht Heilbronn hatte jedoch bereits zuvor im Dezember des Jahres
2004 entschieden, dass dann wenn aufgrund einer rechtswidrigen Durchsuchung
ein Ermittlungsverfahren eingeleitet wird, der Beschuldigte qualifiziert dahingehend belehrt werden muss, dass die Durchsuchung rechtswidrig war und die
dabei aufgefundenen Beweismittel mit einem Beweisverwertungsverbot belegt
sind. Dabei sei es unerheblich, ob die qualifizierte Belehrung bewusst oder unbewusst nicht erfolgt, jedenfalls sei auch die Aussage des Beschuldigten unverwertbar[173].

Dem Urteil lag folgender Sachverhalt zugrunde. Im Rahmen eines gegen den
ursprünglichen Beschuldigten gerichteten Ermittlungsverfahrens wurden auch
die Räumlichkeiten eines zunächst Nichtverdächtigen durchsucht, der diesel-
be Wohngemeinschaft bewohnte. Dabei lag der für den Vollzug einer Durchsuchung gemäß § 102 StPO geforderte Anfangsverdacht nicht vor. Auch handelte
es sich bei dem von der Durchsuchung Betroffenen um einen Nichtverdächtigen,
so dass auch die Voraussetzungen des § 103 StPO von den Strafverfolgungsorganen zu beachten gewesen wären. Obwohl die Ermittlungen gegen den ursprünglichen Beschuldigten bereits längere Zeit andauerten wurde der Durchsuchungsbeschluss nicht auf die Räume des Nichtverdächtigen ausgedehnt. Bei
der eigentlichen Durchsuchung unternahmen die Polizeibeamten – die in großer
Zahl an der Durchsuchung beteiligt waren – nicht den Versuch, einen Ermittlungsrichter fernmündlich zu erreichen, was unter den gegebenen Umständen
nach Ansicht des Landgerichts ohne eine Gefährdung der Durchsuchung möglich
gewesen wäre. Vielmehr nahmen sie – zu unrecht – Gefahr im Verzug an und

---

172 LG Bremen, StV 2005, S. 320
173 LG Heilbronn, StV 2005, S. 380

durchsuchten auch die Räume des Nichtverdächtigen nach Betäubungsmitteln, die sie auch fanden, ohne die zusätzlichen Voraussetzungen des § 103 StPO zu beachten[174]. Daraufhin gab der Betroffene an, die Betäubungsmittel zum Eigenkonsum zu besitzen.

Daher nahm das Landgericht Heilbronn an, dass die dabei aufgefundenen Beweismittel einem Beweisverwertungsverbot unterfallen. Denn zum einen wäre mangels eines Anfangsverdachts gegen den Nichtverdächtigen keine richterliche Durchsuchungsanordnung zu erlangen gewesen, so dass auch Gefahr im Verzug nicht vorgelegen habe. Und zum anderen ergebe eine Abwägung der Umstände des Einzelfalles, dass dem Schutz des Wohnungsgrundrechts des Betroffenen, im Verhältnis zur Schwere der aufzuklärenden Straftat der Vorrang einzuräumen sei. Folglich war die Durchsuchung in doppelter Hinsicht verfahrensfehlerhaft, was ein Beweisverwertungsverbot bezüglich der aufgefundenen Betäubungsmittel nach sich zog[175].

Nach Ansicht des Landgerichts Heilbronn sind auch die Angaben des nunmehr Beschuldigten, die er in den der Durchsuchung nachfolgenden Vernehmungen gemacht hat, nicht verwertbar. Denn in diesen sei der Beschuldigte nicht hinreichend belehrt worden. Er hätte qualifiziert dahingehend belehrt werden müssen, dass die Durchsuchung seiner Räume rechtswidrig war und darum die aufgefundenen Beweismittel einem Verwertungsverbot unterlagen. Dabei sei es unerheblich, ob die die Durchsuchung durchführenden Polizeibeamten die Betäubungsmittel als verwertbar einstuften oder nicht. In jedem Fall waren sowohl die Vernehmungen als auch Durchsuchung verfahrensfehlerhaft, so dass die Notwendigkeit einer qualifizierten Belehrung bestehen bleibe[176].

Das Gericht ging davon aus, dass der Angeklagte bei den Vernehmungen keine ihn belastenden Angaben gemacht hätte, wenn ihm klar gewesen wäre, dass die Strafverfolgungsbehörden ohne ein Geständnis seinerseits „nichts gegen ihn in der Hand hätten". Auch sei der psychologische Effekt zu berücksichtigen, dass der von der Durchsuchung Betroffene angesichts des Drogenfundes geglaubt haben mag, dass Schweigen, keinen Sinn mache, sondern es günstiger sei, sich zu der Straftat zu bekennen[177].

Des weiteren macht das Gericht deutlich, dass es aus psychologischer Sicht unerheblich sei, ob die qualifizierte Belehrung bewusst oder unbewusst unterbleibe. Die Willensfreiheit des Beschuldigten bei seinen Einlassungen in der Vernehmung „ist in beiden Fällen gleichermaßen durch die irrige Annahme ein-

---

174 LG Heilbronn, StV 2005, S. 380/381
175 LG Heilbronn, StV 2005, S. 381/382
176 LG Heilbronn, StV 2005, S. 382; vgl. auch Eisenberg, Rn. 2402
177 LG Heilbronn, StV 2005, S. 382

geschränkt, er sei der Straftat praktisch schon überführt"[178]. Nach Ansicht des Gerichts ist diese „irrtumsbedingte Einschränkung der Willensfreiheit" mit den Fällen des § 136 a StPO vergleichbar[179].

IV. Eigene Stellungnahme

Wurden bei einem Beschuldigten im Rahmen einer rechtswidrigen Hausdurchsuchung belastende Beweismittel gefunden, die aufgrund der Rechtswidrigkeit der Maßnahme einem Beweisverwertungsverbot unterfallen, so ist der Beschuldigte hierüber qualifiziert zu belehren. Denn er wird sich in der der Durchsuchung nachfolgenden Vernehmung zu einem Geständnis, zumindest jedoch zu einer Einlassung gezwungen sehen. Dies gilt auch dann, wenn er von den Vernehmungsbeamten ordnungsgemäß im Sinne von § 136 I 2 StPO dahingehend belehrt worden ist, dass es ihm freisteht, zur Sache auszusagen, oder von seinem Schweigerecht Gebrauch zu machen. Denn als juristischer Laie wird er von dem bestehenden Beweisverwertungsverbot keine Kenntnis haben und daher dem Irrglauben verfallen, dass er der Straftat bereits überführt ist. Dieser Eindruck des Beschuldigten wird auch durch die Belehrungsvorschrift des § 136 I StPO nicht abgemildert. Er weiß zwar nach der „normalen" Belehrung nun um sein Aussageverweigerungsrecht, nicht jedoch um das Beweisverwertungsverbot aufgrund der rechtswidrigen Hausdurchsuchung und wird sich daher auf eine Handlungsalternative, nämlich zur Sache auszusagen, beschränkt sehen. Daher ist eine qualifizierte Belehrung bezüglich des Bestehens eines Beweisverwertungsverbots nach einer rechtswidrigen Hausdurchsuchung erforderlich, um dem Beschuldigten seine Wahlfreiheit zu gewährleisten, da die „einfache" Beschuldigtenbelehrung ansonsten ihrem Zweck nicht gerecht werden würde.

---

178 LG Heilbronn, StV 2005, S. 382/383
179 LG Heilbronn, StV 2005, S. 283

4. Kapitel: Die Darstellung einer möglichen Begründung der Pflicht zur Erteilung einer qualifizierten Belehrung nach einer rechtswidrigen Hausdurchsuchung – ein Überblick

Im folgenden Kapitel der Untersuchung soll der Frage nachgegangen werden, ob sich aus verschiedenen Rechtsinstituten des Strafprozessrechts die Möglichkeit oder sogar die Pflicht zur Erteilung einer qualifizierten Belehrung über das Bestehen eines Beweisverwertungsverbots nach einer rechtswidrig vollzogenen Hausdurchsuchung ergibt[1]. Dabei kommen als taugliche Rechtsinstitute das Prinzip des fairen Verfahrens, die Aufklärungspflicht aufgrund der „prozessualen Fürsorgepflicht" als Bestandteil des fairen Verfahrens und das nemo-tenetur-Prinzip sowie der öffentlich-rechtliche Folgenbeseitigungsanspruch in Betracht.

A. Ableitung der Notwendigkeit einer qualifizierten Belehrung aus dem Gedanken des „fairen Verfahrens"

Das Bundesverfassungsgericht leitet das Recht auf ein faires Verfahren aus dem Rechtsstaatsprinzip des Art. 20 III GG i.V.m. Art. 2 I GG in Form des allgemeinen Freiheitsrechts des Beschuldigten her[2]. Bereits im 2. Kapitel II. wurde ausgeführt, dass Hauptsinn und Zweck der Vernehmung die Gewährung rechtlichen Gehörs und die Verteidigung des Beschuldigten sind. Daraus resultiert auch die Belehrungspflicht der Strafverfolgungsorgane gemäß § 136 StPO. Diesen Grundsätzen übergeordnet ist die Maxime, dass die Belehrungspflicht dem Schutz der Aussagefreiheit dient und daher „notwendiger Bestandteil eines fairen Verfahrens" ist[3]. Die Belehrung hat damit einen „Vorsorglichkeits- und Fürsorgecharakter" der die Subjektstellung des Beschuldigten im Strafverfahren schützen soll[4]. Dadurch wird nach Ansicht des BGH eine Schlechterstellung des Beschuldigten dahingehend verhindert, dass ihm seine prozessualen Rechte, insbesondere das Schweigerecht vor Augen geführt werden.

1 Vgl. 3. Kapitel B. – D.
2 BVerfGE 26, S. 66 (71); 38, S. 105 (111); 39, S. 238 (243); 64, S. 135 (149); Rüping, JZ 1983, S. 663, 663; Niemöller, StraFO 2000, S. 363
3 BGHSt 25, S. 330; vgl. auch BGHSt 38, S. 221; SK – Rogall, vor § 133 Rn. 165
4 BGHSt 35, S. 330; Hübner, S. 144

Das Recht des Beschuldigten auf ein faires Verfahren wurzelt sowohl in Art. 6 I 1 EMRK, 14 I 1 IPBR[5] als auch im Grundgesetz.

I. Inhaltliche Vorgaben und Bestandteile des fairen Verfahrens

Der Grundsatz eines fairen Verfahrens bildet im deutschen Strafverfahren einen wesentlichen Ausgangspunkt für eine Vielzahl an Schutzgarantien zugunsten des Beschuldigten[6]. Hierbei spielt vor allem das Recht des Beschuldigten, sich effektiv zu verteidigen eine große Rolle, welches schlussendlich im Prinzip des fairen Verfahrens wurzelt[7]. Zwar verwendet auch das Bundesverfassungsgericht den Begriff des fairen Verfahrens eher inflationär, indem es ihn als eine Art von Generalklausel benützt, um außer den Verfahrensgrundrechten aus Art. 19 IV, 101, 102, 103 und 104 GG auch den übrigen Grundrechten des Beschuldigten im Sinne eines verfassungskonformen fairen Verfahrens Geltung zu verleihen[8]. Das Recht auf ein faires Verfahren soll damit der Fortentwicklung des einfachen Rechts – hier im Rahmen der Belehrungsvorschriften – dienen, wenn eben dieses einfache Verfahrensrecht das Prinzip des fairen Verfahrens nicht ausreichend berücksichtigt[9].

Nimmt man diese Auffassung eines fairen Verfahrens ernst, so resultiert daraus das Gebot, dass es staatlichen Organen untersagt ist, ihre Machtmittel zum Nachteil des Beschuldigten zu verwenden und darüber hinaus die Vorschriften der Strafprozessordnung über ihre „formal korrekte Anwendung", das heißt über den Wortlaut hinaus „fair" anzuwenden[10].

Das Prinzip des fairen Verfahrens soll jedoch auch sicherstellen, dass der Beschuldigte seine Mitwirkungsrechte aktiv ausüben, d.h. seine Interessen eigenverantwortlich wahrnehmen[11] und seine Verteidigungsmöglichkeiten effektiv nutzen kann[12]. Eigenverantwortlichkeit bedeutet in diesem Zusammenhang, dass das Gericht den Beschuldigten nur über seine Rechte und Möglichkeiten informieren soll, ihm jedoch andererseits die Wahlmöglichkeiten seiner Verteidigung – schweigen oder sich einlassen – selbst überlassen soll[13]. Nach der

---

5   Rzepka, S. 34
6   Vgl. OLG Brandenburg, NJW 1996, S. 67
7   Vgl. Rcepka, S. 186; BVerfGE 63, S. 67
8   Tettinger, S. 1 ff.
9   Roxin, S. 76/77
10   Meyer, S. 46
11   Tettinger, S. 8
12   Roxin S. 76; Heinicke, S. 425
13   Hübner, S. 145

Rechtsprechung des Bundesverfassungsgerichts werden dem Beschuldigten daher umfassende Informationsrechte gewährt, damit dieser seine Rechte, insbesondere die der Verteidigung mit dem dazu erforderlichen Wissen eigenständig wahrnehmen kann, um Benachteiligungen und Missbrauch seinerseits durch die Wahrnehmung der Rechte der Strafverfolgungsbehörden wirksam entgegentreten zu können, so dass das Prinzip der Verfahrensfairness auch Bestandteil der Vernehmung bzw. Belehrung ist[14].

1. Die Ansicht von Kernsmann

Nach Ansicht Kernsmanns liegt zwischen den Verfahrensbeteiligten im Strafprozess ein „Informationsgefälle" vor. Dies bestehe namentlich darin, dass der Beschuldigte ein unfreiwilliger, nicht mit dem notwendigen Fachwissen ausgestatteter Beteiligter ist, der sich den Strafverfolgungsorganen ausgesetzt sieht[15]. Gerade aufgrund dieses Informationsdefizits auf Seiten des Beschuldigten sei dem fairen Verfahren im deutschen Strafprozess eine besondere Beachtung zu schenken. Denn wenn der Beschuldigte – wie bereits erwähnt – nicht nur bloßes Objekt, sondern Subjekt des Verfahrens sein soll, so sei es eine „Selbstverständlichkeit", dass zwischen den Verfahrensbeteiligten eine „symmetrische Kommunikationsstruktur" besteht[16]. Denn aufgrund empirischer Forschungen sei die Annahme bestätigt worden, dass „Laien" ihre Rechte und prozessualen Möglichkeiten nur bruchstückhaft kennen und wahrnehmen[17]. Dieses Phänomen mache es daher notwendig, das Informationsdefizit beim Beschuldigten zu minimieren und damit seiner Subjektstellung im Strafprozess Rechnung zu tragen, indem er belehrt wird.

2. Die Ansicht von Esser

Wie bereits oben dargestellt, wird der Grundsatz des fairen Verfahrens auch aus Art. 6 der EMRK[18] abgeleitet. Dieser ist jedoch so allgemein gehalten, dass sich daraus kaum fest umrissene Aufgaben für die Strafverfolgungsorgane ergeben. Daher bedarf dieses Prinzip nach Ansicht von Esser der weiteren Konkretisierung. Denn aufgrund der weiten Fassung des Rechtsstaatsprinzips entzieht sich dieser Begriff der Auslegung nach „normalen Regeln". Daher lässt sich das Prin-

---

14 BVerfGE 38, 105, 111
15 Kernsmann, StraFO 1998, S. 73
16 Kernsmann, StraFO 1998, S. 73
17 Vgl. Ransiek, S. 17 ff.
18 Die EMRK verwendet im Rahmen von Art. 6 den Begriff „fair trial"; im Gegensatz zum Bundesverfassungsgericht, welches den Begriff des „fairen Verfahrens" verwendet.

zip des fairen Verfahrens am besten durch die Zuordnung von Einzelproblemen konkretisieren.

Der EGMR müsse das Prinzip des fairen Verfahrens auch darauf erstrecken, dass Informationen über das gegen den Beschuldigten gerichtete Verfahren, dieser auch erhält, so dass ihm dadurch die Möglichkeit eingeräumt wird, entsprechende Vorkehrungen für eine effektive Verteidigung zu treffen[19]. Dies beinhaltet auch den Anspruch des Beschuldigten „auf Kenntnis- und Stellungnahme von bzw. zu sämtlichen vorgelegten Beweisen (…), um die Entscheidung des Gerichts beeinflussen zu können, (…) einschließlich aller Beweise"[20]. Um dem Schutz vor staatlicher Willkür vorzubeugen, müsse der Beschuldigte aufgrund der in Art. 5 II, 6 III EMRK festgelegten Informationspflichten mit dem ganzen vorliegenden sowohl entlastenden als auch belastenden Beweismaterial konfrontiert werden[21]. Auch wenn der EGMR bisher keine solche Belehrungspflicht normiert habe, so ergebe sich jedoch eine solche aus dem Fairnessgebot des Art. 6 EMRK.

3. Stellungnahme

Nimmt man die Forderungen von Esser nunmehr ernst und fordert, dass dem Beschuldigten in der Vernehmung sowohl das be- als auch das entlastende Beweismaterial offenbart werden muss, so ergibt sich daraus die zwingende Konsequenz, dass er auch über ein bestehendes Beweisverwertungsverbot aufgrund einer rechtswidrigen Hausdurchsuchung unterrichtet werden muss. Denn wenn ihm bekannt ist, dass die aufgefundenen Beweismittel einem Verwertungsverbot unterliegen, kann er seine Verteidigung entsprechend darauf einrichten und von seinem Schweigerecht Gebrauch machen, da dies für ihn unter Umständen aufgrund der lückenhaften Beweislage die günstigere Verteidigungsstrategie ist. Weiß er jedoch von eben diesem bestehenden Beweisverwertungsverbot nichts, so wäre nach Ausweitung der Ansicht Essers der Grundsatz des fairen Verfahrens verletzt[22].

II. Aufklärungspflicht aufgrund der „prozessualen Fürsorgepflicht" als Bestandteil eines fairen Verfahrens

Als weitere Möglichkeit der Herleitung einer Notwendigkeit zur Erteilung einer qualifizierten Belehrung über das Bestehen eines Beweisverwertungsverbots

---

19 Esser, StraFO 2003, S. 340
20 Esser, StraFO 2003, S. 340
21 Esser, StraFO 2003, S. 341
22 So auch Marczak, StraFO 2004, S. 373/374

nach Vollzug einer rechtswidrigen Hausdurchsuchung stellt sich möglicherweise die „prozessuale Fürsorgepflicht" des Gerichts dar.

1. Ableitung des Prinzips der „prozessualen Fürsorgepflicht"

Der Grundsatz der „prozessualen Fürsorgepflicht" liegt in dem bereits oben erwähnten Prinzip des fairen Verfahrens begründet; stellt also somit eine weitere Konkretisierung dieser Generalklausel dar[23]. Auch wurzelt die prozessuale Fürsorgepflicht im Sozialstaatsprinzip[24]. Ausprägung der prozessualen Fürsorgepflicht sind auch die Belehrungspflichten, die sicherstellen sollen, dass der Betroffene den für eine effektive Verteidigung erforderlichen Wissensstand besitzt, so dass er über den „zu verhandelnden Tatsachen- und Rechtsstoff informiert werden muss"[25]. Da jedoch auch die prozessuale Fürsorgepflicht eher allgemeinen Charakter hat, lässt sich ihre inhaltliche Ausgestaltung am besten über die Bildung von Fallgruppen ermitteln[26], um den Gefahren, wie die der Anwendung einer Generalklausel wie der der prozessualen Fürsorgepflicht entgegenzuwirken. Fraglich ist, ob hier eine Fallgruppe dergestalt existiert oder gebildet werden kann, dass sie dem Gericht die Pflicht auferlegt, den Angeklagten in qualifizierter Form darauf hinzuweisen, dass aufgrund eines Verfahrensverstoßes ein Beweisverwertungsverbot besteht, um so dem Betroffen die effektive Wahrnehmung und Ausübung seiner Aussagefreiheit zu ermöglichen. Eine solche Verpflichtung seitens des Gerichts hätte zur Folge, dass dieses dann einen Verfahrensmangel der genannten Art durch die Erteilung einer qualifizierten Belehrung heilen müsste.

a) Die Ansicht von Rogall

Rogall lehnt jedoch die Existenz einer derartigen Fallgruppe ab. Es sei nicht Bestandteil der prozessualen Fürsorgepflicht, Verfahrensmängel zu heilen[27]. Er begründet dies damit, dass sich die Pflicht, Verfahrensmängel zu beseitigen, bereits aus der Pflicht zur Erforschung der Wahrheit bzw. der „allgemeinen Pflicht zur Gewährleistung der Justizförmigkeit des Verfahrens" ergibt[28]. Somit lässt sich nach Rogalls Ansicht aus der prozessualen Fürsorgepflicht keine Pflicht zur Erteilung einer qualifizierten Belehrung ableiten.

---

23   SK – Rogall, vor § 133 Rn. 105 ff.
24   SK – Rogall, vor § 133, R.n 133
25   Rcepka, S. 348
26   Dazu ausführlich Marczak, S. 202–208
27   SK – Rogall, vor § 133 Rn. 116; Hübner, S. 185 ff.
28   SK – Rogall, vor § 133, Rn. 116

b) Die Ansicht von Marcazk und Geppert

Nach der Gegenauffassung besteht sehr wohl die Pflicht der Gerichte aufgrund der prozessualen Fürsorgepflicht Verfahrensmängel zu heilen[29]. Denn die Pflicht, Verfahrensmängel zu heilen ist z.b. in § 29 II 2 StPO normiert. Danach ist die „Wiederholung des nach Anbringung eines Ablehnungsgesuchs liegenden Prozessteils für den Fall vorgesehen, dass die Hauptverhandlung trotz begründeten Ablehnungsgesuchs nicht ausgesetzt werden muss"[30]. Folglich existiert grundsätzlich die Pflicht, Verfahrensmängel zu heilen.

Marczak vertritt die Auffassung, dass die prozessuale Fürsorgepflicht das Gericht verpflichtet, durch Fragen, Hinweise und Belehrungen darauf hinzuwirken, dass der Beschuldigte über seine prozessualen Rechte und Möglichkeiten im Strafverfahren informiert wird. Denn vor allem dann, wenn kein Fall der notwendigen Verteidigung gemäß §§ 140 ff. StPO vorliegt, der Beschuldigte sich keines Wahlverteidigers bedient, ist er „im Prozess auf sich allein gestellt"[31]. In einer derartigen Fallkonstellation muss das Gericht dem Beschuldigten daher Hilfe leisten und ihn bei der Wahrnehmung seiner prozessualen Rechte unterstützen[32]. Diese prozessuale Fürsorgepflicht gilt jedoch – so Marczak – nur so weit, dass der Beschuldigte immer noch in der Lage ist, seine prozessualen Rechte selbständig wahrzunehmen.

Nach Geppert umfasst die gerichtliche Fürsorgepflicht die „Sicherung der tatsächlichen Wahrnehmung der Verfahrensrechte der Prozessbeteiligten"[33]. Zu den prozessualen Rechten des Angeklagten gehören sowohl das Recht die Aussage zu verweigern, als auch das Recht sich nicht selbst belasten zu müssen (nemo-tenetur). Geppert ist der Auffassung, dass in Fällen in denen der Betroffene einem Wissensdefizit unterliegt und daher an der Wahrnehmung seiner Rechte gehindert ist, der Staat den Betroffenen gegebenenfalls unter Beachtung der Verfahrenssituation informieren muss. Ihre Grenze findet die prozessuale Fürsorgepflicht des Gerichts nach Geppert jedoch in der Autonomie des Prozessbeteiligten. Das heißt, dass das Gericht seinen Willen nicht anstelle den des Beschuldigten setzen darf, sondern ihn nur bei der Wahrnehmung seiner Interessen und Rechte helfend unterstützen darf[34].

---

29 So auch Meyer – Goßner, Einleitung Rn. 159; KK – Pfeiffer, Einleitung Rn. 32
30 Marczak, StraFO 2004, S. 376; vgl. Meyer-Goßner, Einl. Rn. 159; Marczak, S. 117
31 Marczak, StraFO 2004, S. 373
32 Geppert, Jura 1992, S. 600
33 Geppert, Jura 1992, S. 600
34 Geppert, Jura 1992, S. 601

2. Eigene Stellungnahme

Bei den hier zu behandelnden Fallkonstellationen geht es immer um die Frage, ob der Beschuldigte oder Angeklagte über ein Beweisverwertungsverbot informiert werden muss, damit er sich seiner prozessualen Rechte bewusst ist. Diese benannten Beweisverwertungsverbote sind dem Betroffenen jedoch aufgrund mangelnder juristischer Vorbildung meist nicht bekannt, so dass er – ohne die entsprechenden Informationen durch das Gericht – im Unklaren über die prozessuale Situation ist. Er befindet sich also in dem von Geppert dargestellten „Wissensdefizit" über das Bestehen eines Verwertungsverbotes. Hierbei besteht dann die Gefahr, dass der Beschuldigte oder Angeklagte in der Situation einer Vernehmung beispielsweise nach einer rechtswidrig durchgeführten Hausdurchsuchung bzw. im sich daran anschließenden Prozess, glauben wird, dass die aufgefundenen Beweismittel gegen ihn verwendet werden können und sich daher aller Wahrscheinlichkeit nach zu einer Aussage entschließen, da er glauben wird, Schweigen mache keinen Sinn mehr. Hierbei wäre ihm – nach seiner Vorstellung – die Möglichkeit verwehrt, von seinem Recht die Aussage zu verweigern, effektiv Gebrauch zu machen. Diesen Willensmangel beim Beschuldigten, dem er aufgrund der Fehlbewertung der Beweislage unterliegt, muss das Gericht aufgrund der prozessualen Fürsorgepflicht – wendet man die Rechtsansichten von Marczak und Geppert entsprechend an – durch die Erteilung einer qualifizierten Belehrung über das Bestehen eines Beweisverwertungsverbots abhelfen[35].

Diese Auffassung einer – durch die Annahme der Notwendigkeit einer qualifizierten Belehrung – erweiterten prozessualen Fürsorgepflicht wird auch dadurch hervorgehoben, dass dann wenn kein Fall einer notwendigen Verteidigung gemäß §§ 140 ff. StPO vorliegt und sich der Betroffene keines Wahlverteidigers bedient, er im Prozess „auf sich allein gestellt ist"[36]. Daher muss ihn das Gericht aufgrund der prozessualen Fürsorgepflicht auf seine Rechte hinweisen. Zu diesen Rechten gehört jedoch auch dasjenige, gegen die Verwertung von Beweismitteln, die aufgrund einer rechtswidrigen Hausdurchsuchung gefunden wurden, zumindest vorsorglich Widerspruch einzulegen. Dies beinhaltet jedoch gleichzeitig auch den Hinweis, dass diese Beweismittel einem Verwertungsverbot unterfallen, so dass es sich de facto um eine qualifizierte Belehrung handelt. Auf diese Weise kann der Angeklagte die Vor- und Nachteile einer Einlassung gegeneinander abwägen und so zu einer eigenverantwortlichen Entscheidung kommen, ob er zur Sache aussagt, oder von seinem Schweigerecht Gebrauch macht[37].

---

35 So auch Marczak, StraFO 2004, S. 374
36 So auch Marczak, S. 109; Geppert, Jura 1992, S. 600
37 So auch Marczak, S. 110

B. Aufklärungspflicht aus dem nemo-tenetur-Prinzip

Fraglich ist, ob sich eine Pflicht zur Erteilung einer qualifizierten Belehrung bezüglich eines bestehenden Beweisverwertungsverbots auch aus dem Grundsatz *nemo tenetur se ipsum accusare* ergibt. Denn dieser besagt nach seiner wörtlichen Übersetzung, dass niemand gezwungen werden darf, an seiner eigenen Überführung mitzuwirken, also sich selbst zu belasten[38].

I. Wurzeln des nemo-tenetur- Grundsatzes

Der Grundsatz, dass niemand verpflichtet ist, sich selbst zu belasten wird in der StPO nirgendwo erwähnt[39]. Kernaussage dieses Rechts des Beschuldigten ist, dass er die Wahlmöglichkeit hat, auszusagen, oder die Einlassung zu verweigern[40]. Allerdings ergibt sich aus den Belehrungsvorschriften und dem Schweigerecht des Beschuldigten, dass dieses „als selbstverständlich vorausgesetzt" werden muss[41]. Die Freiheit vor Selbstbelastung findet ihre Grundlage in Art. 2 I, 1 I GG des Betroffenen und ist auch Bestandteil des Rechtsstaatsprinzips aus Art. 20 III GG. Dies wurde auch vom Bundesverfassungsgericht im sogenannten „Gemeinschuldnerbeschluss" ausdrücklich anerkannt[42]. Des weiteren fand das nemo – tenetur – Prinzip Eingang in Art. 52 V der Verfassung des Landes Brandenburg und in Art. 14 III g IPBPR.

Die StPO beinhaltet eine Vielzahl von Normen, die sicherstellen sollen, dass das Recht des Beschuldigten vor unfreiwilliger Selbstbelastung gewahrt wird. Diese beinhalten, dass dem Beschuldigten Hinweise über seine Mitwirkungs- und Aussagefreiheit gegeben werden. Der Beschuldigte muss hiernach bereits zu Beginn der ersten Vernehmung gemäß §§ 136, 163 IV StPO über seine prozessualen Rechte belehrt werden, um eine wirksame Verteidigung zuzulassen[43]. Allein dann, wenn der Beschuldigte über sein Recht die Aussage zu verweigern umfassend belehrt wird, kann er dieses als zumeist juristischer Laie zu seinem Vorteil gewinnbringend einsetzen[44]. Er soll sich selbst frei und eigenverantwortlich entscheiden können, ob er durch eine Aussage oder ein Geständnis gewillt

---

38 Volk, S. 39
39 SK –Rogall, vor § 133 Rn. 130
40 Beulke, S. 69; Rcepka, S. 387
41 BGHSt 1, 39, 40; BVerfGE 38, 105, 113; 55, 144, 150; 56, 37, 45; ebenfalls BGHSt 38, 214, 220; 38, 263, 266; 38, 302, 305
42 BVerfGE 56, 37 ff.
43 Rogall, S. 212
44 Rogall, S. 187

ist, an seiner eigenen Überführung mitzuwirken[45]. Es soll anerkannt sein, dass der Beschuldigte „Herr seiner eigenen Entschlüsse ist" und „sein Schicksal selbst in die Hand nehmen darf"[46].

Ausgehend von der Überlegung, dass der Beschuldigte dann, wenn er über ein bestehendes Beweisverwertungsverbot nicht in Kenntnis gesetzt wird, glauben wird, seine Situation allein durch ein Geständnis verbessern zu können, erscheint es utopisch, dass er in einer solchen Vernehmungssituation immer noch eigenverantwortlich entscheiden kann, ob er sich zur Sache einlässt, oder nicht. Denn er wird – wie bereits mehrfach erwähnt – davon ausgehen, dass das aufgefundene Beweismaterial gegen ihn verwendet werden kann.

II. Die Transformation des nemo-tenetur-Prinzips zur Begründung der qualifizierten Belehrung

1. Die Ansicht der Rechtsprechung

In der Rechtsprechung ist anerkannt, dass das nemo-tenetur-Prinzip über den Anwendungsbereich des § 136 I 2 StPO hinaus Wirkung entfaltet[47]. Denn es sichere die „Freiheit des Beschuldigten, selbst darüber zu befinden, ob er an der Aufklärung des Sachverhalts aktiv mitwirken will oder nicht"[48]. Dies beinhalte auch, dass jede von staatlicher Seite herbeigeführte Manipulation des Aussageverhaltens des Beschuldigten, die zu seiner Überführung beitragen könnte, unzulässig sein soll[49]. Daher wird auch zum Teil in der Rechtsprechung aus dem Rechtsinstitut des nemo-tenetur-Prinzips eine Pflicht zur Erteilung einer qualifizierten Belehrung hergeleitet.

a) LG Bad Kreuznach, StV 1994, S. 293 ff.

Das Landgericht Bad Kreuznach geht davon aus, dass die Entschließungsfreiheit des Beschuldigten darüber, „ob er sich redend oder schweigend verteidigen will, durch eine qualifizierte Belehrung geschützt werden soll"[50]. Im vorliegenden Fall wurde der Beschuldigte in einer formal als Folgevernehmung einzuordnenden Befragung nicht auf die in der vorherigen Untersuchungshaft gemachten unver-

---

45 Ransiek, S. 49
46 Ransiek, S. 49
47 BGHSt 40, 71
48 BGHSt 40, 71
49 Roxin, NStZ 1995, S. 466
50 LG Bad Kreuznach, StV 1994, S. 295; vgl. auch LG Frankfurt/M, StV 2003, S. 325 ff.

wertbaren Angaben hingewiesen, wobei in der Folgevernehmung auf diese Äußerungen Bezug genommen wurde.

Nach Ansicht des Gerichts hat der Beschuldigte einen Rechtsanspruch auf ein „faires und rechtsstaatliches Verfahren", in dem er selbst eigenverantwortlich im Sinne des nemo-tenetur-Prinzips darüber entscheiden kann, ob er Angaben zur Sache macht, die ihn selbst belasten oder nicht. Wurde in diese Entschließungsfreiheit durch die Anwendung einer verbotenen Vernehmungsmethode gemäß § 136 a StPO rechtswidrig eingegriffen, so ist es zur Wiederherstellung der Aussagefreiheit notwendig, dass zum einen in einer Folgevernehmung nicht auf die früheren unverwertbaren Angaben Bezug genommen wird und zum anderen, dass der „Vernommene über die Unverwertbarkeit seiner früheren Angaben belehrt" wird[51]. Durch diese erweiterte Belehrungspflicht wird die Fortwirkung des Beweisverwertungsverbots der früheren Vernehmung beseitigt und die Aussagefreiheit des Beschuldigten wiederhergestellt, so dass er sich nunmehr (wieder) frei entscheiden kann, ob er in der Folgevernehmung ihn belastende Angaben zur Sache macht oder nicht[52].

Folglich ergibt sich nach Ansicht des Landgerichts Bad Kreuznach aus dem Recht sich nicht selbst belasten zu müssen (nemo-tenetur), die Pflicht der Strafverfolgungsorgane durch die Erteilung einer qualifizierten Belehrung sicherzustellen, dass sich der zu Vernehmende der Wahrnehmung und auch Ausübung seiner Aussagefreiheit bewusst ist und er darum auf die Unverwertbarkeit seiner früheren Einlassungen hingewiesen werden muss.

b) LG Dortmund, NStZ 1997, S. 356 ff.

Auch das Landgericht Dortmund begründet eine Pflicht zur qualifizierten Belehrung nach einem Verstoß gegen § 136 a StPO mit einer entsprechenden Anwendung des nemo-tenetur-Prinzips. Denn hier berief sich der Angeklagte darauf, nicht ausgesagt zu haben, wenn ihm bewusst gewesen wäre, dass seine früheren Einlassungen mit einem Beweisverwertungsverbot gemäß 136 a III 2 StPO belegt sind, und er sich nach wie vor frei entscheiden kann, ob er sich zur Sache einlässt, oder von seinem Schweigerecht Gebrauch macht[53].

Durch die Erteilung einer derartigen qualifizierten Belehrung aufgrund des nemo-tenetur-Prinzips wird also die Fortwirkung des früheren Verfahrensverstoßes beseitigt und dadurch die Aussagefreiheit des Betroffenen wiederhergestellt. Der Verfahrensfehler gilt somit als geheilt.

---

51 LG Bad Kreuznach, StV 1994, S. 294
52 LG Bad Kreuznach, StV 1994, S. 294/295
53 Vgl. dazu bereits 1. Kapitel B. II. 1. a)

2. Die Ansicht der Literatur

a) Die Ansicht von Ransiek

Fraglich ist daher, ob dadurch, dass der Beschuldigte nicht über ein bestehendes Beweisverwertungsverbot aufgeklärt wird, ihm gegenüber auch „Zwang" im Sinne der Definition von nemo tenetur se ipsum accusare ausgeübt wird.

Nach Ransiek bedeutet Zwang in diesem Zusammenhang, dass es untersagt ist, den Beschuldigten zu einer „nicht eigenverantwortlichen Selbstbelastung zu veranlassen"[54]. Auch wenn der Betroffene im Verdacht stünde eine Straftat begangen zu haben, so müsse es dennoch ihm selbst überlassen bleiben, inwieweit er sich dazu bereit erklärt, an seiner eigenen Überführung mitzuwirken, also ob er sich durch eine Einlassung in Form einer Aussage in das Verfahren einbringen möchte.

b) Die Ansicht von Rogall

Im Gegensatz zu Ransiek geht jedoch Rogall davon aus, dass der Schutzzweck des nemo-tenetur-Prinzips nicht die allgemeine Entschließungsfreiheit des Beschuldigten sei. Der Inhalt des nemo-tenetur-Prinzips enthalte nur das Verbot, eine selbstbelastende Einlassung durch bestimmte besonders missbilligenswerte Mittel (Zwang) zu erlangen[55]. Insbesondere Täuschungen seien nicht vom Anwendungsbereich des nemo-tenetur-Prinzips umfasst.

c) Die Ansicht von Bosch

Auch nach Bosch ergibt sich die Pflicht zur Erteilung einer qualifizierten Belehrung aus einer entsprechenden Anwendung des nemo-tenetur-Prinzips. Denn eine derartige erweiterte Belehrungspflicht tangiert nach seiner Auffassung die Frage, ob der Beschuldigte überhaupt willens ist, sich zur Sache einzulassen oder von seinem Schweigerecht Gebrauch zu machen[56]. Der Hinweis auf ein bestehendes Beweisverwertungsverbot ist nach Boschs Ansicht notwendig, um dem Beschuldigten eine „Wahlalternative" bezüglich des „ob" und des Umfangs seiner Aussage einzuräumen[57]. Würde ihm die qualifizierte Belehrung nicht erteilt werden, so würde der Beschuldigte dem Irrglauben verfallen, dass er seine vorherigen – in diesem Fall unverwertbaren Einlassungen – nicht mehr aus der

---

54 Ransiek, S. 52
55 SK – Rogall, vor § 133 Rn. 139
56 Bosch, S. 338/339
57 Bosch, S. 337

Welt schaffen kann. Damit werde der Zweck der Belehrungsvorschriften, die eine Entschließungsfreiheit des Beschuldigten bezüglich der Frage, ob er eine Aussage tätigen soll oder nicht, gewährleisten sollen, vereitelt.

Wird dem Beschuldigten jedoch eine qualifizierte Belehrung dergestalt erteilt, dass er auf ein bestehendes Beweisverwertungsverbot hingewiesen wird, so wird ihm deutlich vor Augen geführt, dass er sich nunmehr „unabhängig und unbelastet von seinem früheren Aussageverhalten frei entscheiden kann, ob er aussagen möchte"[58]. Dadurch, dass sich der Beschuldigte nach Erteilung einer qualifizierten Belehrung unabhängig von seinen früheren Angaben eigenverantwortlich entscheiden kann, wird dem nemo-tenetur Prinzip ausreichend Rechnung getragen, da sich der Beschuldigte jetzt frei entscheiden kann, ob er sich durch Angaben zur Sache selbst belastet oder nicht.

Daraus folgt – nach der Rechtsauffassung von Bosch –, dass das nemo-tenetur-Prinzip eine taugliche Basis für die Herleitung einer Pflicht zur qualifizierten Belehrung ist.

d) Eigene Stellungnahme

Die Ansicht von Rogall ist abzulehnen. Hier muss wiederum an die psychische Situation des Beschuldigten in der Vernehmung erinnert werden. Es kann nicht mehr die Rede von einem eigenverantwortlichen Handeln sein, wenn der Beschuldigte über ein Beweisverwertungsverbot nicht aufgeklärt wird. Ihm wird in einer solchen Lage allein die Handlungsalternative einer Aussage bzw. eines Geständnisses als die sinnvollste vorkommen. Allerdings ist auch der Begriff der „Alternative" hier nicht angebracht. Denn aufgrund des seelischen Drucks ist dem Beschuldigten, zumal wenn er noch nicht häufig in Kontakt mit den Strafverfolgungsbehörden gekommen ist, jedwede Handlungsmöglichkeit genommen.

Es bleibt daher festzuhalten, dass nach den Ausführungen von Ransiek, im Falle einer Nichtaufklärung über ein bestehendes Beweisverwertungsverbot auf den Beschuldigten Zwang ausgeübt wird und damit der nemo tenetur Grundsatz als verletzt erscheint.

Folglich ist der von einer rechtswidrigen Hausdurchsuchung Betroffene in der darauf folgenden Vernehmung qualifiziert zu belehren. Die Belehrung ist dabei so auszugestalten, dass der Beschuldigte darauf hingewiesen wird, dass die im Rahmen der Durchsuchung aufgefundenen Beweismittel einem Verwertungsverbot unterfallen. Diese „zusätzliche" Belehrung wird dann sicherstellen, dass sich der Beschuldigte nicht gezwungen sieht, ihn belastende Angaben zur Sache zu machen. Der Sinn und Zweck des nemo-tenetur-Prinzips verlangt somit, den

---

58 Bosch, S. 337

Beschuldigten auf ein bestehendes Beweisverwertungsverbot hinzuweisen, um zu gewährleisten, dass sich dieser seines Rechts zu Schweigen oder zur Sache auszusagen auch tatsächlich bewusst ist.

Das nemo-tenetur-Prinzip ist daher eine taugliche Begründungsbasis zur Statuierung einer Pflicht zur Erteilung einer qualifizierten Belehrung bezüglich des Bestehens eines Beweisverwertungsverbots aufgrund einer rechtswidrigen Hausdurchsuchung[59].

---

59 Ebenso BGH, NJW 2009, S. 1427

5. Kapitel: Die mögliche Begründung einer Pflicht zur qualifizierten Belehrung – ein eigener Lösungsansatz

Im 5. Kapitel der Untersuchung soll – im Rahmen eines eigenen Lösungsansatzes – überprüft werden, ob noch weitere Grundsätze oder Rechtsinstitute als taugliche Ableitungsbasis für eine Pflicht zur Erteilung einer qualifizierten Belehrung nach einer rechtswidrigen Hausdurchsuchung in Betracht kommen.

A. Die Pflicht zur Erteilung einer qualifizierten Belehrung aufgrund der Verteidigungsfunktion der Belehrungspflicht des § 136 I 2 StPO

Hauptsinn und Zweck der Belehrung soll – nach dem bisher Gesagten – die Gewährung rechtlichen Gehörs und die Möglichkeit der Verteidigung des Beschuldigten sein[1].

Im 3. Kapitel wurde dargestellt, dass – nach teilweise vertretener Ansicht – aufgrund der Gewährung rechtlichen Gehörs die Pflicht der Strafverfolgungsorgane besteht, den Beschuldigten bereits im Ermittlungsverfahren über den Verlauf der Ermittlungen und die dabei aufgefundenen Beweismittel zu informieren. Des Weiteren besteht der Sinn und Zweck der Belehrungspflichten auch darin, dem Beschuldigten die Möglichkeit zur Verteidigung zu gewähren. Daher stellt sich die Frage, ob durch eine Verquickung des Grundsatzes der Gewährung rechtlichen Gehörs mit dem der Verteidigungsfunktion, die Möglichkeit einer Ableitung einer Pflicht zu qualifizierten Belehrung, d.h. eines zusätzlichen Hinweises bezüglich des Bestehens eines Beweisverwertungsverbots begründet werden kann.

Zu erörtern ist, wie der Beschuldigte die ihm vom Gesetzgeber bereitgestellte Möglichkeit der Verteidigung wahrnehmen soll, wenn ihm nicht bewusst ist, welche Rechte ihm zustehen. Der Beschuldigte ist in seiner ersten Vernehmung durch die Polizei oder den Richter meist auf sich gestellt. Dies zeigt auch die Vorschrift des § 168 c V 1 StPO, die es dem Richter ermöglicht, einen Verteidiger des Beschuldigten von der richterlichen Vernehmung dadurch auszuschließen,

---

1 Vgl. hierzu bereits 3. Kapitel B II.

127

dass dieser von der richterlichen Vernehmung des Beschuldigten nicht informiert werden muss[2]. Selbiges gilt auch, wenn kein Fall der notwendigen Verteidigung im Sinne der §§ 140 ff. StPO vorliegt und der Beschuldigte sich keines Wahlverteidigers bedient. Dies hat zur Folge, dass der Beschuldigte auf sich allein gestellt ist. Einzig die Belehrungspflichten "erleichtern" seine Situation, indem er in dem gemäß § 136 StPO vorgegebenen Umfang über seine Rechte informiert wird. Soll die Pflicht, dem Beschuldigten die Möglichkeit der Verteidigung zu gewähren auch praktische Wirkung entfalten, so muss ihm auch mitgeteilt werden, welche weiteren Rechte ihm zustehen.

Der Vernehmungsbeamte muss ihn somit darauf hinweisen, dass bezüglich der bei einer rechtswidrigen Hausdurchsuchung aufgefundenen Beweismittel ein Beweisverwertungsverbot besteht und es dem Vernommenen daher immer noch ohne weiteres möglich ist, von seinem Recht die Aussage zu verweigern Gebrauch zu machen oder sich zur Sache einzulassen. Nur so kann dem Prinzip der Wahrung der Aussagefreiheit im Sinne des § 136 I 2 StPO ausreichend Rechnung getragen, der „das-Kind-ist-sowieso-in-den-Brunnen-gefallen-Effekt" vermieden werden. Der Beschuldigte hat also immer noch die Möglichkeit sich bezüglich des „Ob" seiner Einlassung zu entscheiden. Auch die Möglichkeit einer effektiven Verteidigung wird so gewährleistet, ohne die Belehrungspflicht zu einer rein theoretischen Möglichkeit verkommen zu lassen. Daher besteht – nach Weiterentwicklung der Ansicht eines Teils der Literatur – die im Normzweck des § 136 StPO verankerte Pflicht, den Beschuldigten in qualifizierter Form darauf hinzuweisen, dass aufgefundene Beweismittel einem Beweisverwertungsverbot unterfallen.

Daraus ergibt sich daher auch, dass der Beschuldigte nicht erst zum Abschluss der Ermittlungen über deren Ausgang bzw. Fortkommen unterrichtet werden darf, sondern dass ihm bereits im Ermittlungsverfahren ausreichend Informationen diesbezüglich zur Verfügung gestellt werden müssen, damit er sich seiner Aussagefreiheit bewusst ist und diese auch selbständig wahrnehmen kann.

Daher sind sowohl die Ansicht der Rechtsprechung als auch die desjenigen Teils der Literatur abzulehnen, die eine Pflicht zur Unterrichtung des Beschuldigten im Ermittlungsverfahren über den Stand der Ermittlungen negieren[3].

Für die Annahme einer derartigen erweiterten Hinweispflicht durch die Erteilung einer qualifizierten Belehrung spricht auch, dass dem Betroffenen ausreichend Zeit gegeben werden muss – auch wenn er einen Anwalt beauftragt hat – seine Verteidigung zu organisieren. Daher müssen ihm alle im Laufe eines

---

2   Meyer-Goßner, § 168 c Rn. 5
3   Vgl. 3. Kapitel B I. 1. und 2.

Ermittlungsverfahrens vorgenommenen Untersuchungen sowie deren Ergebnisse mitgeteilt werden[4].

Zusammengefasst bedeutet dies, dass dem Betroffenen im Rahmen der qualifizierten Belehrung alle be- und entlastenden Umstände mitgeteilt werden müssen, damit er sich angemessen verteidigen kann[5]. Ein entlastender Umstand ist hierbei auch das Bestehen eines Beweisverwertungsverbots. Dadurch wird die Beweislage für den Betroffenen unter Umständen verbessert, so dass ihm dies aufgrund der Verteidigungsfunktion der Belehrungsvorschriften mitgeteilt werden muss.

B. Der Folgenbeseitigungsanspruch

Zu erörtern ist nunmehr, ob auch die Möglichkeit besteht, die Notwendigkeit bzw. die Pflicht zur Erteilung einer qualifizierten Belehrung bezüglich des Bestehens eines Beweisverwertungsverbots nach einer rechtswidrig erfolgten Hausdurchsuchung aus einer entsprechenden Anwendung des Rechtsinstituts des öffentlichrechtlichen Folgenbeseitigungsanspruchs abzuleiten.

I. Die Anwendbarkeit

Fraglich ist, ob der öffentlich-rechtliche Folgenbeseitigungsanspruch im deutschen Strafprozessrecht bei der Frage nach der Ableitung einer Pflicht zur Erteilung einer qualifizierten Belehrung überhaupt zur Anwendung kommt bzw. kommen darf.

Amelung vertritt – im Rahmen seiner Lehre vom informationellen Folgenbeseitigungsanspruch – die Rechtsansicht, dass das Strafprozessrecht Teil des öffentlichen Rechts sei, weshalb auch der öffentlich-rechtliche Folgenbeseitigungsanspruch und seine Regeln anwendbar seien[6]. Folglich ließe sich dieser Anspruch auch auf das Strafprozessrecht übertragen.

Nach der (herrschenden) Gegenansicht ist jedoch dem Strafprozessrecht ein Anspruchsdenken wie das des öffentlich-rechtlichen Folgenbeseitigungsanspruchs fremd, da es objektivrechtlich geprägt sei. Daher sei der öffentlichrechtliche Folgenbeseitigungsanspruch im deutschen Strafprozessrecht nicht anwendbar[7].

---

4   Vgl. Henrichs/Steri, Kriminalistik 2004, S. 630
5   Vgl. Henrichs/Steri, Kriminalistik 2004, S. 630
6   Amelung, S. 64 f.
7   Jäger, S. 101; Rogall – FS Grünwald, S. 536; Weßlau, StV 1995, S. 378 ff.

Die Frage der Anwendbarkeit des öffentlich-rechtlichen Folgenbeseitigungsanspruchs soll jedoch an dieser Stelle offen gelassen werden. Denn der eigentliche Streit setzt daran an, ob Beweisverwertungsverbote auch aus einer Art von informationellem Folgenbeseitigungsanspruch herrühren können, wobei sich daraus dann die Problematik der Anwendbarkeit des öffentlich-rechtlichen Folgenbeseitigungsanspruchs ergibt[8]. In dieser Arbeit geht es jedoch um die Frage, ob der öffentlich-rechtliche Folgenbeseitigungsanspruch taugliche Grundlage für die gegebenenfalls notwendige „Wiederherstellung" der Aussagefreiheit des Betroffenen durch den erweiterten Hinweis (qualifizierte Belehrung) auf ein bereits bestehendes Beweisverwertungsverbot ist. Folglich stellt sich die Problematik der Herleitung eines Beweisverwertungsverbots nicht, was dazu führt, dass der Streit, wie dargestellt, nur im Vorfeld bei der Frage, ob überhaupt ein Beweisverwertungsverbot besteht, Wirkung entfaltet.

II. Die Ableitung des öffentlich-rechtlichen Folgenbeseitigungsanspruchs

Nimmt man nunmehr an, dass der öffentlich-rechtliche Folgenbeseitigungsanspruch bei der Frage, ob eine qualifizierte Belehrung über das Bestehen eines Beweisverwertungsverbots notwendig ist, anwendbar ist, so bedarf dieses einfach gesetzlich nicht geregelte Rechtsinstitut der Herleitung.

Die Herleitung des öffentlich-rechtlichen Folgenbeseitigungsanspruchs wird in Rechtsprechung und Literatur unterschiedlich vorgenommen[9]. Im Wesentlichen werden dabei zwei Ansätze diskutiert.

Die Rechtsprechung und insbesondere das Bundesverwaltungsgericht, hat in einer Reihe von Entscheidungen den öffentlich-rechtlichen Folgenbeseitigungsanspruch aus Art. 20 III GG hergeleitet. Dies wurde damit begründet, dass die vollziehende Gewalt an Recht und Gesetz gebunden sei und sich daraus die Verpflichtung des Staates ergebe, die rechtswidrigen Folgen einer Amtshandlung zu beseitigen[10].

In der Literatur wird dagegen die Herleitung aus Art. 20 III GG überwiegend abgelehnt. Da Art. 20 III GG die Gesetzmäßigkeit der Verwaltung lediglich als objektiv-rechtliches Prinzip der Verfassung normiere, könne er schwerlich Grundlage subjektiver Ansprüche des Bürgers gegen den Staat sein. Vielmehr ergebe sich der Folgenbeseitigungsanspruch unmittelbar aus der Abwehrfunktion der Freiheitsgrundrechte. Dieser sogenannte stativus negativus gibt dem Bürger

---

8   Vgl. Amelung S. 14 ff; kritisch hierzu Jäger, S. 98 ff.
9   Heselhaus/Kerkmann, JA 2002, S. 489/490
10 BVerwGE 69, S. 366 (370); BVerwG, NJW 1985, S. 817, 818; OVG NW, NVwZ 2000, S. 217, 218; vgl. auch Wallerath, DÖV 1987, S. 505, 512 m.w.N.

einen Anspruch darauf, dass der Staat rechtswidrige Grundrechtseingriffe beseitigt[11].

Jedoch hat der öffentlich-rechtliche Folgenbeseitigungsanspruch mittlerweile allgemeine Anerkennung gefunden und wird damit als gewohnheitsrechtlicher Grundsatz des Verwaltungsrechts angesehen[12].

III. Die Voraussetzungen des öffentlich-rechtlichen Folgenbeseitigungsanspruchs

Nach allgemeiner Auffassung kommt ein Anspruch auf Folgenbeseitigung dann in Betracht, wenn durch einen hoheitlichen Eingriff in ein subjektives Recht ein rechtswidriger, noch andauernder Zustand geschaffen wurde[13]. Dies könnte dadurch der Fall sein, dass beispielsweise eine Durchsuchung in rechtswidriger Weise vollzogen wurde und die dabei aufgefundenen Beweismittel einem Verwertungsverbot unterfallen. Fraglich ist in diesem Zusammenhang, ob das Beweisverwertungsverbot, das Folge der rechtswidrigen Hausdurchsuchung ist, dadurch wieder beseitigt werden könnte, indem der Betroffene qualifiziert dahingehend belehrt wird, dass die aufgefundenen Beweismittel einem Verwertungsverbot unterfallen.

1. Hoheitlicher Eingriff in ein subjektives Recht

Es muss ein hoheitlicher Eingriff in ein subjektives Recht vorliegen[14]. Wenn die Polizei oder Staatsanwaltschaft eine Durchsuchung anordnet, diese auch durchführt und dabei Beweismittel auffindet und beschlagnahmt, wird durch eine derartige Vorgehensweise in das subjektive Recht des von der Durchsuchung Betroffenen aus Art. 13 I GG bzw. gegebenenfalls aus Art. 14 I GG eingegriffen[15].

Dieser Eingriff muss durch hoheitliches Handeln erfolgt sein. Wenn Polizei und Staatsanwaltschaft im Rahmen der Strafverfolgung tätig werden und eine

---

11 Schoch, Jura 1993, S. 478, 481; Bethge/Detterbeck, Jura 1991, S. 550, 552; Heselhaus/Kerkmann, JA 2002, S. 485, 489; Schenke, JuS 1990, S. 370, 372; abweichend Brugger, JuS 1999, S. 625, 630, der öffentlich-rechtlichen Folgenbeseitigungsanspruch in Analogie zu §§ 12, 862, 1004 BGB herleitet

12 Bumke, JuS 2005, S. 22; BVerwGE 94, 100 (S. 103 f); BVerwG, NVwZ 1994, S. 275, 276; VGH Kassel, NVwZ 1995, S. 300, 301

13 BVerwGE 69, S. 366, 370; BVerwG, NVwZ 1994, S. 275, 276; Maurer, § 30 Rn. 7 ff.; Wallerath, DÖV 1987, S. 511

14 Heselhaus/Kerkmann, JA 2002, S. 490

15 Dreier – Hermes, Band I, Art. 13, Rn. 42

Durchsuchung anordnen und vollziehen, so erfolgt diese nach Vorschriften der StPO und somit nach öffentlichem Recht.

Folglich liegt in der Anordnung und Vollziehung einer Durchsuchung ein hoheitlicher Eingriff in ein subjektives Recht des Betroffenen.

2. Rechtswidriger, noch andauernder Zustand

Durch den genannten Eingriff muss ein rechtswidriger Zustand geschaffen worden sein, der noch andauert. Rechtswidrig ist der Eingriff bzw. die Beeinträchtigung dann, wenn den Betroffenen keine Duldungspflicht trifft[16]. Eine derartige Duldungspflicht kann sich beispielsweise aus gesetzlichen Vorschriften, die den Zustand rechtfertigen ergeben, aus einem Verwaltungsakt oder öffentlich-rechtlichen Vertrag, aus der Einwilligung des Betroffenen oder auch bei Wahrnehmung berechtigter Interessen analog dem Rechtsgedanken aus § 193 StGB[17].

Eine Durchsuchung, die nicht unter Einhaltung der entsprechenden Verfahrensvorschriften (§§ 102 ff. StPO) durchgeführt wurde, ist jedoch unter keinem der genannten Aspekte gerechtfertigt.

Haben also Polizei oder Staatsanwaltschaft die Voraussetzungen für die Anordnung und den Vollzug einer Durchsuchung missachtet und dabei Beweismittel beschlagnahmt, so folgt daraus ein Beweisverwertungsverbot. Somit liegt ein rechtswidriger und so lange die Beschlagnahme noch währt – auch andauernder Zustand vor.

3. Der Vollzugsfolgenbeseitigungsanspruch

Allerdings ist auch der Unterfall des sogenannten Vollzugsfolgenbeseitigungsanspruchs zu beachten. Dabei ist der Zustand solange nicht rechtswidrig, wie er von einem wirksamen Verwaltungsakt gedeckt ist[18]. Auch wenn der Verwaltungsakt rechtswidrig ist, reicht dies zur Begründung des Folgenbeseitigungsanspruchs nicht aus. Denn auch ein rechtwidriger Verwaltungsakt ist grundsätzlich gemäß §§ 43, 44 VwVfG wirksam und rechtfertigt den seiner Regelung entsprechenden Zustand. Darum ist vor Geltendmachung des Folgenbeseitigungsanspruchs die Aufhebung des Verwaltungsaktes erforderlich[19]. Dies kann entweder durch die Behörde nach § 48 VwVfG oder durch das Gericht nach § 113 I 1 VwGO erfolgen.

Die Anordnung einer Durchsuchung stellt einen Verwaltungsakt im Sinne von § 35 I 1 VwVfG dar. Denn sie ist eine Maßnahme einer Behörde zur Regelung ei-

---

16   Pietzko, S. 312, 313
17   Pietzko, S. 313 ff. m.w.N.; Stangl , JA 1997, S. 138, 139
18   Maurer, § 30 Rn. 10
19   Schoch, Jura 1993, S. 483

nes Einzelfalles mit Außenwirkung. Wurden die Voraussetzungen für den Erlass eines solchen Verwaltungsaktes nicht eingehalten, so ist dieser rechtswidrig[20]. Dennoch bleibt er gemäß §§ 43, 44 VwVfG wirksam, bis es zu seiner Aufhebung durch die Behörde oder gemäß § 113 I 1 VwGO durch das Gericht kommt. Folglich ist die Anordnung und Durchführung einer Durchsuchung solange sie nicht aufgehoben wurde zwar rechtswidrig aber wirksam, so dass die Herleitung zur Erteilung einer qualifizierten Belehrung über das Bestehen eines Beweisverwertungsverbots über die entsprechende Anwendung des öffentlich-rechtlichen Folgenbeseitigungsanspruchs ausscheidet.

4. Zwischenergebnis und eigene Stellungnahme

Das Rechtsinstitut des allgemeinen öffentlich-rechtlichen Folgenbeseitigungsanspruchs stellt keine taugliche Grundlage für die Annahme der Notwendigkeit der Erteilung einer qualifizierten Belehrung bezüglich des Bestehens eines Beweisverwertungsverbots nach einer rechtswidrigen Hausdurchsuchung dar. Denn der Verwaltungsakt ist zwar rechtswidrig, aber wirksam, so dass der Folgenbeseitigungsanspruch ausscheidet.

Gegen eine entsprechende Anwendung des öffentlich-rechtlichen Folgenbeseitigungsanspruchs für die Herleitung der Notwendigkeit einer qualifizierten Belehrung spricht auch, dass von diesem nach herrschender Meinung grundsätzlich nur unmittelbare Folgen erfasst werden, das heißt solche, auf deren Herbeiführung die hoheitliche Maßnahme gerichtet war[21].

Glaubt der Beschuldigte nach einer rechtswidrigen Hausdurchsuchung, bei belastendes Beweismaterial gefunden wurde, es sei für ihn prozesstaktisch günstiger sich zur Sache einzulassen bzw. ein Geständnis abzulegen, obwohl er sich nach wie vor aufgrund des bestehenden Beweisverwertungsverbots hinsichtlich seiner Aussagefreiheit frei entscheiden könnte, so stellt dies keine unmittelbare Folge des rechtswidrigen Eingriffs in Art. 13 GG dar. Die Durchsuchung war darauf gerichtet, beim Betroffenen belastendes Beweismaterial zu finden und nicht darauf, dass sich der Beschuldigte zu Sache einlässt.

Eine Einlassung des Beschuldigten stellt lediglich eine mittelbare Folge der rechtswidrigen Hausdurchsuchung dar. Derartige mittelbare Folgen sind jedoch nur dann im Rahmen eines Folgenbeseitigungsanspruchs zu beseitigen, wenn sie für den Eingriff typisch sind, also aus der Eigenart der hoheitlichen Maßnahme resultieren. Nicht zurechenbar sind Folgen, die durch das eigenverantwortliche

---

20 Vgl. 6. Kapitel A I–VII
21 BVerwGE 69, S. 366, 273; Fiedler, NVwZ 1986, S. 969, 975

Verhalten des Betroffenen oder eines Dritten verursacht worden sind[22]. Typisch für eine Hausdurchsuchung ist, dass gegebenenfalls belastendes Beweismaterial aufgefunden wird, oder nicht. Eine Einlassung des Beschuldigten in der der Durchsuchung nachfolgenden Vernehmung hingegen ist nicht primäres Ziel der Maßnahme, sondern nur ein – wenn auch für die Strafverfolgungsorgane teilweise wünschenswerter – Nebeneffekt und damit eine nur mittelbare Folge. Auch wird man anerkennen müssen, dass eine Aussage oder ein Geständnis des Beschuldigten zwar auf der Initiative der Strafverfolgungsbehörden fußt, da sie die Durchsuchung, die ein Beweisverwertungsverbot nach sich zog, veranlasst haben, allerdings liegt ein nicht unerheblicher Anteil in der Frage, ob man zur Sache aussagt oder von seinem Schweigerecht Gebrauch macht, im Verantwortungsbereich des Betroffenen.

Zusammenfassend bleibt daher festzuhalten, dass von einem Folgenbeseitigungsanspruch nur die Herausgabe der rechtswidrig erlangten Beweismittel umfasst ist, sofern sie keinem Einziehungsgebot unterfallen. Eine Notwendigkeit oder Pflicht zur Erteilung einer qualifizierten Belehrung bezüglich des Bestehens eines Beweisverwertungsverbots lässt sich daraus jedoch nicht herleiten.

C. Das Prinzip der Waffen- und Chancengleichheit im Rahmen der Notwendigkeit einer qualifizierten Belehrung

Auch das Prinzip der Waffen- und Chancengleichheit könnte Anhaltspunkte für die Notwendigkeit einer qualifizierten Belehrung nach einer rechtswidrig erfolgten Hausdurchsuchung bieten.

I. Der rechtliche Ausgangspunkt des Prinzips der Waffengleichheit

Ein Teil der Literatur leitet das Prinzip der Waffengleichheit aus der Subjektstellung des Beschuldigten im Strafprozess und aus dem Prinzip des fairen Verfahrens ab[23]. Andere wiederum sehen das Prinzip der Waffengleichheit als im Rechtsstaatsprinzip und dem allgemeinen Gleichheitssatz des Art. 3 I GG verwurzelt[24].

---

22 BVerwGE 69, S. 366, 370; BVerwG DVBl 2001, S. 744, 745; Schoch, Jura 1993, S. 478, 484; Bethge/Detterbeck, Jura 1991, S. 550, 555 mit jeweils unterschiedlichen Ansätzen
23 Jarass/Pieroth, Art. 20 Rn. 98; Kuhn, S. 27; Schmidt-Bleibtreu/Klein, Vorb. Art. 92 Rn. 24
24 Tettinger, S. 19; Kuhn, S. 27; Dreier – Schulze-Fielitz, Band II Art. 20 Rn. 217

Die Rechtsprechung wiederum leitet das Prinzip der Waffengleichheit zum einen aus Art. 3 I GG (allgemeiner Gleichheitssatz) und dem Sozialstaatsprinzips ab[25] und zum anderen wird die Waffengleichheit als Unterfall des Prinzips des fairen Verfahrens eingeordnet[26].

Aus diesen Auffassungen resultiert die Rechtsansicht, dass aufgrund des Prinzips der Waffengleichheit dem Beschuldigten eine gleichberechtigte Position gegenüber Staatsanwaltschaft und dem Gericht eingeräumt werden muss[27]. Diese Position kann der Beschuldigte jedoch nur dann ausüben, wenn er „über den Verfahrensstoff umfassend informiert wird", eine sogenannte „Parität des Wissens" vorliegt[28].

Wenn also der Beschuldigte das Recht hat, ausführlich über den Verfahrensstoff unterrichtet zu werden, so stellt sich die Frage, ob vom Prinzip der Waffengleichheit auch die Pflicht zur Information über eine bestehendes Beweisverwertungsverbot nach einer rechtswidrig erfolgten Hausdurchsuchung umfasst ist. Denn sollte dies der Fall sein, so bestünde die Möglichkeit, die Notwendigkeit einer qualifizierten Belehrung bezüglich des Bestehens eines Beweisverwertungsverbots nach einer rechtswidrigen Hausdurchsuchung anzunehmen.

a) Anwendungsbereich

Zu erörtern ist jedoch, ob das Prinzip der Waffengleichheit nur in der Hauptverhandlung zur Anwendung kommt, oder ob es bereits im Ermittlungsverfahren Wirkung entfaltet.

Ein Teil der Literatur gesteht dem Prinzip der Waffengleichheit bereits im Ermittlungsverfahren einen eigenständigen Anwendungsbereich zu[29]. Begründet wird dies damit, dass das Prinzip der Waffengleichheit aus dem Rechtsstaatsprinzip resultiere und daher nicht nur für das Gerichtsverfahren sondern auch für das Ermittlungsverfahren gelte. Des weiteren sei gerade das Ermittlungsverfahren als Scheidepunkt dahingehend ob es zur Anklage kommt oder nicht, von entscheidender Bedeutung, so dass es als geboten erscheint, dem Beschuldigten aufgrund der bereits genannten umfassenden Informationspflichten die Möglichkeit zu bieten sich angemessen zu verteidigen.

Nach herrschender Meinung jedoch findet das Prinzip der Waffengleichheit nur im gerichtlichen Verfahren im Rahmen der Hauptverhandlung Anwendung[30].

---

25 BVerfGE 36, 380, 393 f.; vgl. Tettinger, S. 21
26 BVerfGE 38, 105, 111
27 BVerfGE 38, 105, 111
28 Kuhn, S. 27
29 Dahs, NJW 1985, S. 1115; Wolter, GA 1985, S. 83; Marxen, NJW 1977, S. 2190
30 Vgl. Safferling, NStZ 2004, S. 183

Dies sei zum einen deshalb anzunehmen, da die Staatsanwaltschaft gemäß § 152 II StPO bei dem Verdacht, dass eine Person eine strafbare Handlung begangen hat, zu Ermittlungen bzw. zur Anklageerhebung verpflichtet ist. Dies führt – zumindest zu Anfang der Ermittlungen – zu einer überlegenen rechtlichen und tatsächlichen Position der Staatsanwaltschaft als „Herrin des Ermittlungsverfahrens". Zum anderen sei eine Ausweitung des Prinzips der Waffengleichheit im Ermittlungsverfahren aber auch deshalb abzulehnen, da durch eine so weitgehende „Parität des Wissens" wie sie die Gegenansicht fordert, die Effektivität der Strafverfolgung nicht mehr gewährleistet werden könne[31]. Auch sei eine derartige erweiterte Partizipation mit dem „Charakter und der Struktur des Strafverfahrens" nicht in Einklang zu bringen[32]. Daher sei der Staatsanwaltschaft ein Informationsvorsprung im Ermittlungsverfahren einzuräumen, zumal sie auch gemäß § 160 II StPO verpflichtet ist, entlastende Umstände zu ermitteln, was den Interessen des Beschuldigten ausreichende Rechnung trage. Für die Nichtanwendung des Grundsatzes der Waffengleichheit im Ermittlungsverfahren spreche auch, dass die Strafverfolgungsorgane bis zum Abschlussvermerk (vgl. § 169 a StPO) gemäß § 147 II StPO Tatsachen verschweigen können, also diese dem Beschuldigten und seinem Verteidiger nicht mitteilen müssen, wenn dadurch nach dem Stand der Ermittlungen der Untersuchungszweck gefährdet werden könnte[33].

b) Stellungnahme zum Anwendungsbereich des Prinzips
   der Waffen- und Chancengleichheit

Das deutsche Strafverfahren ist im Gegensatz zum bürgerlichen Rechtsstreit kein Parteienprozess, in dem sich zwei mit gleichen Rechten versehene Parteien gegenüberstehen. Der Staatsanwaltschaft obliegt die Pflicht zu ermitteln, ob jemand eine strafbare Handlung begangen hat bzw. ob auch entlastende Beweise vorliegen. Der Beschuldigte wiederum ist z.B. durch die Belehrungspflichten mit eigenen Rechten ausgestattet, die es ihm ermöglichen, seine prozessualen Rechte selbständig wahrzunehmen. Würde man dem Beschuldigten im Ermittlungsverfahren aufgrund des Prinzips der Waffengleichheit denselben Wissenstand wie der Staatsanwaltschaft zugestehen, so wäre eine effektive Strafverfolgung nicht mehr durchführbar.

Wenn die Staatsanwaltschaft zum Beispiel beabsichtigt, aufgrund eines bestehenden Tatverdachts die Wohnung bei einem Beschuldigten zu durchsuchen, so müsste sie ihm – nach Ansicht der Mindermeinung – dieses Vorhaben mitteilen.

---

31 Kuhn, S. 29; Roxin, S. 77; FS – Peters – Kohlmann, S. 311 f.
32 Kuhn, S. 29; vgl. auch Rcepka, S. 275
33 Bosch, S. 132; Safferling, NStZ 2004, S. 184/185

Dadurch würde die Gefahr heraufbeschworen, dass der Beschuldigte Beweismittel vernichtet, oder sich, da ihm bewusst ist, dass in seiner Wohnung belastendes Beweismaterial gefunden werden wird, der Strafverfolgung durch Flucht entziehen.

Zu fordern ist vielmehr eine Art von Chancengleichheit, bei der sowohl die Interessen des Beschuldigten, wie die der Staatsanwaltschaft in einem ausgeglichenen Verhältnis zueinander stehen. Dieses darf jedoch nicht so weit gehen, dass der Beschuldigte im Ermittlungsverfahren aufgrund des Prinzips der Waffen- und Chancengleichheit denselben Informationsstand wie die Staatsanwaltschaft erhält. Folglich bleibt festzuhalten dass das Prinzip der Waffengleichheit im Ermittlungsverfahren nicht so weit geht, dass dem Beschuldigten eine qualifizierte Belehrung dahingehend erteilt wird, dass er über das Bestehen eines Beweisverwertungsverbots nach einer rechtswidrig erfolgten Hausdurchsuchung unterrichtet wird.

2. Das Prinzip der Waffen- und Chancengleichheit im gerichtlichen Verfahren – eine Stellungnahme

Wie bereits erwähnt findet das Prinzip der Waffen- und Chancengleichheit im Ermittlungsverfahren nach vorherrschender Ansicht keine Anwendung. Hauptargument hierfür ist, dass der Staatsanwaltschaft im Ermittlungsverfahren als „Herrin des Ermittlungsverfahrens" ein Informationsvorsprung eingeräumt werden muss, um eine effektive Strafverfolgung zu gewährleisten. Würde man aufgrund des Prinzips der Waffen- und Chancengleichheit einen gleichwertigen Wissenstand bezüglich der Ermittlungen auf Seiten des Beschuldigten und der Staatsanwaltschaft fordern, so würde es dem Beschuldigten leicht gemacht, Beweise zu vernichten oder sich der Strafverfolgung durch Flucht zu entziehen.

In der Hauptverhandlung ist jedoch für eine derartig restriktive Auslegung des Prinzips der Waffen- und Chancengleichheit im Gegensatz zu der zuvor beschriebenen Situation im Ermittlungsverfahren kein Platz mehr. Denn mit rechtskräftigem Abschluss des Ermittlungsverfahrens hat dieses seinen Abschluss gefunden. Dies hat zur Folge, dass die Strafverfolgungsorgane nicht mehr gemäß § 147 II StPO Tatsachen verschweigen dürfen. Denn die Ermittlungen sind nunmehr beendet, so dass eine Gefährdung des Untersuchungszwecks nicht mehr zu befürchten ist. Daher ist dem Verteidiger und dadurch auch dem Beschuldigten unbeschränkte Akteneinsicht zu gewähren, so dass er sich hinreichend verteidigen kann[34]. Folglich ist er auch über die im Ermittlungsverfahren zusammen-

---

34 Meyer-Goßner, § 147 Rn. 11

getragenen be- und entlastenden Beweise zu informieren[35], so dass dieses zuvor angebrachte Argument gegen eine Anwendung des Prinzips der Waffen- und Chancengleichheit im gerichtlichen Verfahren nicht mehr verfängt.

Wenn dem Angeklagten also im gerichtlichen Verfahren eine gleichwertige Position gegenüber Staatsanwaltschaft und Gericht eingeräumt werden muss, so ist fraglich, wie diese im Hinblick auf ein Beweisverwertungsverbot nach einer rechtswidrig durchgeführten Hausdurchsuchung ausgestaltet sein muss.

Sowohl dem Gericht und insbesondere der Staatsanwaltschaft (diese ist bereits im Ermittlungsverfahren beteiligt und besitzt einen Informationsvorsprung) ist aufgrund ihrer juristischen Vorbildung bewusst, welche Anforderungen an eine Hausdurchsuchung zu stellen sind und welche Rechtsfolgen sich aus ihrer Missachtung ergeben. Dem Angeklagten kann ein derartiges Fachwissen jedoch nicht pauschal unterstellt werden, auch wenn ihm ein Verteidiger zur Seite steht. Ist der Staatsanwaltschaft und dem Gericht im gerichtlichen Verfahren klar, dass die bei der Durchsuchung aufgefundenen Beweismittel einem Verwertungsverbot unterfallen, so muss der Beschuldigte aufgrund des Prinzips der Waffen- und Chancengleichheit darauf hingewiesen werden. Denn es besteht zu diesem Zeitpunkt kein plausibler Grund mehr, der es rechtfertigen würde, ein Ermittlungsergebnis, zu dem auch ein Beweisverwertungsverbot gehört zurückzuhalten.

Folglich ist der Angeklagte aufgrund des Prinzips der Waffen- und Chancengleichheit im gerichtlichen Verfahren dahingehend qualifiziert zu belehren, dass die bei einer rechtswidrig vollzogenen Hausdurchsuchung aufgefundenen Beweismittel einem Verwertungsverbot unterfallen und er daher immer noch faktisch in seiner Entscheidung frei ist, sich zur Sache einzulassen oder von seinem Schweigerecht Gebrauch zu machen.

D. Zwischenergebnis

Aus den im 4. und 5. Kapitel gewonnen Resultaten ergibt sich, dass grundsätzlich eine Pflicht zur Erteilung einer qualifizierten Belehrung über das Vorliegen eines Beweisverwertungsverbots bezüglich Beweismitteln, die bei einer rechtswidrig vollzogenen Hausdurchsuchung gewonnen wurden, besteht.

Die Notwendigkeit zur Erteilung eines derartigen zusätzlichen Hinweises ergibt sich dabei zum einen aus der Verteidigungsfunktion der Belehrungspflichten des § 136 StPO. Denn ohne die erweiterte Hinweispflicht wäre es dem Beschuldigten nahezu unmöglich, das für und wider einer Einlassung abzuwägen und so effektiv von seiner Aussagefreiheit Gebrauch zu machen.

---

35   Meyer-Goßner, § 147 Rn. 14/15

Zum anderen fordert der Grundsatz des fairen Verfahrens durch seine Ausprägung in der prozessualen Fürsorgepflicht und der Waffen- und Chancengleichheit (zumindest im gerichtlichen Verfahren), dass der Beschuldigte über das Bestehen eines Beweisverwertungsverbots informiert wird. Denn es ist Teil eines fairen Verfahrens, dass sich der Beschuldigte seiner prozessualen Rechte bewusst ist, um eigenverantwortlich und in Kenntnis der Umstände die für oder gegen ihn sprechen, seine Aussagefreiheit zu nutzen. Diese Freiheit auszusagen oder zu schweigen kann nur dadurch erreicht werden, dass der Beschuldigte umfassend über die gegen ihn gerichteten Ermittlungen informiert wird, um auch tatsächlich ein „faires" Verfahren zu garantieren.

Auch aus dem nemo-tenetur-Grundsatz lässt sich eine Pflicht zur Erteilung einer qualifizierten Belehrung bezüglich des Bestehens eines Beweisverwertungsverbots nach einer rechtswidrig durchgeführten Hausdurchsuchung ableiten. Grund hierfür ist, dass dem Beschuldigten – auch nicht mittelbar – vorgespiegelt werden darf, gegen ihn läge eine vermeintlich erdrückende Beweiskette vor. Denn dann wird er glauben, schweigen mache jetzt sowieso keinen Sinn mehr. Folglich wird er sich gezwungen sehen, Angaben zur Sache zu machen, um seine Position gegenüber den Strafverfolgungsorganen zu verbessern.

Daher ergibt sich aus den genannten Rechtsinstituten und ihren Konkretisierungen die Pflicht zur Erteilung einer qualifizierten Belehrung bezüglich des Bestehens eines Beweisverwertungsverbots nach einer rechtswidrig durchgeführten Hausdurchsuchung.

6. Kapitel: Ausnahmen vom Erfordernis der qualifizierten Belehrung

A. Ausnahmen vom Erfordernis der qualifizierten Belehrung aufgrund der Regelungen des § 136 a StPO

Untersuchungswürdig erscheint, ob von dem Erfordernis einer qualifizierten Belehrung bezüglich des Bestehens eines Beweisverwertungsverbots nach einer rechtswidrigen Hausdurchsuchung Ausnahmen zu machen sind. Die Problematik besteht hierbei in folgender Fragestellung, ob dann wenn der vernehmende Polizeibeamte oder Staatsanwalt bei Unterlassung des Hinweises darauf, dass aufgefundene Beweismittel einem Verwertungsverbot unterliegen, eine zulässige vernehmungstaktische List anwendet, oder ob darin bereits eine unzulässige Täuschung im Sinne des § 136 a I StPO liegt.

Sollte man in der Nichtbelehrung über das Bestehen eines Beweisverwertungsverbots nach einer rechtswidrigen Hausdurchsuchung eine Täuschung gemäß § 136 a I StPO sehen, so ergäbe sich aus § 136 a III 2 StPO zwingend ein weiteres Verwertungsverbot.

Im Gegensatz dazu könnte das Unterlassen des Hinweises auf ein bestehendes Beweisverwertungsverbot wiederum erlaubt sein, wenn darin keine unzulässige Täuschung im Sinne von § 136 a I StPO liegen würde, sondern eine erlaubte vernehmungstaktische List. Dann wäre auch kein Verwertungsverbot gemäß § 136 a III 2 StPO die Folge der Nichtvornahme einer qualifizierten Belehrung.

I. Die Täuschung

1. Definition des Begriffs der Täuschung

Unter einer Täuschung ist die Irreführung über Tatsachen durch Vernehmungsbeamte zu verstehen[1]. Gerade das Merkmal der Täuschung bezieht sich in besonderem Maße auf das Selbstbild des Staates in der Ermittlungssituation; es soll nicht mit unsauberen Mitteln gearbeitet werden, auch wenn im Übrigen keine Rechtsverletzungen begangen werden[2]. Hieraus folge, dass von § 136 a I StPO

---

1 BGHSt 31, S. 395, 400; 35, S. 328
2 AK – Wassermann, § 136 a Rn. 38

nur bewusstes Täuschen erfasst sein soll, weil nur so der Staat bzw. die Strafverfolgungsorgane dem Idealbild des fairen Gegners entsprechen[3].

Für die Abgrenzung zwischen verbotener Täuschung und erlaubter Vernehmungsmethode sei schließlich ausschlaggebend, ob die Freiheit der Willensentschließung und –betätigung des Vernommenen erheblich beeinträchtigt wird, oder erhalten bleibt[4]. Die Willensfreiheit erfährt hierbei dann eine Beeinträchtigung, wenn sich der Beschuldigte aufgrund falscher Vorstellungen zur Aussage entschließt[5].

Dies hängt wiederum davon ab, welchen Sinn und Zweck man der Vernehmung zuordnet. Bereits oben wurde ausgeführt, dass die Vernehmung des Beschuldigten in erster Linie der Gewährung rechtlichen Gehörs bzw. seiner Verteidigung dient. Die Belehrungspflichten gemäß § 136 StPO sollen diesem Zweck praktische Geltung verleihen.

Unterlässt das vernehmende Strafverfolgungsorgan diese Hinweispflicht, so ist die darauf folgende Aussage mit einem Beweisverwertungsverbot belegt[6]. In der hier zu behandelnden Fallkonstellation, dass sich der Beschuldigte des bestehenden Beweisverwertungsverbots bezüglich Beweismitteln, die im Rahmen einer rechtswidrig vollzogenen Hausdurchsuchung aufgefunden wurden, nicht bewusst ist, könnte die Nichtvornahme einer qualifizierten Belehrung eine Umgehung der in § 136 StPO normierten Belehrungspflichten sein. Denn schließlich muss man sich vor Augen führen, dass eine solche Umgehung des § 136 I 2 StPO durch „täuschendes Hereinlegen" des Beschuldigten rechtsstaatlich noch bedenklicher ist, als der von dieser Bestimmung unmittelbar erfasste Fall der lediglich unterlassenen Belehrung[7].

2. Die Ansicht der Rechtsprechung u. Teile der Literatur zur Täuschung

Unter anderem wegen des anscheinend geringen Gewichts der Täuschung im Vergleich zu den übrigen in § 136 a I StPO nicht abschließend aufgezählten Vernehmungsmethoden der Misshandlung und der Quälerei vertreten der BGH und Teile der Literatur die Ansicht, dass der Begriff der Täuschung restriktiv auszulegen sei[8]. Denn die übrigen Vernehmungsmethoden verletzten den Beschuldigten sogar in strafrechtlich relevanter Weise (vgl. §§ 229, 240, 340, 343 StGB). Daher läge es nahe, für das Täuschungsverbot einen ähnlich intensiven und massiven

3   AK – Wassermann, § 136 a Rn. 38
4   Puppe, GA 1978, S. 289, 297; SK – Rogall § 136 a Rn. 53
5   OLG Köln, MDR 1972, S. 965, 966
6   Vgl. BGHSt 38, S. 214 ff.
7   Roxin, NStZ 1995, S. 467
8   Vgl. Weigend, Jura 2002, S. 207

Eingriff in das „Ob" und „Wie" der Aussagefreiheit des Beschuldigten zu verlangen[9]. Bestandteil dieser Argumentation ist auch, dass eine Strafrechtspflege, die ihre Funktionsfähigkeit erhalten möchte, einem umfassenden Verbot der Täuschung nicht zugänglich sei, da man sonst „den Bedürfnissen der Praxis" nicht gerecht werde[10]. Daher liege im alleinigen Verschweigen von Rechten und Tatsachen – das Bestehen eines Beweisverwertungsverbots ist eine solche – keine Täuschung im Sinne von § 136 a I StPO. Die Voraussetzung für das Vorliegen einer Täuschung, dass die Willensbildungsfreiheit des Beschuldigten wesentlich beeinträchtigt werden muss, ergibt sich hiernach aus einem Umkehrschluss zu § 136 a III StPO. Denn gemäß § 136 a III 1 StPO ist eine Einwilligung des Vernommenen in die verbotene Vernehmungsmethode unwirksam. Auch besteht gemäß § 136 a III 2 StPO ein absolutes Verwertungsverbot der so erlangten Aussage, welches nicht zur Disposition des Vernommenen steht[11]. So führt der BGH in einem Urteil vom 07.01.1997 aus, dass der Vernehmende den Beschuldigten nicht von sich aus über vorhandene Beweise informieren muss und auch bei dem Beschuldigten einen vorhandenen Irrtum über Tatsachen nicht aufzuklären braucht[12]. Der Bereich der bloßen List sei jedoch dann überschritten, wenn der Beschuldigte aktiv über konkrete Tatsachen, insbesondere über Art und Umfang der bisher gesammelten Beweismittel in die Irre geführt werde[13]. Eine gemäß § 136 a I StPO verbotene Täuschung sei etwa dann gegeben, wenn dem Beschuldigten wahrheitswidrig vorgespiegelt werde, dass gegen ihn ein belastendes Beweismittel vorliegt[14], oder wenn ihm in pauschaler Form „vorgegaukelt" werde, es lägen „erdrückende Beweise" gegen ihn vor, obwohl in Wahrheit noch nicht einmal ein dringender Tatverdacht besteht[15]. Daraus wird gefolgert, dass nur dann eine Täuschung gemäß § 136 a I StPO vorliegt, wenn die Willensfreiheit des Beschuldigten in ihren Grundfesten beeinträchtigt wird[16]. Sein „Entscheidungsspielraum" müsse derart in Mitleidenschaft gezogen sein, dass eine echte Wahlmöglichkeit zwischen Schweigen und einer Einlassung zur Sache nicht mehr gegeben sei, vielmehr eine Aussage aus Sicht des Befragten die einzig sinnvolle Alternative darstelle[17].

Folglich kommt die Rechtsprechung in letzter Konsequenz dazu, dass das Verschweigen eines bestehenden Beweisverwertungsverbotes, also das Unterlassen

---

9   Günther, StV 1988, S. 422
10 Eisenberg, Rn. 654 m.w.N.
11 Günther, StV 1988, S. 422
12 BGH NStZ 1997, S. 251; vgl. auch OLG Köln GA 1973, S. 119; BGHSt 44, S. 308, 317; kritisch hierzu: SK – Rogall, § 136 a Rn. 45
13 Weigend, Jura 2002, S. 207; Beulke, 85/86; SK – Rogall, § 136 a Rn. 34
14 BGHSt 37, S. 48, 52–54
15 Ein oft zitiertes Beispiel hierfür: BGHSt, 35, S. 328, 330; Ranft, S. 123; Rcepka, S. 422
16 Vgl. Renzikowski, JZ 1997, S. 712
17 Vgl. Renzikowski, JZ 1997, S. 712

einer qualifizierten Belehrung, wie hier dargestellt, nicht unter den Begriff der Täuschung gemäß § 136 a I StPO fällt, sondern eine erlaubte kriminalistische List darstellt[18].

3. Kritik an der Ansicht der Rechtsprechung und eigene Stellungnahme

Die restriktive Haltung des BGH und eines Teils der Literatur zum Verbot der Täuschung gemäß § 136 a I StPO müsste jedoch auch einer konstruktiven Kritik zugänglich sein. Diese restriktive Auffassung des Täuschungsverbots könnte, nach Ansicht von Teilen der Literatur, einen, wenn auch bedauerlichen Rückfall in Zeiten des gemeinrechtlichen Inquisitionsprozesses bedeuten, der dem Willen der Verfasser des § 136 a StPO zuwiderläuft[19]. Denn bereits vor dessen Einführung bestand das generelle Verbot, durch Zwang und inquisitorische List auf den Inhalt der Aussage des Beschuldigten einzuwirken. Dieses Verbot sollte potentielle Fehlerquellen bei der Vernehmung ausschalten und damit auch der Wahrheitsfindung dienlich sein[20]. Denn damals hat man sich über die „perfide Jagdwissenschaft" der Befragung keinen Scheinwahrheiten hingegeben.

Heldmann kritisierte bereits vor 90 Jahren, dass „mit unlauteren Mitteln herbeigeführte Geständnisse, unbekümmert darum, dass erzwungene und erschlichene Geständnisse die Beweiskraft des vom Beschuldigten abgelegten Geständnisses gegen sich selbst, wiederaufheben"[21]. Er sah es als „selbstverständliche Pflicht" an, „die Anwendung aller Versprechungen und Drohungen, aller Überrumpelungen und Überlistungen, überhaupt aller Mittel, die auf eine Schwächung der psychischen Kräfte hinauslaufen", einem strengen Verbot zu unterwerfen[22].

Nimmt man das historische Verständnis so wie Heldmann es darstellt ernst, so kommt man zu dem Schluss, dass die von der Rechtsprechung dargelegte Ansicht in ihr Gegenteil zu verkehren ist. Der Begriff der Täuschung müsste eher extensiv als restriktiv gehandhabt werden. Dies bedeutet auf die vorliegend Problematik angewandt: der Begriff der Täuschung muss sich auch auf die „inquisitorische List" erstrecken. Also in dem Fall dass es der Vernehmungsbeamte unterlässt, den Beschuldigten über eine bestehendes Beweisverwertungsverbot aufzuklären und der Vernommene sich daraufhin zu einer Aussage oder einem Geständnis entschließt, wendet der Vernehmungsbeamte eine verbotene Vernehmungsmethode – die Täuschung – im Sinne von § 136 a I StPO an. Dies wiederum führt dann seinerseits zu einem Beweisverwertungsverbot gemäß § 136 a III 2 StPO.

---

18 A.A. LG Heilbronn, StV 2005, S. 283
19 KMR – Lesch, § 136 a Rn. 29
20 KMR – Lesch, § 136 a Rn. 29; Grünwald, S. 60
21 Vgl. bei KMR – Lesch, § 136 a Rn. 29 m.N. bei Heldmann, DSZ 1916, Sp. 367
22 Vgl. KMR – Lesch, § 136 a Rn. 29 m.N. bei Heldmann, DSZ 1926, Sp. 367

Auch die hervorstechende Inkonsequenz der Ansicht der Rechtsprechung gebietet es, diese abzulehnen. Denn einerseits wird von ihr betont, dass das Recht des Beschuldigten zu schweigen Ausprägung seiner Menschenwürde ist und damit einen Wert von Verfassungsrang darstellt[23]. Gleichzeitig lässt es der BGH jedoch mit Blick auf die Möglichkeit der Umgehung der Aussagefreiheit zu, dass dieser nur noch ein geringer Anwendungsbereich verbleibt[24]. Stellt man nun die beiden Extreme einander gegenüber, so wird deutlich, dass einerseits ein Wert von Verfassungsrang – die Aussagefreiheit des Beschuldigten – und andererseits das Verlangen nach einer restriktiven Interpretation des Begriffs der Täuschung in einem Spannungsverhältnis zueinander stehen.

4. Die Ansicht eines anderen Teils der Literatur

Dieses Spannungsverhältnis löst der Teil der Literatur, der eine extensive Auslegung des Begriffs der Täuschung verlangt, indem er der Aussagefreiheit des Beschuldigten den Vorrang vor einer Effektivität der Strafverfolgung einräumt. Denn im deutschen Strafprozessrecht existiert keine „Wahrheitsfindung um jeden Preis". Daher sei die Ansicht der Rechtsprechung abzulehnen, die durch „gekünstelte Wortspiele" die effektive Wahrung der Aussagefreiheit des Beschuldigten schwächt.

Grünwald vertritt dabei die Auffassung, dass § 136 a I StPO ein Verbot jedweder Täuschung gebietet[25]. Daher sei der Begriff der Täuschung einer einschränkenden Auslegung nicht zugänglich. Er begründet diese Haltung unter anderem damit, dass eine eindeutige Abgrenzung zwischen erlaubter „kriminalistischer List" und „verbotener Vernehmungsmethode" nicht möglich sei.

Auch Degener schließt sich dieser Meinung an und hält listiges Vorgehen von Strafverfolgungsorganen in der Vernehmung für verboten, da § 136 a I StPO auch diese Art von „Täuschung" erfasst[26].

II. Bewusste oder fahrlässige Täuschung

1. Fahrlässiges Verhalten ausreichend

Zu erörtern ist jedoch, ob das Strafverfolgungsorgan den Beschuldigten nur dann gemäß § 136 a I StPO täuscht, wenn es den Hinweis auf das Bestehen eines Be-

---

23 So insbes. der BGH in BGHSt 38, S. 214, 220; vgl. Roxin, JZ 1992, S. 920
24 So auch Dencker, StV 1994, S. 682; Roxin NStZ 1995, S. 467; Bernsmann, StV 1997, S. 118
25 Grünwald, S. 71
26 Degener, GA 1992, S. 464

weisverwertungsverbots bewusst, also vorsätzlich unterlässt, oder ob auch das fahrlässige Verschweigen von der unzulässigen Vernehmungsmethode umfasst wird. Über das Bestehen oder Nichtbestehen eines Vorsatzerfordernisses, welches teilweise als Voraussetzung für die Anwendung einer verbotenen Vernehmungsmethode gemäß § 136 a StPO angesehen wird, herrscht seit Einführung dieser Norm im Jahre 1950 Streit[27].

Dafür, dass auch fahrlässiges Verhalten der Strafverfolgungsorgane bei unzureichender Aufklärung über das Bestehen eines Beweisverwertungsverbots ausreicht spricht, dass in dem Fall, dass nur bei vorsätzlicher Nichtaufklärung eine verbotene Täuschung im Sinne von § 136 a StPO vorliegen soll, die Strafverfolgungsbehörden mehr oder weniger geradezu für einen achtlosen Ermittlungsstil prädestiniert wären[28].

Auch aus dem Umstand heraus, dass § 136 a StPO vorwiegend den Schutz der Aussagefreiheit des Beschuldigten im Blick hat ergibt sich, dass es für den von der Täuschung Betroffenen erkennbar keinen Unterschied macht, ob die Vernehmensperson ihn über das Bestehen eines Beweisverwertungsverbots lediglich fahrlässig, oder vorsätzlich täuschte[29]. Denn dies entspricht – so Bauer – dem Willen des Gesetzgebers[30].

Auch würde sich der Beschuldigte dann, wenn allein vorsätzliches Verhalten für die Bejahung einer unzulässigen Täuschung maßgeblich wäre, mit der Schwierigkeit konfrontiert sehen, dass er beweisen müsste, dass die Strafverfolgungsorgane gegen das Verbot der Täuschung gemäß § 136 a I StPO verstoßen hätten[31]. Eisenberg weist hier darauf hin, dass es utopisch wäre von einem Vernehmungsbeamten verlangen zu wollen, dass er gesteht, den Beschuldigten vorsätzlich getäuscht zu haben[32]. Denn dies würde dazu führen, dass bis dato bestehende Beweismittel nicht mehr verwertet werden könnten und damit die Arbeit der Strafverfolgungsorgane hinfällig wäre.

2. Vorsätzliches Verhalten erforderlich

Die herrschende Meinung nimmt jedoch aufgrund des allgemeinen Sprachgebrauchs an, dass eine Täuschung im Sinne von § 136 a I StPO nur gegeben

---

27 Reiche, S. 120
28 Eisenberg, Rn. 665
29 Kunert, MDR 1967, S. 541; Witkowski, Kriminalistik 1968, S. 82; Ransiek, StV 1994, S. 345, Dahle, Kriminalistik 1990, S. 433, Achenbach StV 1989, S. 517
30 Bauer, S. 153
31 Eisenberg, Rn. 665
32 Eisenberg, Rn. 665

ist, wenn sie vorsätzlich erfolgt ist[33]. Denn die Begrifflichkeit der Täuschung beinhalte ein finales Moment. Es müsse Ziel des Täuschenden sein, durch die Irreführung auf das Vorstellungsbild des zu Täuschenden Einfluss zu nehmen, was bei einer unvorsätzlichen Täuschung nicht der Fall sei[34].

Dagegen, dass auch fahrlässiges Verhalten von § 136 a StPO erfasst sei, spreche auch das in § 136 a III 2 StPO statuierte Verwertungsverbot einer durch Täuschung erlangten Aussage. Denn dieses sei kein adäquates „Reaktionsmittel" für eine fahrlässig herbeigeführte Irrtumserregung[35]. Dies sei auch vom Gesetzgeber so nicht gewollt gewesen[36].

Auch die Rechtsprechung favorisiert die Ansicht, dass § 136 a I StPO lediglich bewusste Täuschungen erfasst. Hierbei werden seitens des BGH verschiedene Kriterien herangezogen, um zu ermitteln, ob eine Täuschung gegeben ist.

Zum einen erfolgt die Abgrenzung zwischen bewusster und fahrlässiger Irreführung danach „wie sie der Beschuldigte im Hinblick auf die konkreten Umstände der Vernehmungssituation verstehen konnte und verstanden hat"[37].

Des Weiteren soll maßgeblich sein, wie viel Erfahrung der Betroffene im Umgang mit den Strafverfolgungsorganen hat. „Je erfahrener er im Umgang mit Strafverfolgungsbehörden ist, umso weniger werden nicht ausreichend substantiierte Behauptungen und Bewertungen geeignet sein, ihn in seiner durch § 136 a StPO geschützten Aussagefreiheit wesentlich zu beeinträchtigen[38]. Gehört der Beschuldigte also zur „Dauerkundschaft der Strafjustiz", so wisse er nach Ansicht des BGH, dass „Überrumpelungs- und Verunsicherungsmanöver zur polizeilichen Vernehmungstaktik gehören"[39].

3. Eigene Stellungnahme

Für die Ansicht der herrschenden Meinung spricht, dass das Risiko, dass der Beschuldigte in der Vernehmung einem Irrtum unterliegt nicht stets in den Verantwortungsbereich der Strafverfolgungsorgane fällt. Anderseits liegt der Sinn und Zweck der Vorschrift des § 136 a StPO in der Sicherstellung der Prozesssubjektqualität des Beschuldigten, die nicht zum Gegenstand des gegen ihn ge-

---

33 BGHSt 31, S. 400; Schlüchter, S. 62 ff.; LR – Hanack,§ 136 a Rn. 35, 41; K K – Boujong, Rn. 23; Eisenberg, Rn. 655; SK – Rogall, § 136 a Rn. 47
34 SK – Rogall, § 136 a Rn. 48
35 SK – Rogall, § 136 a Rn. 48
36 Erbs, NJW 1951, S. 388
37 BGHSt 35, S. 330
38 BGHSt 35, S. 330
39 Degener, GA 1992, S. 447

richteten Verfahrens gemacht werden darf[40]. Durch das Verbot einer Täuschung soll also die Aussagefreiheit des Beschuldigten geschützt werden.

Wenn nunmehr die Norm also nach ihrer Intention auf den Schutz des Beschuldigten ausgerichtet ist, was auch von der herrschenden Meinung nicht bezweifelt wird, so muss auch die Frage, ob eine Täuschung begangen wurde, von der Warte des Beschuldigten aus beurteilt werden. Für diesen ist aber, da er zumeist keine juristischen Vorkenntnisse besitzt, nicht zu erkennen, ob er vorsätzlich oder nur fahrlässig über das Bestehen eines Beweisverwertungsverbots getäuscht wurde. Denn weiß er von diesem Verwertungsverbot nichts, so wird er sich aller Wahrscheinlichkeit nach zu einer Aussage „gezwungen" sehen, da Schweigen sowieso keinen Sinn mehr zu machen scheint. Damit ist nach der hier vertretenen Auffassung eine Beeinträchtigung der Freiheit der Willensentschließung gegeben, da der Beschuldigte keine echte Wahlfreiheit mehr dahingehend hat, ob er sich zur Sache einlässt oder die Aussage verweigert. Folglich ist es nicht vertretbar, allein die vorsätzliche Täuschung als von § 136 a I StPO erfasst zu sehen, denn diese Ansicht wird dem Schutzzweck der Norm nicht gerecht.

Daher muss auch die fahrlässige Täuschung als vom Anwendungsbereich des § 136 a I StPO erfasst gelten.

4. Zwischenergebnis

Verschweigt der Vernehmungsbeamte dem Beschuldigten in der Vernehmung, dass die bei ihm nach einer rechtswidrig durchgeführten oder angeordneten Hausdurchsuchung aufgefundenen Beweismittel einem Verwertungsverbot unterfallen, so liegt eine verbotene Täuschung gemäß § 136 a I StPO vor. Hierbei ist es unerheblich, ob die Täuschung vorsätzlich oder fahrlässig erfolgte. Denn aus Sicht des Beschuldigten liegt keine echte Wahlfreiheit in seinem Aussageverhalten mehr vor. Aus dieser Täuschung resultiert wiederum gemäß § 136 a III 2 StPO ein Beweisverwertungsverbot. Daher bedarf die Heilung dieses Verfahrensfehlers ebenfalls der Erteilung einer qualifizierten Belehrung. Denn allein durch eine fehlerfreie Wiederholung der ursprünglichen Einlassung wird der Verfahrensverstoß nicht beseitigt, da der Beschuldigte dann wiederum keine Entschließungsfreiheit besitzt, solange er nicht darauf hingewiesen wird, dass seine durch Täuschung erlangte Aussage/Geständnis dem Verwertungsverbot aus § 136 a III 2 StPO unterfällt[41].

40 Vgl. BGHSt 5, S. 333
41 Vgl. LG Bad Kreuznach, StV 1994, S. 293; Joerden, JuS 1993, S. 931; Schlüchter, S. 67; Grünwald, S. 160; SK – Rogall, § 136 a Rn. 86

III. Die Problematik der Fortwirkung

1. Die Ansicht der Rechtsprechung

Die Problematik der sogenannten Fortwirkung rechtswidriger Methoden[42] ist ebenfalls im Zusammenhang mit der qualifizierten Belehrung zu sehen. Ist eine Aussage des Beschuldigten unter Verstoß gegen § 136 I 2 StPO, d.h. ohne die hier verlangte qualifizierte Belehrung über ein bestehendes Beweisverwertungsverbot zustande gekommen, so ist fraglich, ob spätere Aussagen ebenfalls unverwertbar sind, weil der erste Verfahrensverstoß tatsächlich noch Auswirkungen auf eine spätere Aussage hat.

In seiner ersten Entscheidung zu einer möglichen Fortwirkung hat der BGH noch die Ansicht vertreten, dass die bloße Kausalität zwischen einer verbotenen Vernehmungsmethode und der späteren Aussage für die Annahme der Fortwirkung genügt[43]. In diesem Fall wurde dem Vater angedroht, man werde ihn zur Leiche seines Sohnes führen, wenn er nicht den Mord an seinem Kind gestände bzw. weiter zur Aufklärung des Sachverhalts beitrage. Dieses gewünschte Geständnis legte der Beschuldigte dann auch ab. Das vor der Polizei abgelegte Geständnis hielt der BGH für unverwertbar, da ein Verstoß gegen § 136 a I StPO vorläge. Jedoch legte der Beschuldigte einen Tag später ein weiteres Geständnis vor dem Richter ab, wobei sich dabei nun die Frage stellte, ob auch dieses unverwertbar ist. Der Angeklagte hatte sich nämlich darauf berufen, dass er noch immer unter dem psychischen Druck, zur Leiche seines Sohnes geführt zu werden, stünde. Der BGH entschied sich für eine Fortwirkung der Drohung, wobei eine einfache Kausalität zwischen der Drohung und der später abgelegten Aussage genüge. Diese habe hier vorgelegen, da die Vernehmung durch den Richter bereits einen Tag nach der Aussage vor der Polizei erfolgt sei, also in einem nahen zeitlichen Zusammenhang stünde[44]. Denn § 136 a StPO schütze die Freiheit der Willensentschließung und -betätigung, so dass es für dieses Schutzgut unerheblich sei, ob in der richterlichen Vernehmung selbst Druck ausgeübt worden sei, oder dieser aufgrund der vorangegangenen Vernehmung fortwirke[45]. Auch diese Aussage unterlag damit einem Verwertungsverbot.

---

42 Der Terminus der Fortwirkung wird zumeist nur in Bezug auf § 136 a StPO verwendet. Weil es dabei aber in der Sache um die Frage der psychologischen Situation der Betroffenen in einer zeitlich der rechtswidrigen Vernehmung nachfolgenden Befragung geht, ist es durchaus angebracht, auch im Kontext des § 136 I 2 StPO von einer Fortwirkung zu sprechen; vgl. Trüg, JA 2004, S. 397

43 BGHSt 17, S. 364 ff.; Janicki, S. 142

44 Janicki, S. 143

45 BGHSt 17, S. 368

Diese Rechtsansicht wurde durch den BGH in der Folgezeit jedoch wieder eingeschränkt[46]. Nunmehr stellt der BGH an das Vorliegen einer Fortwirkung recht hohe Ansprüche. Seiner Ansicht nach liegt eine psychologisch motivierte Fortwirkung einer vormals erfolgten, rechtswidrigen Beeinflussung der Willensentschließungsfreiheit nur noch dann vor, wenn dies durch „besondere Umstände des Einzelfalles" als gerechtfertigt erscheint[47]. Als Beispiel für die strenge Handhabe kann ein Urteil des BGH vom 20.12.1997 herangezogen werden[48]. Hier wich der BGH nicht von seiner Auffassung ab, dass der Revisionsführer ausführen muss, warum ein Verfahrensverstoß in einer früheren Vernehmung auf die Entschließungsfreiheit des Angeklagten fortwirkt. Diese Ansicht vertrat der BGH, obwohl eine qualifizierte Belehrung trotz eines schweren Verstoßes gegen § 136 a StPO nicht erteilt worden war[49]. Er erkennt aber eine Fortwirkung dann an, wenn es nicht außerhalb aller Wahrscheinlichkeit liegt, dass der Beschuldigte bei einer rechtsfehlerhaft zustande gekommenen Aussage nicht um die Unverwertbarkeit der bisherigen Aussage wusste, und sich deshalb zu weiteren Einlassungen gedrängt sah[50].

Weiterhin beispielhaft für die hohen Anforderungen, die der BGH an das Bestehen der Fortwirkung stellt ist ein Fall, bei dem dem Beschuldigten in der Vernehmung die rechtswidrig erlangten Ermittlungsergebnisse einer Telefonüberwachung vorgehalten wurden[51]. Daraufhin legte der zu Vernehmende ein Geständnis ab. Diese Fallkonstellation entspricht teilweise der hier zu behandelnden, wenn dem Beschuldigten beispielsweise vorgehalten wird, es lägen aufgrund einer Hausdurchsuchung belastende Beweismittel vor und er sich daraufhin zu einer Aussage bzw. einem Geständnis entschließt, obwohl ein Beweisverwertungsverbot aufgrund der Nichtbeachtung von Verfahrensvorschriften vorliegt.

Der BGH führte hier aus, dass aufgrund des Vorhalts zwar die Möglichkeit besteht, dass der Beschuldigte einem Irrtum über die Rechtmäßigkeit der Beweislage unterliegt, es andererseits jedoch auch vorstellbar wäre, dass er unabhängig von dem früheren Vorhalt ein Geständnis habe ablegen wollen und der unzulässige Vorhalt somit wirkungslos sei[52].

Es erscheint allerdings äußerst bedenklich, dass der Beschuldigte „erkennbar ein inneres Bedürfnis (...) (hatte), sich sein Vergehen „von der Seele zu reden". Gleiches gilt für die Annahme des Gerichts, dass dadurch, dass sich der Beschul-

---

46 Vgl. BGHSt 35, S. 32 mit Anm. Dörig
47 Dallinger, MDR 51, 658; BGHSt 17, 368
48 BGH, StV 1996, S. 360
49 Vgl. auch Bosch, S. 339
50 BGH, StV 1994, S. 62
51 BGH, NStZ 1988, S. 142
52 BGH, NStZ 1988, S. 142

digte zu einem Geständnis entschließt, er eigenverantwortlich die Kausalkette der Fortwirkung unterbricht[53].

Zehn Jahre später jedoch änderte sich wiederum durch ein Urteil des Oberlandesgerichts Frankfurt am Main die Rechtsprechung zur Fortwirkung eines Verfahrensverstoßes im Sinne von § 136 a StPO[54]. Im zu beurteilenden Fall hielten die Vernehmungsbeamten dem Beschuldigten vor, dass gegen ihn ein dringender Tatverdacht bestünde, und er daher mit dem Erlass eines Haftbefehls zu rechnen habe. Dies entsprach jedoch nicht den Tatsachen. Es lagen nur allgemeine Verdächtigungen vor, nicht jedoch die von den Beamten dargestellte Rechtslage, die zum Erlass eines Haftbefehls geführt hätte.

Das Gericht sah darin einen Verstoß gegen das Täuschungsverbot gemäß § 136 a I StPO, da die Beamten den Beschuldigten in unzulässiger Weise über die tatsächliche Verfahrens- und Beweislage in die Irre geführt hätten[55]. Dies habe dazu geführt, dass sich der Beschuldigte gezwungen sah, allein durch ein Geständnis die für ihn nachteiligen Folgen des Erlasses eines Haftbefehls oder die Anordnung der Untersuchungshaft zu vermeiden, welches er dann auch ablegte.

Aus dieser Entscheidung geht also hervor, dass das Oberlandesgericht davon ausging, dass die Anwendung der verbotenen Vernehmungsmethode – der Täuschung – auf das dadurch motivierte Geständnis fortwirkte, also dessen eigentliche Ursache war. Der Beschuldigte war nicht mehr in der Lage eigenmotiviert über das „Ob" seiner Aussage zu entscheiden. Demnach war hier einzig die Kausalität des Verfahrensverstoßes maßgeblich, ohne auf die oben dargestellten hohen Hürden zurückzugreifen. Dies beruhte jedoch anscheinend darauf, dass das Geständnis der rechtswidrigen Täuschung zeitlich unmittelbar nachfolgte, ohne dass eine „zeitliche Zäsur" dazwischenlag[56].

Ähnlichkeiten weist auch ein vom OLG Karlsruhe entschiedener Fall auf. Hierbei erkannte das Gericht, dass dann wenn einem Beschuldigten, der nicht im Verdacht steht eine Katalogtat gemäß § 100 a StPO begangen zu haben, die Ergebnisse der Telefonüberwachung eines anderen Beschuldigten vorgehalten werden und ersterer daraufhin ein Geständnis ablegt, dieses einem Beweisverwertungsverbot unterfällt[57]. Ausgangspunkt dieser Rechtsansicht ist, dass der Vorhalt des Ergebnisses der Telefonüberwachung einem Beweisverwertungsverbot im Sinne von § 100 b V StPO unterlag. Dies hatte zur Folge, dass auch das Geständnis des Vernommenen einem Beweisverwertungsverbot unterfiel, da der

---

53 Wolter, NStZ 1984, S. 276, 277
54 OLG Frankfurt am Main, StV 1998, S. 119 f.
55 OLG Frankfurt am Main, StV 1998, S. 120
56 OLG Frankfurt am Main, NStZ 1998, S. 119
57 OLG Karlsruhe, StV 2004, S. 476

Vorhalt unzulässig war. Konsequenz davon wäre also, dass die rechtswidrig erlangten Beweismittel quasi auf das Geständnis des Beschuldigten fortwirkten. Auch hier lassen sich Parallelen zu der hier zu behandelnden Fallkonstellation finden. Die zunächst erlangten Beweismittel die bei einer Hausdurchsuchung aufgefunden worden waren unterliegen einem Beweisverwertungsverbot. Auf Vorhalt dieses Ermittlungsergebnisses legte der Vernommene ein Geständnis ab, welches wiederum – nach entsprechender Anwendung der Rechtsansicht des OLG Karlsruhe – ein Beweisverwertungsverbot zur Folge hatte. Auch wenn die bei einer Hausdurchsuchung aufgefundenen Beweismittel unverwertbar sind und der Beschuldigte auf Vorhalt dieser Beweise ein Geständnis ablegt, müsste dieses dann unverwertbar sein.

Schurig führt hier des Weiteren zutreffend aus, dass die Konsequenz der Fortwirkung eben dieses unzulässigen Vorhalts nur dadurch beseitigt werden könne, indem der Beschuldigte auf die Unverwertbarkeit der Beweismittel hingewiesen wird und er dadurch wieder eigenverantwortlich bezüglich des „ob" seiner Aussage entscheiden kann[58].

Auch die zeitliche Komponente spielt bei der Annahme einer Fortwirkung eine bedeutende Rolle. So soll dann die Fortwirkung meist ausgeschlossen sein, wenn die mit einem Verwertungsverbot belegte Aussage schon längere Zeit zurückliegt und die Beeinträchtigung der Willensfreiheit nicht sehr schwerwiegend war[59]. Umgekehrt sei aber vom Vorliegen einer Fortwirkung des Verfahrensverstoßes auszugehen, wenn „der Angeklagte bei der späteren Vernehmung nicht von sich aus im Zusammenhang berichtet, sondern auf Vorhalt nur seine frühere Aussage bestätigt oder auf sie Bezug nimmt[60]". Als Ausnahme in dieser Rechtsprechung ist ein vom LG Bad Kreuznach entschiedener Fall zu beachten. Dabei wurde ein Beschuldigter, während er in Untersuchungshaft saß, im Sinne von § 136 a I StPO über die Stärke des vorliegenden Tatverdachts getäuscht[61]. Im Anschluss daran erfolgte die Vernehmung, wobei eine Belehrung über seine Rechte nicht erfolgte. Die Staatsanwaltschaft plädierte hier darauf, dass eine Fortwirkung aufgrund des Zeitablaufs zwischen beiden Vernehmungen nicht mehr gegeben sei. Diese Rechtsauffassung wurde seitens des Gerichts jedoch nicht geteilt. Um eine Fortwirkung des Verfahrensverstoßes auszuschließen, hätte dem Beschuldigten mitgeteilt werden müssen, dass seine früheren Angaben in der Untersuchungshaft einem Verwertungsverbot unterfallen. Dies entspricht einer qualifizierten Belehrung. Denn dadurch wäre die freie Willenentschließungsfreiheit des Beschuldigten wiederhergestellt worden.

---

58 Schurig, S. 171; vgl. auch Dörig, NStZ 1988, S. 143
59 Meyer-Goßner, § 136 a Rn. 30
60 BGH, NJW 1995, S. 2047; vgl. auch BGHSt 35, S. 328, 332
61 LG Bad Kreuznach, StV 1994, S. 293, 295

Der Beschuldigte kann daher erneut vernommen werden, und die Aussage kann dann, wenn er zutreffend belehrt wurde, verwendet werden[62]. Dies soll auch dann gelten, wenn die jetzige Aussagebereitschaft ohne die unzulässige Vernehmung nicht entstanden wäre. Dabei kommt es nur darauf an, dass der Beschuldigte sich bei der zweiten Aussage seiner Entscheidungsmöglichkeit bewusst war[63].

2. Die Ansicht der Literatur

a) Die Ansicht von Neuhaus

Die Literatur hingegen geht überwiegend davon aus, dass ein Verstoß gegen die Belehrungspflichten grundsätzlich auch auf die nachfolgende Vernehmung fortwirkt.

Neuhaus vertritt bezüglich der soeben dargestellten zeitlichen Komponente die Auffassung, dass diese kein tauglicher Ansatzpunkt für die Annahme einer Fortwirkung darstellt[64]. Seiner Ansicht nach kann sich die „Fehlvorstellung" des Beschuldigten, er könne seine vorangegangene Aussage sowieso nicht mehr aus der Welt schaffen, durch Zeitablauf zwischen der ersten rechtswidrigen und damit unverwertbaren Vernehmung und einer späteren Folgevernehmung sogar noch verstärken. Dies sei insbesondere dann der Fall, wenn sich der Beschuldigte in der Zwischenzeit nicht in rechtlicher Hinsicht beraten lasse. Der Beschuldigte könne sich also bereits festgelegt fühlen und ein Schweigen oder gar Leugnen für sinnlos oder prozesstaktisch unklug halten[65]. Problematisch bezüglich der vergangenen Zeit als Kriterium für den Ausschluss der Fortwirkung ist auch, ab wann man annehmen kann, dass eine „längere Zeit" verstrichen ist[66].

In diesem Zusammenhang wirft Schurig zutreffend die Frage auf, warum der Zeitablauf einen Effekt auf die Wiederherstellung der Aussagefreiheit des Beschuldigten haben soll, wenn der Beschuldigte in der Folgevernehmung vom selben Beamten, am gleichen Ort und unter den gleichen Begleitumständen nur ohne Täuschung (oder mit Vornahme der Belehrung gemäß § 136 StPO) vernommen wird. In dieser Konstellation würde der Vernommene an die zurückliegende,

---

62   BGHSt. 1, 376, 379; BGHSt 22, 129, 134; BGHSt 27, 355, 359; BGHSt 37, 48; BGH, MDR 1951, 658; BGH, MDR 1972, 199; OLG Hamburg, MDR 1976, 601; Otto, GA 1970, 293
63   BGHSt 37, 48, 53; BGH, NStZ 1988, 419
64   Neuhaus, NStZ 1997, S. 314
65   Weigend, StV 2003, S. 436, 438
66   Schurig, S. 169

rechtswidrige Vernehmung erinnert werden, unabhängig davon, wie lange diese zurückliegt[67].

Damit ist festzustellen, dass der Zeitablauf keinen tauglicher Ansatzpunkt für die Ablehnung der Fortwirkung darstellt. Entscheidend bleiben muss, dass die psychologische Zwangssituation des Beschuldigten, die durch die rechtswidrige Täuschung (oder unterlassene Belehrung) herbeigeführt wurde, zur Wiederherstellung seiner vormals bestehenden Aussagefreiheit so lange fortwirkt wie er nicht qualifiziert dahingehend belehrt wird, dass die zunächst getätigte Aussage einem Verwertungsverbot unterliegt[68].

Selbiges sollte auch dann gelten, wenn der Beschuldigte, ohne darauf hingewiesen worden zu sein, dass aufgrund einer rechtswidrigen Hausdurchsuchung hinsichtlich der aufgefundenen Beweismittel ein Beweisverwertungsverbot besteht, ein Geständnis ablegt. Dann ist nämlich die psychische Situation des Betroffenen mit der oben dargestellten durchaus vergleichbar. Der Beschuldigte glaubt, dass gegen ihn erdrückende Beweise vorliegen und entschließt sich in der Folge zu einer Aussage, ohne mit der tatsächlichen Beweislage vertraut zu sein. Hierbei ist es unerheblich, wie viel Zeit zwischen Durchsuchung und anschließender Vernehmung liegt. Denn der Beschuldigte wird aufgrund der vermeintlich bestehenden Beweislage nach wie vor glauben, ein Geständnis ablegen zu müssen.

b) Die Ansicht von Bosch

Bosch hingegen hält eine Fortwirkung des Verfahrensverstoßes nicht für ein taugliches Kriterium. Dies sei eine „Umformulierung" des Problems, ob der erste Verfahrensverstoß – hier die rechtswidrige Durchsuchung – kausal für die in der der Durchsuchung nachfolgenden Vernehmung ohne qualifizierte Belehrung gemachte Aussage ist[69]. Aber auch die Kausalität des Verfahrensverstoßes stellt seiner Auffassung nach kein taugliches Kriterium dar. Denn es gehe um die Frage, ob in der späteren Vernehmung die Pflicht zur Erteilung einer qualifizierten Belehrung verletzt worden sei, nicht hingegen ob der zuvor erfolgte Verfahrensverstoß (hier die rechtswidrige Durchsuchung) kausal für die spätere Aussage in der Vernehmung war.

---

67 Schurig, S. 169
68 Vgl. auch Weigend, Jura 2002, S. 207
69 Bosch, S. 340

c) Eigene Stellungnahme

Dem kann jedoch bei der Vernehmung, die einer rechtswidrigen Hausdurchsuchung nachfolgt so nicht zugestimmt werden. Denn gerade aufgrund des ersten Verfahrensverstoßes – der rechtswidrigen Hausdurchsuchung – hat sich die Pflicht zur Erteilung einer qualifizierten Belehrung dahingehend, dass die aufgefundenen Beweismittel einem Beweisverwertungsverbot unterliegen, erst ergeben. Daher ist es zwingend notwendig, als Anknüpfungspunkt den ersten Verfahrensverstoß zu sehen, da ansonsten eine notwendige Voraussetzung für die zusätzliche Belehrungspflicht fehlen würde. Bosch ist jedoch insoweit zuzustimmen, als dass dann, wenn die Erteilung einer qualifizierten Belehrung unterblieb, ein Urteil nicht auf die Verwertung der Aussage zurückgeführt werden kann und so ein Beruhen des Verfahrensverstoßes nicht von vornherein negiert werden kann[70].

B. Die mögliche Entbehrlichkeit einer qualifizierten Belehrung aufgrund des Akteneinsichtsrechts der Verteidigung

Fraglich erscheint, ob die Notwendigkeit einer qualifizierten Belehrung in der Vernehmung nach einer rechtswidrig erfolgten Hausdurchsuchung bezüglich des Bestehens eines Beweisverwertungsverbots aufgrund des Akteneinsichtsrechts der Verteidigung entbehrlich sein könnte.

Wenn der Abschluss der Ermittlungen gemäß § 147 II StPO in den Akten vermerkt worden ist, so kann dem Verteidiger das Akteneinsichtsrecht nicht mehr mit der Begründung versagt werden, der Untersuchungszweck würde durch die Gewährung des Rechts zur Akteneinsicht gefährdet[71].

Macht der Verteidiger nunmehr von diesem Recht zur Akteneinsicht Gebrauch, so erhält er auch Kenntnis von den Umständen, die der Vornahme bzw. Anordnung der Hausdurchsuchung zugrunde lagen. Speziell bei der Annahme von Gefahr im Verzug besteht nach einem Beschluss des BVerfG vor bzw. während der Durchführung einer Hausdurchsuchung die Pflicht der Ermittlungsbeamten, durch eine zeitnah zu den Akten gebrachte Dokumentation, neben den maßgeblichen Umständen der Durchsuchung und ihrer behördlichen Bewertung, auch ausreichende Hinweise für die Annahme von Gefahr im Verzug zu geben[72].

---

70 Bosch, S. 340
71 K K – Laufhütte, § 147 Rn. 13
72 Beschluss des BVerfG, StV 2003, S. 205

Wird dieser Dokumentationspflicht nicht ausreichend Rechnung getragen, so muss davon ausgegangen werden, dass Gefahr im Verzug zu Unrecht angenommen wurde und ein Beweisverwertungsverbot hinsichtlich der gefundenen Beweismittel besteht, denn die Durchsuchung war dann objektiv willkürlich[73].

Folglich würde der Verteidiger aufgrund des Akteneinsichtsrechts Kenntnis von den Umständen, die ein Beweisverwertungsverbot begründen, erhalten. Daraufhin bestünde die Möglichkeit, dass er seinen Mandanten dahingehend informiert, dass die Strafverfolgungsorgane „nichts gegen ihn in der Hand haben". Natürlich besteht bei dieser Vorgehensweise die Gefahr, dass der Beschuldigte/ Angeklagte aufgrund der vermeintlich belastenden Beweislage bereits eine Aussage getätigt oder ein Geständnis abgelegt hat, da er geglaubt hat dies sei die einzig sinnvolle Handlungsmöglichkeit. Dieses könnte er jedoch gegebenenfalls widerrufen[74].

Allerdings birgt der Widerruf eines Geständnisses auch Risiken. Denn bezüglich der Vernehmung des Beschuldigten gibt es im Gegensatz zur Vernehmung des zeugnisverweigerungsberechtigten Zeugen keine Norm, die § 252 StPO entspricht. Denn das einmal abgelegte und nunmehr widerrufene Geständnis kann im Wege des Zeugen- oder Urkundsbeweises in der Hauptverhandlung zu Lasten des Betroffenen verwertet werden. Dies führt dazu, dass die Einlassung/das Geständnis des Beschuldigten trotz des Widerrufs einen belastenden Umstand darstellt, auch wenn es nicht zwingend zu einer Verurteilung führen muss. Denn das Gericht kann aufgrund der freien Beweiswürdigung (§ 261 StPO) die Entscheidung treffen, der Einlassung nicht zu glauben[75].

Die Verfahrenslage stellt sich nun, wenn der Verteidiger seinen Mandanten über das bestehende Beweisverwertungsverbot aufgrund der Dokumentationspflicht informiert hat, so dar, dass der Beschuldigte sein Geständnis/seine Aussage aufgrund der „Belehrung" durch seinen Verteidiger widerrufen kann. Er wird also in die Lage versetzt, sich frei und unbelastet im Sinne von § 136 I 2 StPO zu entscheiden, ob er sich zur Sache einlässt, oder von seinem Schweigerecht Gebrauch macht. Denn die Situation, dass er sich aufgrund der vermeintlich erdrückenden Beweislage zu einer Einlassung gezwungen sieht, wurde aufgrund der Information durch seinen Verteidiger, der Akteneinsicht genommen hat, neutralisiert.

Allerdings erscheint es mehr als fraglich, ob eine derartige Pflicht der Verteidigung besteht, den Beschuldigten/Angeklagten auf ein bestehendes Beweisverwertungsverbot hinzuweisen, ihn also quasi „zu belehren". Dies würde bedeuten,

---

73 Vgl. dazu unten 3. Kapitel B. I. 2. und 4.
74 KK – Kuckein, § 337 Rn. 34
75 Vgl. Trüg, JA 2004, S. 394

dass die Verteidigung Verfahrensfehler, die von den Strafverfolgungsbehörden verursacht wurden heilt, um die Aussagefreiheit des davon Betroffenen wieder herzustellen. Allerdings obliegt eine Pflicht zur Belehrung gemäß §§ 135, 136, 163 IV, 243 IV StPO nur den Strafverfolgungsorganen und dem Gericht, nicht dagegen der Verteidigung. Es muss daher davon ausgegangen werden, dass das Akteneinsichtsrecht der Verteidigung und eine dadurch bewirkte Unterrichtung des Beschuldigten über ein bestehendes Beweisverwertungsverbot kein ausreichendes Korrektiv für einen von den Strafverfolgungsbehörden verursachten Verfahrensfehler ist.

Vielmehr obliegt es den Strafverfolgungsorganen selbst, die von ihnen gesetzte Ursache für die faktische Beschränkung der Aussagefreiheit des Beschuldigten durch die Erteilung einer qualifizierten Belehrung bezüglich eines bestehenden Beweisverwertungsverbotes zu beseitigen und damit den Verfahrensfehler zu heilen. Spätestens in der Hauptverhandlung besteht aufgrund der prozessualen Fürsorgepflicht des Gerichts die Pflicht, den Angeklagten über ein Beweisverwertungsverbot zu unterrichten. Eine derartige Verpflichtung zu Erteilung einer qualifizierten Belehrung kann also nicht dadurch umgangen werden, dass von der Prämisse ausgegangen wird, die Verteidigung werde aufgrund ihres Akteneinsichtsrechts die Aussagefreiheit des Beschuldigten durch den Hinweis auf ein bestehendes Beweisverwertungsverbot nach einer rechtswidrig erfolgten Hausdurchsuchung wiederherstellen.

Zwar ist anerkannt, dass ein Verteidiger die Beschuldigtenrechte z.B. gemäß § 136 StPO kennen muss und seinen Mandanten gegebenenfalls berät[76]. Versäumt er dies, so kann es zu einem belastenden Umstand für den Angeklagten kommen. Die Zurechnung eines derartigen Anwaltsverschuldens zu Lasten des Mandanten ist nichts Neues. Versäumt es der Verteidiger einen Beweisantrag zu stellen oder eine Revisionsrüge vorzubringen (§ 344 II StPO), so geht dies zu Lasten des Mandanten.

Davon ist jedoch nicht die Pflicht zur Erteilung von Belehrungen – gleich welcher Art – umfasst. Diese fällt nicht in den Aufgabenbereich der Verteidigung, sondern in den der Strafverfolgungsorgane. Denn ein Fehlverhalten der Strafverfolgungsorgane kann nicht dadurch geheilt werden, dass der Verteidiger seinen Mandanten über die Versäumnisse der Strafverfolgungsorgane, beispielsweise die Verfahrensfehler die bei einer Hausdurchsuchung zu einem Beweisverwertungsverbot geführt haben, beraten muss. Eine derartige Pflicht würde – überspitzt formuliert – dazu führen, dass den Ermittlungsbehörden die Einhaltung von Verfahrensvorschriften als nicht mehr so wichtig erscheinen wird, da es

---

76 Meyer-Goßner/Appl, StraFO 1998, S. 262

dem Verteidiger obliegt, den Beschuldigten über das Bestehen von Beweisverwertungsverboten aufzuklären.

Folglich ist die Pflicht zu Erteilung einer qualifizierten Belehrung bezüglich des Bestehens eines Beweisverwertungsverbots nach einer rechtswidrigen Hausdurchsuchung nicht durch das Recht der Verteidigung auf Akteneinsicht entbehrlich.

7. Kapitel: Lösungsansatz zur Frage nach der allgemein-gültigen Möglichkeit zur Herleitung einer Pflicht zur qualifizierten Belehrung

Im Rahmen der vorherigen Ausführungen wurde festgestellt, dass es einer qualifizierten Belehrung über das Bestehen eines Beweisverwertungsverbots nach einer rechtswidrig vollzogenen Hausdurchsuchung bedarf. Dieses Erfordernis einer qualifizierten Belehrung wurde dabei aus verschiedenen Rechtsinstituten des deutschen Strafprozessrechts her- bzw. abgeleitet. Die Ableitung erfolgte aus:

• dem Gedanken des „fairen Verfahrens", der seine Ausprägung unter anderem in der prozessualen Fürsorgepflicht erfuhr
• dem nemo-tenetur Prinzip
• der Verteidigungsfunktion der Belehrungsvorschriften im Sinne des § 136 StPO
• in der Hauptverhandlung aus dem Prinzip der Waffen- und Chancengleichheit

Daneben wurden einige Ableitungsversuche bei der Frage nach der Notwendigkeit einer qualifizierten Belehrung bezüglich des Bestehens eines Beweisverwertungsverbots nach einer rechtswidrig durchgeführten Hausdurchsuchung abgelehnt. Es soll nunmehr der Versuch unternommen werden, die im 4. und 5. Kapitel dargestellten Rechtsinstitute, die als mögliche Ableitung für das Erfordernis einer qualifizierten Belehrung in Betracht kommen, auf die Notwendigkeit einer qualifizierten Belehrung im Rahmen der Fallgruppen des 1. Kapitel zu übertragen.

Ziel dieses Versuchs soll die Beantwortung der Frage sein, ob die Möglichkeit besteht, einen allgemeingültigen Lösungsansatz zu finden, der für die Erteilung einer qualifizierten Belehrung in allen dargestellten Fallgruppen gilt.

A. Die qualifizierte Belehrung nach einem Verstoß gegen die Belehrungsvorschrift des § 136 I 2 StPO

Ein Verstoß gegen die Belehrungsvorschrift des § 136 I 2 StPO hat, wie der BGH im 38. Band der amtlichen Sammlung entschieden hat, ein Beweisverwertungsverbot zur Folge[1]. Ein Teil der Literatur befürwortet daher die Erteilung einer

---

1   BGHSt 38, S. 214 ff.

qualifizierten Belehrung bezüglich des Bestehens dieses Beweisverwertungsverbots, um die Aussagefreiheit des Beschuldigten sicher- bzw. wiederherzustellen[2].

Somit steht die Frage im Raum, aus welchen Rechtsinstituten die Notwendigkeit einer qualifizierten Belehrung nach einer rechtsfehlerhaften oder gar unterlassenen Beschuldigtenbelehrung hergeleitet werden kann.

I. Das rechtliche Gehör und die Verteidigungsfunktion
der Belehrungsvorschriften

Die Pflicht, den Beschuldigten in der Vernehmung gemäß § 136 StPO zu belehren
dient in erster Linie dazu, ihm rechtliches Gehör und die Möglichkeit der Verteidigung zu gewähren. Wird ihm jedoch nicht oder nur unvollständig mitgeteilt,
dass er ein Wahlrecht hat, entweder auszusagen oder sich nicht zur Sache einzulassen oder wird ihm vorenthalten, dass er die Möglichkeit hat, einen Verteidiger
zu konsultieren, so wird in das Recht des Beschuldigten, sich nach seinem Willen
zu verteidigen in rechtswidriger Weise eingegriffen. Soll also dem Schutz des Beschuldigten als Subjekt des Strafverfahrens tatsächlich Bedeutung zukommen, so
gebietet es die Verteidigungsfunktion der Belehrungsvorschriften, ihn darüber
aufzuklären, das heißt qualifiziert zu belehren, dass die Vernehmung, bei der die
Belehrungsvorschriften nicht oder nur bruchstückhaft beachtet wurden, einem
Verwertungsverbot unterliegt. Diese Vorgehensweise hätte dann zur Folge, dass
sich der Beschuldigte immer noch frei und unbelastet von früheren Einlassungen
entscheiden kann, ob er von seinem Recht die Aussage zu verweigern Gebrauch
macht, oder sich zur Sache einlässt[3].

II. Das Prinzip des fairen Verfahrens

Diese Argumente gelten auch für eine entsprechende Anwendung des Prinzips
des fairen Verfahrens. Denn es würde ein „unfaires" Vorgehen der Strafverfolgungsbehörden bedeuten, wenn sie ein Wissensdefizit beim Beschuldigten
bezüglich der Wahrnehmung seiner Aussagefreiheit ausnutzen würden[4]. Es
kann von ihm nämlich nicht erwartet werden, dass er um das Bestehen eines
Beweisverwertungsverbots nach einer rechtsfehlerhaften oder unterlassenen Be-

---

2   Vgl. 1. Kapitel B. I. 2.
3   Vgl. 5. Kapitel A.
4   Vgl. 4. Kapitel B. I., II.

schuldigtenbelehrung weiß. Im Gegenteil, er wird sich an seine vorherigen Angaben gebunden fühlen und damit faktisch seines Wahlrechts die Aussage zu verweigern oder Angaben zur Sache zu machen, beraubt sein. Daher gebietet es der Grundsatz des fairen Verfahrens, den Beschuldigten in qualifizierter Form auf das Bestehen eines Beweisverwertungsverbots nach einer unterlassenen oder rechtsfehlerhaft zustande gekommenen Beschuldigtenvernehmung hinzuweisen.

III. Das Prinzip der Waffen- und Chancengleichheit

Fraglich ist jedoch, ob auch das Prinzip der Waffen- und Chancengleichheit als Ausprägung des Prinzips des fairen Verfahrens als Ausgangsbasis für die Notwendigkeit einer qualifizierten Belehrung nach einer unterlassenen oder rechtsfehlerhaften Beschuldigtenbelehrung eingreift. Hierbei bietet sich die zuvor angewandte Differenzierung an[5]. Die Effektivität der Strafverfolgung verlangt es, zumindest im Rahmen des Prinzips der Waffen- und Chancengleichheit, dass den Strafverfolgungsorganen im Ermittlungsverfahren ein Informationsvorsprung gewährt wird. Hingegen ist in der Hauptverhandlung für eine derartige restriktive Auslegung des Prinzips der Waffen- und Chancengleichheit kein Platz mehr, da die Ermittlungen ihren Abschluss gefunden haben und nicht zu befürchten ist, dass durch die erweiterte Hinweispflicht auf das Bestehen eines Beweisverwertungsverbots bei der Belehrung des nunmehr Angeklagten der Ermittlungszweck behindert oder gar vereitelt werden könnte. Folglich bleibt festzuhalten, dass allein in der Hauptverhandlung aufgrund des Prinzips der Waffen- und Chancengleichheit eine Pflicht zur qualifizierten Belehrung über das Bestehen eines Beweisverwertungsverbots nach einer unterlassenen oder unvollständigen Beschuldigtenbelehrung im Ermittlungsverfahren existiert.

IV. Die prozessuale Fürsorgepflicht

Auch die prozessuale Fürsorgepflicht kommt für die Herleitung einer Pflicht zur Erteilung einer qualifizierten Belehrung in Betracht. Beachtung finden sollte in diesem Zusammenhang jedoch, dass eine derartige erweiterte Hinweispflicht auf Fälle beschränkt sein sollte, in denen der Beschuldigte keinen Verteidiger hat. Denn ein verteidigter Beschuldigter bzw. Angeklagter ist durch die Hilfe seines Rechtsbeistandes durchaus selbst in der Lage, seine prozessualen Rechte – zumindest teilweise – selbständig wahrzunehmen. Würde man auch hier aus der

---

5 Vgl. 4. Kapitel B III 1. b)

prozessualen Fürsorgepflicht die Verpflichtung des Gerichts zum Hinweis auf ein bestehendes Beweisverwertungsverbot nach einer rechtsfehlerhaft zustande gekommenen Beschuldigtenbelehrung herleiten, so käme dies der Aussage gleich, dass die Verteidigung eines Angeklagten prinzipiell überflüssig sei, da das Gericht durch die prozessuale Fürsorgepflicht dafür Sorge trägt bzw. zu tragen hat, dass die Rechte des Betroffenen und damit auch seine Aussagefreiheit hinreichend gewahrt werden.

Damit dient das Institut der prozessualen Fürsorgepflicht nur beim unverteidigten Angeklagten als Basis für die Herleitung einer Notwendigkeit zur qualifizierten Belehrung nach einer unterlassenen oder rechtsfehlerhaften Beschuldigtenvernehmung.

V. Das nemo-tenetur-Prinzip

Des Weiteren kommt möglicherweise das nemo-tenetur Prinzip, wonach keine Pflicht zur aktiven Mitwirkung an der Selbstüberführung besteht[6], als Basis für die Herleitung einer qualifizierten Belehrung nach einer unterlassenen Beschuldigtenbelehrung in Betracht. Wird dem Beschuldigten kein Hinweis auf ein bestehendes Beweisverwertungsverbot erteilt, so wird er – wie bereits mehrfach erwähnt – glauben, dass das „Kind bereits in den Brunnen gefallen ist" und für ihn Schweigen – da er sich ja bereits zur Sache eingelassen hat – in einer nachfolgenden Vernehmung keinen Sinn mehr macht. Denn nach seiner Auffassung können seine vorherigen Angaben gegen ihn verwertet werden. Folglich wird er glauben, auch weiterhin Angaben zur Sache machen zu müssen, da die einmal getätigte Aussage „nicht mehr aus der Welt zu schaffen ist". Soll das nemo-tenetur Prinzip nicht nur theoretisch sondern auch praktisch Wirkung entfalten, so muss dem Beschuldigten aufgrund dieses Grundsatzes ein erweiterter Hinweis dahingehend gegeben werden, dass er sich nach wie vor frei entscheiden kann ob er von seinem Schweigerecht Gebrauch macht, oder sich weiter zur Sache einlässt, da die frühere unbelehrt gemachte Aussage mit einem Verwertungsverbot belegt ist. Andernfalls wird er sich nach wie vor an seine früheren unverwertbaren Angaben gebunden fühlen. Daher ist auch das nemo-tenetur Prinzip taugliche Ausgangsbasis für die Notwendigkeit zur Erteilung einer qualifizierten Belehrung.

---

6   BGHSt 38, S. 220; 56, 43 ff.

VI. Der öffentlich-rechtliche Folgenbeseitigungsanspruch

Auch das Rechtsinstitut des öffentlich-rechtlichen Folgenbeseitigungsanspruchs greift möglicherweise als Herleitungsbasis für die Notwendigkeit einer qualifizierten Belehrung ein[7]. Dieser Anspruch wurde zwar im 4. Kapitel bei der Frage, ob sich eine Pflicht zur Erteilung einer qualifizierten Belehrung bezüglich des Bestehens eines Beweisverwertungsverbots nach einer rechtswidrig durchgeführten Hausdurchsuchung auch aus dem öffentlich-rechtlichen Folgenbeseitigungsanspruchs ergibt abgelehnt[8], soll aber aufgrund der Vollständigkeit und sich eventuell ergebender neuer Denkansätze in diesem Kapitel dennoch dargestellt werden. Denn wenn die Strafverfolgungsbehörden die Beschuldigtenbelehrung unterlassen, so greifen sie in ein subjektives Recht des Beschuldigten – die Aussagefreiheit – ein. Dieser Eingriff ist auch rechtswidrig, da § 136 StPO zwingend vorschreibt, dass der Beschuldigte zu belehren *ist*. Dieser Zustand dauert auch noch so lange an, wie die Aussagefreiheit des Beschuldigten nicht wiederhergestellt ist. Eine derartige Wiederherstellung ist jedoch nur dann möglich, wenn der Beschuldigte darauf hingewiesen wird, dass seine früheren, unbelehrt gemachten Einlassungen einem Verwertungsverbot unterliegen und daher nicht gegen ihn verwandt werden dürfen. Durch eine solche Heilung des Verfahrensfehlers im Rahmen einer qualifizierten Belehrung würde die Aussagefreiheit des Beschuldigten wiederhergestellt.

Auch muss beachtet werden, dass von dem öffentlich-rechtlichen Folgenbeseitigungsanspruch lediglich die unmittelbaren Folgen eines rechtswidrigen Eingriffs in subjektive Rechte erfasst werden. Der Eingriff in die Aussagefreiheit des Beschuldigten aufgrund der unterlassenen oder fehlerhaften Belehrung und die daraus resultierende Pflicht zur Rückgängigmachung sind unmittelbare Auswirkungen des zuvor getätigten – aufgrund der fehlerhaften Belehrung rechtswidrigen – Eingriffs. Folglich greifen hier die bei der qualifizierten Belehrung bezüglich des Bestehens eines Beweisverwertungsverbots nach einer rechtswidrig vollzogenen Hausdurchsuchung angemeldeten Zweifel nicht ein[9]. Damit ist die Herleitung einer Pflicht zur Erteilung einer qualifizierten Belehrung durch eine entsprechende Anwendung des öffentlich-rechtlichen Folgenbeseitigungsanspruchs möglich.

---

7   Zu den Voraussetzungen vgl. 4. Kapitel D. II. 1., 2.
8   Vgl. 4. Kapitel D 4.
9   Vgl. hierzu 4. Kapitel D. II. 4.

B. Die qualifizierte Belehrung nach einem Verstoß gegen § 136 a I StPO

Eine weitere Fallgruppe, bei der die Notwendigkeit einer qualifizierten Belehrung diskutiert wird, stellt diejenige dar, wenn bei der Vernehmung eines Beschuldigten gegen § 136 a I StPO verstoßen wurde. Als Beispiel hierfür wurde der sogenannte „Fall Daschner" dargestellt[10]. Kam es bei der Vernehmung eines Beschuldigten zu der Anwendung verbotener Vernehmungsmethoden, so ist die dabei zustande gekommene Aussage gemäß § 136 a III 2 StPO einer Verwertung nicht zugänglich. Dennoch wird der Betroffene glauben, aufgrund seiner vorherigen Einlassungen an das einmal Gesagte gebunden zu sein, da er von dem Beweisverwertungsverbot nichts wusste. Daher wird in einem solchen Fall sowohl von Seiten der Rechtsprechung als auch von Seiten der Literatur eine qualifizierte Belehrung im Hinblick auf das bestehende Beweisverwertungsverbot gefordert, damit der Beschuldigte die aus seiner Sicht nicht mehr gegebene Wahlfreiheit in Bezug auf sein Aussageverhalten wieder ausüben kann[11].

I. Verteidigungsfunktion der Belehrungsvorschriften

Fraglich ist jedoch, ob diese Notwendigkeit zur Erteilung einer qualifizierten Belehrung aus denselben Rechtsinstituten wie bei der Frage der qualifizierten Belehrung nach einer unterlassenen Beschuldigtenbelehrung, die ebenfalls ein Beweisverwertungsverbot zur Folge hat, hergeleitet werden kann.

Dann müsste zunächst die Erforderlichkeit einer qualifizierten Belehrung nach einem Verstoß gegen § 136 a I StPO auch aus der Verteidigungsfunktion der Belehrungsvorschrift des § 136 StPO hergeleitet werden können. Dazu müsste allerdings das Verbot der Anwendung verbotener Vernehmungsmethoden auch der Verteidigung des Betroffenen dienen, so dass sich die Frage nach der Funktion des § 136 a StPO stellt. Die Meinungen hierzu sind jedoch nicht einheitlich. Zum einen wird vertreten, dass es Sinn und Zweck von § 136 a StPO ist, die „Aussageperson (...) vor einer fehlerhaften Aussage zu bewahren und auf diese Weise die Sicherheit der Tatsachenfeststellung im Verfahren zu gewährleisten"[12]. Wieder andere sehen den Schutz der Aussagefreiheit als Kern der Vorschrift an[13].

---

10 Vgl. 1. Kapitel B II 1. b)
11 Vgl. 1. Kapitel II 1. u. 2.
12 KMR – Lesch, § 136 a Rn. 2; Joerden, JuS 1993, S. 927 ff.; Lesch, ZStW 1999, S. 639 ff.
13 Dingleldey, JA 1984, S. 408; Sternberg-Lieben, Jura 1995, S. 306; Pawlik, GA 1998, S. 383, 389

Auch die Subjektstellung und Menschenwürde der Aussageperson[14], sowie das Ansehen des Rechtsstaates[15] werden als Normzweck von § 136 a StPO angeführt. Dafür jedoch, dass § 136 a StPO auch der Verteidigung des Betroffenen dient, lässt sich kein Hinweis finden. Dies hat nach der hier vertretenen Auffassung seinen Grund darin, dass bereits die Belehrungsvorschrift des § 136 StPO umfassend der Verteidigung des Beschuldigten dient, so dass diesbezüglich nicht auf § 136 a StPO ausgewichen werden muss bzw. kann. Daher lässt sich eine Notwendigkeit zur Erteilung einer qualifizierten Belehrung – bei einer Vernehmung, die aufgrund eines Verstoßes gegen § 136 a I StPO ein Verwertungsverbot nach sich zog – nicht aus der Verteidigungsfunktion der Belehrungsvorschrift herleiten.

II. Das Prinzip des fairen Verfahrens

Allerdings könnte das Prinzip des fairen Verfahrens eine taugliche Basis für die Herleitung einer Notwendigkeit zur Erteilung einer qualifizierten Belehrung nach einem Verstoß gegen § 136 a I StPO sein. Denn wenn die Strafverfolgungsbehörden beim Betroffenen ein Wissensdefizit bezüglich des Bestehens eines Beweisverwertungsverbots ausnutzen würden und er sich daher an die vormalige unverwertbare Einlassung gebunden fühlt, so ist die auf diese Weise erlangte Aussage in rechtsstaatswidriger Weise unter „unfairer" Ausnutzung der Verfahrenssituation des Betroffenen zustande gekommen. Es ist eines der elementaren Prinzipien der deutschen Strafprozessordnung die Würde des Menschen zu achten. Wenden die Strafverfolgungsbehörden bei der Vernehmung der Aussageperson eine verbotene Vernehmungsmethode im Sinne von § 136 a I StPO an, so kann der Staat sein Recht zu strafen bzw. die entsprechende Straftat zu verfolgen nur wahren, indem er eine qualifizierte Belehrung über das Bestehen eines Beweisverwertungsverbots erteilt. Dann wäre der Grundsatz des fairen Verfahrens wiederhergestellt, so dass dieser auch als taugliche Ableitungsbasis für eine derartige erweiterte Hinweispflicht in Betracht kommt.

III. Die prozessuale Fürsorgepflicht

Auch die prozessuale Fürsorgepflicht als Konkretisierung des Prinzips des fairen Verfahrens und ebenso das Prinzip der Waffen- und Chancengleichheit folgen bei der Frage nach der möglichen Ableitung einer Notwendigkeit zur qualifizierten

---

14 SK – Rogall, § 136 a Rn. 3 f.; KK – Boujong, § 136 a Rn. 1
15 Sternberg-Lieben, Jura 1995, S. 307; Neuhaus, NStZ 1997, S. 314 ff.

Belehrung einem vergleichbaren Argumentationsstrang. Denn den Strafverfolgungsbehörden und insbesondere dem Gericht ist aufgrund ihrer juristischen
Vorbildung durchaus bewusst, dass die in § 136 a I StPO aufgezählten verbotenen
Vernehmungsmethoden zumindest nicht erlaubt sind und daher gemäß Absatz III
2 mit einem Verwertungsverbot belegt sind. Von einer Aussageperson kann je-
doch das Wissen um derartige spezifische Rechtsfolgen aufgrund mangelnder
juristischer Vorkenntnisse nicht erwartet oder gar vorausgesetzt werden. Die
Aussageperson wird sich im Gegenteil an das bereits zuvor Gesagte, was einer
Verwertung selbst bei Einwilligung nicht zugänglich ist, gebunden fühlen. Daher obliegt es in der Hauptverhandlung dem Gericht aufgrund der prozessualen
Fürsorgepflicht diese Beeinträchtigung der Aussagefreiheit wieder aufzuheben.
Selbiges muss auch von den Strafverfolgungsbehörden im Ermittlungsverfahren
aufgrund des Prinzips der Waffen- und Chancengleichheit verlangt werden, denn
auch ihnen ist die Rechtswidrigkeit der Vernehmung bei Missachtung des § 136
a I StPO und die sich daraus ergebenden Rechtsfolgen bekannt, dem Betroffenen
in der Regel jedoch nicht.

Das im 4. Kapitel vorgetragene Argument, dass den Strafverfolgungsbehörden
und dabei insbesondere der Staatsanwaltschaft als „Herrin des Ermittlungsverfahrens" ein Informationsvorsprung eingeräumt werden muss und daher das
Prinzip der Waffen- und Chancengleichheit keine taugliche Ableitungsbasis für
eine qualifizierte Belehrung ist, verfängt in dieser Fallkonstellation nicht. Denn
es sind keine Ermittlungsergebnisse betroffen, bei deren Kenntnis der Betroffene
die Ermittlungen gefährden könnte, sondern allein seine Aussagefreiheit, so dass
das Prinzip der Waffen- und Chancengleichheit ein Zurückhalten des Wissens
um ein Bestehen des Beweisverwertungsverbots nach einem Verstoß gegen § 136
a I StPO nicht rechtfertigt.

Jedoch auch im Ermittlungsverfahren steht der Aussageperson – je nach dem,
ob sie Beschuldigter, Zeuge oder Sachverständiger ist – ein spezielles Aussageverweigerungsrecht zu. Wurde also § 136 a I StPO missachtet, und ist die so
gewonnene Aussage mit einem Beweisverwertungsverbot belegt, so gebietet es
auch das Prinzip der Waffen- und Chancengleichheit, die Aussageperson durch
die Erteilung einer qualifizierten Belehrung auf das Bestehen des Beweisverwertungsverbotes hinzuweisen.

IV. Der öffentlich-rechtliche Folgenbeseitigungsanspruch

Die Notwendigkeit einer qualifizierten Belehrung lässt sich bei einem Verstoß
gegen § 136 a I StPO, der ein Beweisverwertungsverbot bezüglich der so gewonnenen Aussage nach sich zog, auch aus einer entsprechenden Anwendung des

öffentlich-rechtlichen Folgenbeseitigungsanspruchs herleiten. Insofern kann auf die im Rahmen einer qualifizierten Belehrung nach einer unterlassenen Beschuldigtenbelehrung dargestellten Ausführungen verwiesen werden. Denn auch hier liegt ein rechtswidriger Eingriff in die Aussagefreiheit des Betroffenen durch die Strafverfolgungsbehörden und damit ein hoheitlicher rechtswidriger Eingriff in ein subjektives Recht vor. Ferner dauert dieser rechtswidrige Zustand – die Beeinträchtigung der Aussagefreiheit – solange an, wie die Aussageperson nicht durch die Erteilung einer qualifizierten Belehrung über die Unverwertbarkeit ihrer vormaligen Einlassungen informiert wird. Folglich ist auch der öffentlich-rechtliche Folgenbeseitigungsanspruch tauglicher Ausgangspunkt für die Ableitung der Notwendigkeit einer qualifizierten Belehrung nach einem Verstoß gegen § 136 a I StPO.

C. Die qualifizierte Belehrung nach einem Verstoß gegen die Belehrungsvorschrift des § 52 III 1 StPO

Im Folgenden soll überprüft werden, ob aus den zuvor dargestellten Rechtsinstituten auch eine Pflicht zur Vornahme einer qualifizierten Belehrung nach einem Verstoß gegen die Belehrungsvorschrift des § 52 III 1 StPO abgeleitet werden kann. Denn ein solcher Verstoß hat ein Beweisverwertungsverbot im Hinblick auf die unbelehrt gemachte Zeugenaussage zur Folge[16], über das der Zeuge dann – gegebenenfalls – durch eine qualifizierte Belehrung zu informieren ist. Hierbei werden die bereits zuvor abgelehnten bzw. als nicht tauglich befundenen Rechtsinstitute außer acht gelassen, da wie eingangs beschrieben, nach einem allgemein-gültigen Lösungsansatz gesucht wird.

I. Die qualifizierte Belehrung bei der unterlassenen Zeugenbelehrung

1. Verteidigungsfunktion der Belehrungsvorschriften

Die Verteidigungsfunktion der Belehrungsvorschriften des § 136 StPO scheidet als Ableitungsbasis für eine qualifizierte Belehrung nach einer unterlassenen Zeugenbelehrung aus. Denn für Zeugen gelten allein die Belehrungsvorschriften der §§ 52 ff. StPO, nicht jedoch die Belehrungsvorschriften, die die Belehrung des Beschuldigten im Sinne von § 136 StPO betreffen. Auch dienen die Zeu-

---

16   Vgl. 1. Kapitel B III 2.

genbelehrungsvorschriften nicht der Verteidigung des Zeugen, sondern der Vermeidung eines Gewissenkonflikts zwischen der Pflicht, die Wahrheit zu sagen einerseits und der moralischen Verpflichtung andererseits, einen Angehörigen nicht belasten zu wollen[17].

Daher findet die Notwendigkeit der Erteilung einer qualifizierten Belehrung keine taugliche Grundlage in der Verteidigungsfunktion des § 136 StPO.

2. Das nemo-tenetur-Prinzip

Fraglich ist, ob das nemo-tenetur Prinzip als taugliche Ableitungsbasis für die Notwendigkeit der Erteilung einer qualifizierten Belehrung nach einer unterlassenen Zeugenbelehrung in Betracht kommt. Wie bereits erwähnt dient die Vorschrift des § 52 III 1 StPO vorrangig der Vermeidung eines Gewissenskonflikts. Dieser Sinn und Zweck der Zeugenbelehrung ist jedoch eine spezielle Ausprägung des nemo-tenetur-Prinzips, da der Zeuge nicht gezwungen werden darf, einen nahen Angehörigen zu belasten[18]. In der hier beschriebenen Fallkonstellation soll der Zeuge nach wie vor einem Gewissenskonflikt geschützt werden. Folglich greift bei einer unterlassenen Zeugenbelehrung gemäß § 52 III 1 StPO der nemo-tenetur-Grundsatz als Grundlage für die Ableitung der Notwendigkeit einer qualifizierten Belehrung nach einer unterlassenen Zeugenbelehrung ein.

3. Das Prinzip des fairen Verfahrens

Ebenfalls könnte das Prinzip des fairen Verfahrens als Grundlage für die Herleitung einer qualifizierten Belehrung nach einer unterlassenen Zeugenbelehrung in Betracht kommen. Dieses scheitert insbesondere nicht daran, dass gegen den Zeugen kein *Verfahren* im prozessualen Sinn betrieben wird, sondern er nur ein Beweismittel in einem gegen den Angeklagten betriebenen Verfahren ist. Denn die Missachtung des Vertrauensverhältnisses zwischen einem Beschuldigten und einem Angehörigen beinhaltet einen Verstoß gegen das Prinzip des fairen Verfahrens[19]. Das Prinzip des fairen Verfahrens ist daher auch auf den Zeugen anwendbar[20]. Es dient dabei dazu, die Persönlichkeit des Zeugen davor zu schützen, zum Objekt der prozessualen Wahrheitsfindung zu werden[21]. Daher ist er gemäß § 52 III 1 StPO zu belehren.

---

17   Vgl. 1. Kapitel B III. 1.
18   Vgl. 1. Kapitel B III 1.
19   BVerfG, NStZ 2000, S. 490; HK – Lemke, S. 124
20   BVerfGE 38, S. 112/113; BVerfGE 56, S. 44/45
21   BVerfGE 56, S. 45

Ist ihm jedoch nicht bewusst, dass der Inhalt einer Vernehmung, bei der er in Unkenntnis seines Zeugnisverweigerungsrechts eine Einlassung getätigt hat, mit einem Beweisverwertungsverbot belegt ist, so stellt dies eine Verletzung des Prinzips des fairen Verfahrens dar. Denn dieses soll seine prozessualen Rechte, zu denen auch das Zeugnisverweigerungsrecht zählt, schützen.

Daher gebietet es das Prinzip des fairen Verfahrens, den Zeugen über das Bestehen eines Beweisverwertungsverbots nach einer unterlassenen Zeugensbelehrung qualifiziert zu belehren. Auf diese Weise wird dem Zeugen vor Augen geführt, dass er – nach nunmehr ordnungsgemäßer erweiterter Belehrung – nach wie vor in seiner Entscheidung frei ist, eine Aussage in dem gegen seinen Angehörigen gerichteten Verfahren zu tätigen, oder von seinem Zeugnisverweigerungsrecht Gebrauch zu machen. Denn der Zeuge wird als zumeist Rechtsunkundiger nicht in der Lage sein, die verfahrensrechtlichen Folgen, welche an den Verstoß gegen die Belehrungsvorschrift des § 52 III 1 StPO anknüpfen, selbst zu erkennen und juristisch korrekt zu bewerten.

4. Der öffentlich-rechtliche Folgenbeseitigungsanspruch

Weiterhin kommt auch der öffentlich-rechtliche Folgenbeseitigungsanspruch als Ableitungsbasis für eine qualifizierte Belehrung nach einer unterlassenen Zeugenbelehrung in Betracht. Wird die Zeugenbelehrung unterlassenen, so liegt darin ein rechtswidriger Eingriff in ein subjektives Recht, nämlich dasjenige unter den Voraussetzungen der §§ 52 ff. StPO das Zeugnis verweigern zu dürfen. Dieses Unterlassen einer Zeugenbelehrung hat ein Beweisverwertungsverbot zu Folge und ist somit rechtswidrig[22]. Dieser Eingriff durch Unterlassen erfolgte auch hoheitlich, da er im Ermittlungsverfahren durch die Strafverfolgungsbehörden und in der Hauptverhandlung durch das Gericht erfolgt. Solange der Zeuge nicht qualifiziert darüber belehrt wird, dass seine frühere unbelehrt gemachte Aussage einem Verwertungsverbot unterfällt, besteht der rechtswidrige Zustand auch fort. Folglich ist auch der öffentlich-rechtliche Folgenbeseitigungsanspruch taugliche Ableitungsbasis für eine qualifizierte Zeugenbelehrung.

II. Die qualifizierte Belehrung beim Übergang von der Zeugen- zur Beschuldigtenbelehrung

Im Folgenden soll erörtert werden, woraus sich eine Pflicht zur Erteilung einer qualifizierten Belehrung beim Übergang von der Zeugen- zur Beschuldigtenbe-

---

22 Vgl. 1. Kapitel B. III 2.

lehrung ergeben kann. Denn wenn sich herauskristallisiert, dass die zuvor als Zeuge vernommene Person nunmehr als Beschuldigter in Betracht kommt, so wird sie glauben, an die zuvor als Zeuge gemachten – sie belastenden – Einlassungen gebunden zu sein. Allerdings unterfallen die zuvor gemachten Angaben einem Beweisverwertungsverbot, da § 55 StPO nicht beachtet worden ist, auf das der Beschuldigte durch die Erteilung einer qualifizierten Belehrung hinzuweisen ist[23].

1. Verteidigungsfunktion der Belehrungsvorschriften

Die Verteidigungsfunktion der Belehrungsvorschrift des § 136 StPO scheidet, da sie bei der unterlassenen Zeugenbelehrung nicht eingriff und nach einem allgemein-gültigen Lösungsansatz gesucht wird, als Ausgangsbasis einer Pflicht zur Erteilung einer qualifizierten Belehrung bezüglich des Bestehens eines Beweisverwertungsverbots aus.

2. Das nemo-tenetur-Prinzip

Das nemo-tenetur-Prinzip hingegen kommt als Ausgangsbasis in Betracht, denn es besagt, dass niemand gezwungen werden darf, sich selbst zu belasten. Glaubt der nunmehr Beschuldigte jedoch, an seine zuvor als Zeuge gemachten belastenden Einlassungen gebunden zu sein, obwohl diese einem Verwertungsverbot unterfallen, so wird er zumindest mittelbar zur Selbstbelastung gezwungen. Daher ist es im Hinblick auf die effektive Anwendung dieses Grundsatzes notwendig, eine Pflicht zur Erteilung einer qualifizierten Belehrung dahingehend zu fordern, dass diejenigen belastenden Angaben die der nunmehr Beschuldigte früher als Zeuge getätigt hat, einem Verwertungsverbot unterfallen und er daher immer noch unbeschränkt von seinem Recht die Aussage zu verweigern Gebrauch machen kann, ohne Bindung an frühere Einlassungen.

Da bereits in den vorherigen Ausführungen teilweise die Anwendbarkeit der prozessualen Fürsorgepflicht und die des Prinzips der Waffen- und Chancengleichheit bei dem Versuch einen allgemein-gültigen Lösungsansatz für die Herleitung einer Notwendigkeit zur Erteilung einer qualifizierten Belehrung abgelehnt wurde, sind an dieser Stelle weitere Darstellungen entbehrlich.

3. Der öffentlich-rechtliche Folgenbeseitigungsanspruch

Auch eine entsprechende Anwendung des öffentlich-rechtlichen Folgenbeseitigungsanspruchs kommt bei der Frage der Herleitung einer Notwendigkeit zur

---

23 Vgl. 1. Kapitel B III. 4.

Erteilung einer qualifizierten Belehrung beim Übergang von der Zeugen- zur Beschuldigtenbelehrung nicht in Betracht. Wird der vormalige Zeuge und nunmehr Beschuldigte nicht über sein generelles Aussageverweigerungsrecht belehrt, so liegt darin ein Eingriff in dieses subjektive Recht[24]. Dieser müsste auch rechtswidrig sein. Bei der ursprünglichen Vernehmung als Zeuge war dieser Eingriff jedoch zunächst rechtmäßig, solange nicht die Möglichkeit gegeben war, dass die er auch als Beschuldigter in Frage kommt. Damit war der vormalige Zustand rechtmäßig, so dass keine Möglichkeit besteht, aufgrund des öffentlich-rechtlichen Folgenbeseitigungsanspruchs eine Notwendigkeit zur Erteilung einer qualifizierten Belehrung anzunehmen.

D. Die qualifizierte Belehrung über die Freiheit des Rechtsmittelverzichts nach Absprache

Die letzte Fallgruppe, bei der die Notwendigkeit einer qualifizierten Belehrung Beachtung gefunden hat, ist die der qualifizierten Belehrung über die Freiheit des Rechtsmittelverzichts nach einer Absprache. Diese erweiterte Hinweispflicht erstreckt sich darauf, dem Rechtsmittelberechtigten mitzuteilen, dass er ungeachtet der Urteilsabsprache nach wie vor in seiner Entscheidung frei ist, Rechtsmittel einzulegen, da der Verzicht auf Rechtsmittel in der Urteilsabsprache unzulässig ist, was dem Betroffenen daher mitzuteilen ist.

I. Das Prinzip des fairen Verfahrens

Nach der Entscheidung des Großen Senats leitet sich das Erfordernis einer qualifizierten Belehrung aus einer Abwägung zwischen dem Prinzip des fairen Verfahrens einerseits und der Rechtssicherheit andererseits ab, wobei dem Prinzip des fairen Verfahrens aus den im 1. Kapitel B IV. 2. genannten Gründen der Vorrang einzuräumen ist.

Folglich lässt sich die Notwendigkeit einer qualifizierten Belehrung über die Freiheit des Rechtsmittelverzichts nach einer Absprache aus dem Prinzip des fairen Verfahrens ableiten.

---

24 Zu den Voraussetzungen des öffentlich-rechtlichen Folgenbeseitigungsanspruchs vgl. 4. Kapitel D III 1. u. 3.

II. Das nemo-tenetur-Prinzip

Erörterungsbedürftig ist, ob auch das nemo-tenetur Prinzip als Ableitungsbasis für die Notwendigkeit einer qualifizierten Belehrung in Betracht kommt[25]. Verzichtet der Betroffene im Rahmen einer Absprache auf Rechtsmittel, obwohl dieser Verzicht nach neuerer Rechtsprechung unzulässig ist, so begibt er sich, wenn keine qualifizierte Belehrung über die Unzulässigkeit des Rechtsmittelverzichts erteilt wird gegebenenfalls einer Instanz die das ihn belastenden Urteil überprüft, da ihm eben diese Unzulässigkeit nicht bekannt war. Zwar belastet ihn der Rechtsmittelverzicht, dies wird jedoch vom nemo-tenetur Prinzip nicht erfasst. Denn der Betroffene hat sich gegebenenfalls bereits zuvor in der Hauptverhandlung zur Sache eingelassen und ihn belastende Angaben gemacht. Schutzzweck des nemo-tenetur Prinzips ist es, den Beschuldigten oder Angeklagten vor der Gefahr der Selbstbelastung zu schützen. Der Verzicht auf Rechtsmittel birgt aber nicht die Gefahr der Selbstbelastung wie sie das nemo-tenetur Prinzip zu vermeiden sucht in sich. Daher kann es auch nicht für die Notwendigkeit einer qualifizierten Belehrung über die Freiheit des Rechtsmittelverzichts nach einer Absprache herangezogen werden.

III. Der öffentlich-rechtliche Folgenbeseitigungsanspruch

Auch eine entsprechende Anwendung des öffentlich-rechtlichen Folgenbeseitigungsanspruchs scheidet als Herleitungsbasis für die Notwendigkeit einer qualifizierten Belehrung über die Freiheit des Rechtsmittelverzichts nach einer Absprache aus. Denn sieht man die Freiheit, Rechtsmittel einzulegen als subjektives Recht des Betroffenen an, so wird in dieses Recht, wenn der Rechtsmittelverzicht Bestandteil einer Urteilsabsprache ist, eingegriffen. Dies führt allerdings nur zur Unwirksamkeit des Rechtsmittelverzichts nicht jedoch zu dessen Rechtswidrigkeit. Die Rechtswidrigkeit des Eingriffs ist aber zwingende Voraussetzung des öffentlich-rechtlichen Folgenbeseitigungsanspruchs, so dass dessen Voraussetzungen in dieser Fallkonstellation nicht vorliegen.

---

25 Die prozessuale Fürsorgepflicht bzw. das Prinzip der Waffen- und Chancengleichheit bedarf, da es bereits zuvor bei anderen Fallgruppen als Ableitungsbasis für einen allgemein-gültigen Lösungsansatz abgelehnt wurde, keiner weiteren Vertiefung

E. Ergebnis und Ausblick

I. Ergebnis

In den dargestellten Fallkonstellationen des 1. Kapitels, d.h. bei einer qualifizierten Belehrung nach einem Verstoß gegen die Belehrungsvorschrift des § 136 I 2 StPO, bei der qualifizierten Belehrung nach einem Verstoß gegen § 136 a I StPO, bei der qualifizierten Belehrung nach einem Verstoß gegen die Belehrungsvorschrift des § 52 III 1 StPO, bei der qualifizierten Belehrung über die Freiheit des Rechtsmittelverzichts nach Absprache und im Rahmen der qualifizierten Belehrung nach dem Übergang von der informatorischen Befragung zur Vernehmung, sowie bei der qualifizierten Belehrung bezüglich des Bestehens eines Beweisverwertungsverbots nach einer rechtswidrig durchgeführten Hausdurchsuchung im 3. Kapitel D. kristallisierte sich folgende Erkenntnis heraus:

Allein das Prinzip des fairen Verfahrens kommt als Ausgangsbasis für die Herleitung der Notwendigkeit einer Pflicht zur Erteilung einer qualifizierten Belehrung in Betracht, wenn nach einem allgemein-gültigen Lösungsansatz gesucht wird, der für jede der angeführten Fallgruppen Geltung entfaltet. Die übrigen in Ansatz gebrachten Rechtsinstitute kommen aus den oben angeführten Gründen generell für die Herleitung einer Pflicht zur qualifizierten Belehrung nicht in Betracht.

Dennoch können sie bei der Beantwortung der Frage nach der Herleitung einer Pflicht zur Erteilung einer qualifizierten Belehrung, teilweise je nach Einzelumständen, unterstützend herangezogen werden.

II. Ausblick

Welche Entwicklung das Rechtsinstitut der qualifizierten Belehrung in Zukunft nehmen wird, bleibt abzuwarten. Insbesondere die Frage, ob diese erweiterte Hinweispflicht auch bei einem Verstoß gegen andere strafprozessuale Verfahrensvorschriften zur Anwendung kommt lässt sich derzeit nicht abschließend beantworten. Zu denken ist hierbei an die Problematik ob bei einer unzulässigen Brechmittelvergabe, die gegebenenfalls ein Beweisverwertungsverbot nach sich zieht, der Betroffene auf die Unverwertbarkeit der so aufgefundenen Beweismittel hingewiesen werden muss. Ob und unter welchen Voraussetzungen die Verabreichung von Brechmitteln unzulässig ist bzw. ein Beweisverwertungsverbot nach sich zieht, wird in Literatur und Rechtsprechung unterschiedlich beurteilt.

Einmal soll die Verabreichung von Brechmitteln dann unzulässig sein und zu einem Beweisverwertungsverbot führen, wenn bewusst gegen § 81 a I 2 StPO verstoßen wurde und damit Gefahren für die Gesundheit des Beschuldigten ignoriert wurden[26]. Selbiges gelte auch, wenn der Verhältnismäßigkeitsgrundsatz nicht gewahrt wurde, d.h. wenn der Brechmitteleinsatz zum Zwecke der Strafverfolgung außer Verhältnis zu der aufzuklärenden Straftat stünde[27]. Die Annahme eines Beweisverwertungsverbotes sei allerdings nicht die Regel, sondern die Ausnahme, da Verstöße gegen § 81 a I StPO grundsätzlich nicht zu einem Verwertungsverbot führten[28].

Der Europäische Gerichtshof für Menschenrechte hat jedoch im Jahre 2006 entschieden, dass die zwangsweise Verabreichung von Brechmitteln zur Beweisgewinnung in einem Strafverfahren, das sich auf den Verdacht von Verstößen gegen das BtMG bezieht, Art. 3 EMRK verletzt[29]. Weiterhin könne dann, wenn die strafrechtliche Verurteilung ausschließlich auf ein durch Verletzung von Art. 3 EMRK gewonnenes Beweismittel gestützt wird, darin eine Verletzung von Art. 6 EMRK liegen[30].

Wieder andere sind der Überzeugung, dass der Einsatz von Brechmitteln generell unzulässig sei, und bei ihrer Verwendung daher ein Beweisverwertungsverbot bezüglich der aufgefundenen Beweismittel anzunehmen sei. Als Begründung hierfür wird angeführt, es verstoße gegen den nemo-tenetur Grundsatz und die Menschenwürde des Betroffenen, wenn der Beschuldigte durch den unfreiwilligen körperlichen Vorgang des Erbrechens an seiner eigenen Überführung selbst aktiv mitwirken müsse[31].

All diesen Ansichten ist jedoch gemein, dass dann, wenn die Vorgaben des § 81 a I StPO bewusst missachtet wurden, ein Beweisverwertungsverbot bezüglich der aufgefundenen Beweismittel die Folge ist. Ob dann aber auch das Prinzip des fairen Verfahrens als taugliches Rechtsinstitut für die Herleitung einer Pflicht zur qualifizierten Belehrung bezüglich des Bestehens eines Beweisverwertungsverbots nach einer rechtswidrigen Brechmittelvergabe in Betracht kommt, oder ob bei der Frage nach einer allgemein-gültigen Möglichkeit zur Begründung einer Pflicht zur qualifizierten Belehrung doch auf eines der anderen im 4. Kapitel dargestellten Rechtsinstitute zurückgegriffen werden muss, ist derzeit noch ungeklärt. In rechtstatsächlicher Hinsicht ist dabei jedoch anzumerken, dass wohl

26 BVerfG, NJW 2007, S. 1425; BGH, NStZ-RR 2007, S. 242; vgl. OLG Stuttgart, NStZ 2008, S. 239
27 Fahl, JuS 2001, S. 53
28 Grüner, JuS 1999, S. 126; Schroth, JuS 1998, S. 975; Jäger, GA 2008, S. 487
29 EGMR, StV 2006, S. 617 ff.
30 Vgl. hierzu insbesondere Schumann, StV 2006, S. 661 ff.; Jäger, GA 2008, S. 489
31 Weßlau, StV 1997, S. 341 f.; OLG Frankfurt, StV 1996, S. 651 f.

alle Bundesländer die Vergabepraxis von Brechmitteln zwischenzeitlich abgeschafft haben, dass die tatsächliche Relevanz der Diskussion über die Frage der Erteilung einer qualifizierten Belehrung in diesem Zusammenhang gering ist.

Das Hauptargument, welches die Heranziehung des Prinzips des fairen Verfahrens in den vielen verschiedenen Fallgruppen der qualifizierten Belehrung ermöglicht, liegt in der Situation des von der Vernehmung Betroffenen begründet. Es muss deutlich herausgestellt werden, dass wohl die Mehrheit der Vernommenen im Umgang mit den Strafverfolgungsbehörden oder der Justiz im Allgemeinen, wenig vertraut ist. Daher kann von ihnen auch nicht erwartet werden, dass sie um spezifische Rechtsfolgen wie z.B. die des Bestehens eines Beweisverwertungsverbots nach einer rechtswidrigen Brechmittelvergabe, wissen.

Werden sie nunmehr von den Strafverfolgungsorganen nicht durch die Erteilung einer qualifizierten Belehrung bezüglich des Bestehens eines Beweisverwertungsverbotes auf eben diese Unverwertbarkeit hingewiesen, so werden die von der Brechmittelvergabe Betroffenen während dieses Verfahrens bis zum Abschluss der Ermittlungen quasi in doppelter Hinsicht benachteiligt.

Zum einen wurde auf Grundlage des § 81 a I StPO rechtswidrig in ihre körperliche Unversehrtheit eingegriffen und zum anderen ist ihnen auch nicht bewusst, dass die dabei zutage geförderten Beweismittel einem Verwertungsverbot unterfallen.

An dieser Stelle drängt sich der Vergleich mit der qualifizierten Belehrung bei der unterlassenen Beschuldigtenbelehrung bzw. der erweiterten Hinweispflicht im Hinblick auf nach einer rechtswidrigen Hausdurchsuchung bestehende Beweisverwertungsverbote auf. Denn auch hier glaubt der Betroffene ohne die Vornahme einer qualifizierten Belehrung, dass seine früheren (unverwertbaren) Einlassungen gegen ihn verwendet werden können, bzw. dass ihm die bei der (rechtswidrigen) Hausdurchsuchung aufgefundenen Beweismittel zum Nachteil gereichen könnten. Wird eine qualifizierte Belehrung nicht erteilt, so bedeutet dies einen Verstoß gegen den Grundsatz des fairen Verfahrens, da die Strafverfolgungsbehörden mittelbar über die Missachtung von Verfahrensvorschriften zu einer Aussage/einem Geständnis des Betroffenen kommen. Denn der Betroffene wird in den beschriebenen Situationen glauben, dass Schweigen keinen Sinn mehr macht, da (vermeintlich) belastende Beweismittel gegen ihn vorliegen. Folglich kann die Pflicht zur Erteilung einer qualifizierten Belehrung auch hier aus dem Prinzip des fairen Verfahrens hergeleitet werden.

Dies gilt auch im Rahmen der Brechmittelvergabe. Wurde der Beschuldigte unter bewusster Missachtung der Vorgaben des § 81 a I StPO zum Erbrechen gezwungen, so wird er glauben, dass die dabei ausgeschiedenen Beweismittel gegen ihn verwendet werden können, obwohl ein Beweisverwertungsverbot besteht, von dem er nichts weiß.

Daher muss ihm – auch in dieser Fallkonstellation – im Rahmen einer qualifizierten Belehrung mitgeteilt werden, dass die aufgefundenen Beweismittel einem
Verwertungsverbot unterfallen und er sich daher nach wie vor frei entscheiden
kann, ob er von seinem Recht die Aussage zu verweigern Gebrauch macht oder
sich zur Sache einlässt. Eine andere Vorgehensweise, etwa die, den Betroffenen
über seine verfahrensrechtliche Lage im Unklaren zu lassen, würde einen Verstoß gegen das Prinzip des fairen Verfahrens bedeuten. Denn zum einen würden
sich die Strafverfolgungsbehörden in „unfairer Weise" auf Beweismittel stützen,
die so nicht hätten erlangt werden dürfen und zum anderen wird sich der von
Brechmittelvergabe Betroffene aus den oben genannten Gründen zu einer Ein-
lassung/einem Geständnis – auch aufgrund des beschriebenen Wissensdefizits –
gezwungen sehen, so dass auch hier der Grundsatz des fairen Verfahrens als
taugliche Ableitungsbasis für eine Pflicht zur Erteilung einer qualifizierten Belehrung bezüglich des Bestehens eines Beweisverwertungsverbots nach einer
rechtswidrigen Brechmittelvergabe in Betracht kommt.

Wie gezeigt wurde, können die Fallgruppen, in denen das Rechtsinstitut der
qualifizierten Belehrung zur Anwendung kommen kann, derzeit nicht abschließend aufgezählt werden. Daher obliegt es der Rechtsprechung, die derzeit gelten-
de Rechtsunsicherheit bezüglich des Rechtsinstituts der qualifizierten Belehrung
durch die Bildung von Fallgruppen und deren Konkretisierung zu beseitigen.
Denn eine verbindliche Regelung durch den Gesetzgeber kann momentan nicht
erwartet werden, da die Fallgruppen, bei denen das Rechtsinstitut der qualifizierten Belehrung zur Anwendung kommt, gegenwärtig nicht endgültig beziffert
werden können.

Thesen

Die Ergebnisse der Arbeit lassen sich in folgenden Thesen zusammenfassen:

1.
Unter einer „qualifizierten Belehrung" versteht man eine inhaltlich erweiterte Belehrungspflicht, die darauf abzielt, die Aussagefreiheit des von einem Verfahrensfehler in seinen Rechten Betroffenen zu erhalten bzw. wieder herzustellen.

2.
Dieses Rechtsinstitut der „qualifizierten Belehrung" ist gesetzlich nicht geregelt. Es wurde durch die Literatur entwickelt und sodann durch die Rechtsprechung anerkannt und stetig weiterentwickelt.

3.
Zunächst nur bei Vorliegen eines Beweisverwertungsverbotes nach einer unterlassenen Beschuldigtenbelehrung eingeführt und beschrieben, erweiterte die Rechtsprechung die Pflicht zur Erteilung einer qualifizierten Belehrung auf Verstöße gegen § 136 a StPO sowie gegen die Belehrungsvorschrift des § 52 III S. 1 StPO.

Gefordert wurden überdies Hinweispflichten auf die Freiheit des Rechtsmittelverzichts nach einer Absprache, auf den Übergang von der informatorischen Befragung zur Vernehmung sowie auf die Rechtswidrigkeit einer Hausdurchsuchung.

Diese Entwicklung spricht, insbesondere nach einer Entscheidung des Großen Senats für Strafsachen aus dem Jahre 2005 zur qualifizierten Belehrung über die Freiheit des Rechtsmittelverzichts nach einer Absprache, für eine mittlerweile weitgehende Akzeptanz dieser neuen erweiterten Hinweispflicht.

4.
Hauptgrund für den zusätzlichen Hinweis auf ein Beweisverwertungsverbot auf Grund unzureichender Belehrung des Beschuldigten ist der Schutz des Betroffenen vor unzulässigen Eingriffen in seine Aussagefreiheit. Durch die Erteilung einer qualifizierten Belehrung soll ihm deutlich vor Augen geführt werden, dass es ihm – auf Grund des Bestehens eines Beweisverwertungsverbotes – nach wie vor möglich ist, von seinem Recht, die Aussage zu verweigern Gebrauch zu machen.

Ohne die Erteilung einer qualifizierten Belehrung würde der Betroffene auf Grund einer für ihn vermeintlich ungünstigen Beweislage glauben, dass Schweigen in seiner derzeitigen Situation keinen Zweck hat und er sich daher zur Sache einlassen sollte, um seine Lage zu verbessern.

5.

Eine Missachtung der Verfahrensvorschriften über die Voraussetzungen der Anordnung einer Hausdurchsuchung, muss ein Beweisverwertungsverbot zur Folge haben. Einzig auf diese Weise wird das Grundrecht auf Unverletzlichkeit der Wohnung ausreichend geschützt. Auf ein solches Beweisverwertungsverbot ist der von der Durchsuchung Betroffene durch die Erteilung einer qualifizierten Belehrung hinzuweisen.

6.

Der Angeklagte ist nach einer Absprache mit rechtswidriger Abrede eines Rechtsmittelverzichts auf der das spätere Urteil beruht, qualifiziert darüber zu belehren, dass es ihm immer noch freisteht, gegen das Urteil Rechtsmittel einzulegen. Ansonsten würde er glauben, an die Absprache gebunden zu sein, obwohl es ihm trotzdem freisteht, Berufung oder Revision einzulegen.

7.

Das Rechtsinstitut des öffentlich-rechtlichen Folgenbeseitigungsanspruchs kann als taugliche Ableitungsbasis einer Pflicht zur Erteilung einer qualifizierten Belehrung dienen. Dies gilt jedoch nur dann, wenn es um die Beseitigung der unmittelbaren Folgen eines hoheitlichen Eingriffs in ein subjektives Recht geht, da ansonsten die Regelungen über den Vollzugsfolgenbeseitigungsanspruch eingreifen.

8.

Einzig der Grundsatz des fairen Verfahrens ist taugliche Ableitungsbasis für eine Pflicht zur qualifizierten Belehrung bei folgenden Rechtsverstößen bzw. Hinweispflichten, die jeweils ein Beweisverwertungsverbot nach sich zogen: bei einer unterlassenen Beschuldigtenbelehrung, bei einem Verstoß gegen § 136 a StPO, beim Verstoß gegen die Belehrungsvorschrift des § 52 III S. 1 StPO, beim Übergang von der Zeugen- zur Beschuldigtenvernehmung, bei einer Urteilsabsprache, bei der unzulässigerweise ein Rechtsmittelverzicht vereinbart wurde, beim Übergang von einer unzulässigen informatorischen Befragung zur Vernehmung, bei einer rechtswidrigen Hausdurchsuchung und bei einer rechtswidrigen Brechmittelvergabe.

9.

Der Täuschungsbegriff im Sinne des § 136 a I StPO bedarf einer weiten Auslegung, da die Norm vor allem zum Schutz des Beschuldigten konzipiert ist. Daher ist auch das fahrlässige Verschweigen des Bestehens eines Beweisverwertungsverbots als verbotene Täuschung im Sinne dieser Norm einzuordnen. Ein derartiges Verschweigen hätte wiederum gemäß § 136 a III 2 StPO ein Beweisverwertungsverbot zur Folge, auf welches der Betroffene durch die Erteilung einer qualifizierten Belehrung hingewiesen werden müsste.

10.

Die Vornahme einer qualifizierten Belehrung ist nicht aufgrund des Akteneinsichtsrechts der Verteidigung entbehrlich. Ein Fehlverhalten der Strafverfolgungsorgane, welches die Pflicht zur Vornahme einer qualifizierten Belehrung begründete, kann nicht dadurch geheilt werden, dass der Verteidiger seinen Mandanten über das Vorliegen von Verfahrensfehlern informiert.

Literaturverzeichnis

Achenbach, Hans
zit.: Achenbach, MDR Jahr, Seite

–.
zit.: Achenbach, StV Jahr, Seite

„Tat", „Straftat", „Handlung" und die Strafrechtsreform
MDR 1975, 19–21
Anmerkung zu BGH vom 16.03.1989
(Az.: I StR 608/88)
StV 1989, 515–518

Altenhain, Karsten
Haimerl, Michael
zit.: Altenhain/Haimerl, GA Jahr, Seite

Modelle konsensualer Erledigung des Hauptverfahrens (unter Berücksichtigung des
Beschlusses des Großen Senats für Strafsachen
vom 3.3.2005)
GA 2005, 281–306

Alternativkommentar
zit.: AK – Bearbeiter, § Rn.

Kommentar zur Strafprozessordnung
Band 2/Teilband 1
§§ 94–212 b
Neuwied, Kniftel, Berlin 1992

Amelung, Knut
zit.: Amelung, NStZ Jahr, Seite

–.
zit.: Amelung, Seite

–.
zit.: Amelung, NJW Jahr, Seite

Die Entscheidung des BVerfG zur „Gefahr im
Verzug" i.S. des Art. 13 II GG
NStZ 2001, 337–343
Informationsbeherrschungsrechte im Strafprozeß
Berlin 1990
Grundfragen der Verwertungsverbote bei
beweissichernden Haussuchungen im Strafverfahren
NJW 1991, 2533–2540

Amelung, Knut
Mittag, Matthias
zit.: Amelung/Mittag, NStZ Jahr, Seite

Beweislastumkehr bei Haussuchungen ohne
richterliche Anordnung gemäß § 105 StPO
NStZ 2005, 614–617

Artkämper, Heiko
zit.: Artkämper, Kriminalistik Jahr, Seite

Fehlerquellen der Beschuldigtenvernehmung
Kriminalistik 1996, 393–399

–.
zit.: Artkämper, Kriminalistik Jahr, Seite

Fehlerquellen der Beschuldigtenvernehmung –Teil 2
Kriminalistik 1996, 471–474

Bauer, Gerhard
zit.: Bauer, Seite

Die Aussage des über sein Schweigerecht nicht
belehrten Beschuldigten
Göttingen 1972

Bährle, Volker
zit.: Bährle, Seite

Die Aussagefreiheit des Angeklagten und die
Verwer-tung von Verfahrensaussagen in der
Hauptverhandlung
Heidelberg 1993

Beichel, Stephan
Kieninger, Jörg
zit.: Beichel/Kieninger, NStZ Jahr, Seite

„Gefahr im Verzug" auf Grund Selbstausschal
tung des erreichbaren, jedoch „unwilligen"
Bereitschaftsrichters?
NStZ 2003, 10–13

Bernsmann, Klaus
zit.: Bernsmann, StV Jahr, Seite

Anmerkung zu Beschluss des BGH vom
13.05.1996
(Az.: GSSt 1/96)
StV 1997, 116–119

Bethge, Herbert
Detterbeck, Steffen
zit.: Bethge/Detterbeck, Jura Jahr, Seite

Das folgenschwere Bardepot (Examensklausur)
Jura 1991, 550–556

Beulke, Werner
zit.: Beulke, S.

Strafprozessrecht
10. Auflage
Heidelberg 2008

–.
zit.: Beulke, NStZ Jahr, Seite

Muß die Polizei dem Beschuldigten vor der
Vernehmung „Erste Hilfe" bei der Verteidiger-
konsultation leisten?
NStZ 1996, 257–262

–.
zit.: Beulke, ZStW Jahr, Seite

Hypothetische Kausalverläufe bei rechtswid-
rigem Vorgehen von Ermittlungsbeamten
ZStW 1991, 657–680

Bockemühl, Jan
zit.: Bockemühl, Seite

Handbuch des Fachanwalts Strafrecht
2. Auflage
Neuwied 2002

Bohlander, Michael
zit.: Bohlander, StV Jahr, Seite

Die sogenannte „Widerspruchslösung" des BGH
und die Verantwortung des Strafverteidigers –
Ansatz zu einem Revisionsgrund der „ineffecti-
ve assistance of counsel" im deutschen Strafprozeß?
StV 1999, 562–567

Bosch, Nikolaus
zit.: Bosch, Seite

Aspekte des nemo-tenetur-Prinzips aus ver-
fassungs-rechtlicher und strafprozessualer Sicht
Augsburg 1997

Braun, Stefan
zit.: Braun, Seite

Die Absprache im deutschen Strafverfahren
Tübingen 1998

Bringewat, P.
zit.: Bringewat, JZ Jahr, Seite

Der „Verdächtige" als schweigeberechtigte Aus-
kunftsperson
JZ 1981, 289–295

Brugger, Winfried
zit.: Brugger, JuS Jahr, Seite

Gestalt und Begründung des Folgenbeseitigungsanspruchs
JuS 1999, 625–632

Bumke, Christian
zit.: Bumke, JuS Jahr, Seite

Der Folgenbeseitigungsanspruch
JuS 2005, 22–27

Burhoff, Detlef
zit.: Burhoff, StraFO Jahr, Seite
–.
zit.: Burhoff, PStR Jahr, Seite

–.
zit.: Burhoff, PStR Jahr, Seite
–.
zit.: Burhoff, Rn.

Praktische Fragen der „Widerspruchslösung"
StraFO 2003, 267–271
Durchsuchung: Richtervorbehalt und Anord-
nungsvoraussetzungen
PStR 2005, 138–142
Nichtrichterliche Anordnung
PStR 2005, 127–128
Handbuch für das strafrechtliche Ermittlungs-
verfahren
4. Auflage
Münster 2006

–.
zit.: Burhoff, PStR Jahr, Seite

Anmerkung zu Urteil des BVerfG vom 9.2.05
– Anforderungen an Durchsuchungsbeschluss –
PStR 2005, 152–153

Burkhard, Jörg
zit.: Burkhard, StraFO, Jahr

Falsche Belehrung bei Einleitungsverfügung
StraFO 2001
www.strafo.de/archivver/aufsatzburk.htm

Cassardt, Gunnar
zit.: Cassardt, NJW Jahr, Seite

Zur Gültigkeitsdauer ermittlungsrichterlicher-
Durchsuchungsanordnung
NJW 1996, 554–558

Cirener, Gabriele
zit.: Cirener, JR Jahr, Seite

Anmerkung zu Beschluss des BVerfG vom
27.5.1997
(Az.: 2 BvR 1992/92)
JR 1997, 389–391

Dagtoglou, Prodromus
zit.: Datoglou, JuS Jahr, Seite

Das Grundrecht der Unverletzlichkeit der
Wohnung
JuS 1975, 753–761

Dahle, Ekke
zit.: Dahle, Kriminalistik Jahr, Seite

Noch erlaubt oder schon verboten? Die
Abgrenzung von erlaubter List und verbotener
Täuschung im Ermittlungsverfahren
Kriminalistik 1990, 431–437

Dahs, Hans
zit.: Dahs, NJW Jahr, Seite
–.
zit.: Dahs, NStZ Jahr, Seite

Zur Verteidigung im Ermittlungsverfahren
NJW 1985, 113–1118
Anmerkung zum Beschluss des Großen Senats
vom 3.3.2005
NStZ 2005, 580–582

Daleman, Carsten
Heuchemer, Michael
zit.: Daleman/Heuchemer, JA Jahr,
Seite

Verwertungsverbot für die Beweisergebnisse
rechts-widriger Hausdurchsuchungen?
JA 2003, 430–435

Dallinger, Wilhelm
zit.: Dallinger, MDR Jahr, Seite

Aus der Rechsprechung des Bundesgerichtshofs
in Strafsachen
MDR 1951, 656–659

Deckers, Rüdiger
zit.: Deckers, NJW Jahr, Seite

Verteidigung in Verfahren wegen sexuellen
Missbrauchs von Kindern
NJW 1996, 3105–3111

Degener, Wilhelm
zit.: Degener, GA Jahr, Seite

§ 136 a StPO und die Aussagefreiheit des
Beschuldigten
GA 1992, 443–469

Dencker, Friedrich
zit.: Dencker, StV Jahr, Seite

–.
zit.: Dencker, ZStW Jahr, Seite

Über Heimlichkeit, Offenheit und Täuschung
bei der Beweisgewinnung im Strafverfahren
StV 1994, 667–683
Zum Geständnis im Straf- und Strafprozessrecht
ZStW 1990, 51–79

Deutsches Rechtslexikon
zit.: Deutsches Rechtslexikon, Seite

Band 1, A – F
2. Auflage
München 1992

Dingeldey, Thomas
zit.: Dingeldey, JA Jahr, Seite

Das Prinzip der Aussagefreiheit im Strafprozess
JA 1984, 407–414

Dörig
zit.: Dörig, NStZ Jahr, Seite

Anmerkung zu BGH Urteil vom 6.8.1987
– Fernwirkung unzulässiger Telefonüber-
wachung –
(Az.: 4 StR 333/87)
NStZ 1988, 143–144

Dreier, Horst
zit.: Dreier – Bearbeiter, Band I,
Art. Rn.

–.
zit.: Dreier – Bearbeiter, Band II,
Art. Rn.

–.
zit.: Dreier, Bearbeiter, Art. Rn.

Grundgesetz Kommentar
Band I, Art. 1–19
2. Auflage
Tübingen 2004
Grundgesetz Kommentar
Band II, Art. 20–82
2. Auflage
Tübingen 2006
Grundgesetz Kommentar
Band III Artikel 83–146
2. Auflage
Tübingen 2008

Duttge, Gunnar
Schoop, Christian
zit.: Duttge/Schoop, StV Jahr, Seite

Anmerkung zum Beschluss des BGH vom
3.3.2005
(Az.: GSSt 1/04)
StV 2005, 421–423

Eisenberg, Ulrich
zit.: Eisenberg, Rn.

Beweisrecht der StPO – Spezialkommentar
6. Auflage
München 2008

Eisenberg, Ulrich
Zötsch, Bettina
zit.: Eisenberg/Zötsch, NJW Jahr,
Seite

Der Zeugenbeweis im Strafverfahren – Tendenzen in der höchstrichterlichen Rechtsprechung
NJW 2003, 3676–3678

Erbs, Georg
zit.: Erbs, NJW Jahr, Seite

Unzulässige Vernehmungsmethoden
NJW 1951, 386–390

Esser, Robert
zit.: Esser, StraFO Jahr, Seite

Mindeststandards einer Europäischen Strafpro-
zeßord-nung unter Berücksichtigung der Rechtsprechung des Europäischen Gerichtshofs für
Menschenrechte
StraFO 2003, 335–344

Fahl, Christian
zit.: Fahl, JuS, Jahr Seite
–.
zit.: Fahl, ZStW Jahr, Seite

Der praktische Fall – Strafrecht: „Schlau hilft"
JuS 2001, 47–53
Der abgesprochene Rechtsmittelverzicht
ZStW 2005, 605–629

Fezer, Gerhard
zit.: Fezer, Seite
–.

zit.: Fezer, StV Jahr, Seite

–.
zit.: Fezer in FS Riess, Seite

Grundfragen der Beweisverwertungsverbote
Heidelberg 1995
Anmerkung zum Urteil des BGH vom
17.02.1989
(Az.: 2 StR 402/88)
StV 1989, 290–295
Festschrift für Peter Riess
– Effektiver Rechtsschutz bei Verletzung der
Anordnungsvoraussetzungen „Gefahr im Ver-
zug" – S. 93–113
Berlin New York 2002

Fiedler, Wilfried
zit.: Fiedler, NVwZ Jahr, Seite

Der Folgenbeseitigungsanspruch – die „kleine Münze" des Staatshaftungsrechts?
NVwZ 1986, 969–977

Fischer, Johann
zit.: Fischer, Seite

Die polizeiliche Vernehmung
Wiesbaden 1975

Frohn, Hansgeorg
zit.: Frohn, GA Jahr, Seite

Strafverteidigung und rechtliches Gehör
– Verfassungsrechtliche Anmerkungen zur Strafrechtsreform –
GA 1984, 554–571

Füllkrug, Michael
zit.: Füllkrug, Kriminalistik Jahr, Seite

Kindesmisshandlung und sexueller Missbrauch von Minderjährigen
Kriminalistik 1989, 271–279

Geppert, Klaus
Dehnicke, Dieter
zit.: Geppert, Seite

– Die „qualifizierte Belehrung" –
Gedächtnisschrift für Karlheinz Meyer
S. 93–121
Berlin, New York 1990

Geppert, Klaus
zit.: Geppert, Jura Jahr, Seite

Zum „fair-trial-Prinzip" nach Art. 6 Abs. 1 Satz 1 der Europäischen Menschenrechtskonvention
Jura 1992, 597–604

Geppert, Klaus
zit.: Geppert, Seite

Notwendigkeit und Grenzen der „informatorischen Befragung" im Strafverfahren
Festschrift für Dietrich Oehler
S. 323–345
Köln 1985

Geyer, Christian
zit.: Geyer, Seite

Funktion und Grenzen der Pflicht zur Belehrung des Beschuldigten nach § 136 I 2 StPO
Regensburg 1998

Gillmeister, Ferdinand
zit.: Gillmeister, StraFO Jahr, Seite
–.
zit.: Gillmeister, StraFO Jahr, Seite

Rechtliches Gehör im Ermittlungsverfahren
StraFO 1996, 114–118
Die Hinweispflicht des Tatrichters
StraFO 1997, 8–13

Grasnick, Walter zit.: Grasnick, NStZ Jahr, Seite	Anmerkung zu BGH 1 StR 99/09 NStZ 2010, 158–159
Grüner, Gerhard zit.: Grüner, JuS Jahr, Seite	Die zwangsweise Vergabe von Brechmitteln – OLG Frankfurt a.M., NJW 1997, 1647 ff. JuS 1999, 122–126
Grünwald, Gerald zit.: Grünwald, JZ Jahr, Seite	Beweisverbote und Verwertungsverbote im Strafverfahren JZ 1966, 489–501
–. zit.: Grünwald, JZ Jahr, Seite	Anmerkung zum BGH Beschluß vom 7.6.1983 (Az.: 5 StR 409/81) JZ 1983, 717–719
–. zit.: Grünwald, JZ Jahr, Seite	Anmerkung zum BGH Urteil vom 30.04.1968 (Az.: 1 StR 625/67) JZ 1968, 752–754
–. zit.: Grünwald, Seite	Das Beweisrecht der Strafprozessordnung Baden – Baden 1993
Günther, Hans – Ludwig zit.: Günther, StV Jahr, Seite	Anmerkung zum BGH Urteil vom 21.04.1988 (Az.: 2 StR 661/85) StV 1988, 421–424
Harris, Kenneth zit.: Harris, StV Jahr, Seite	Verwertungsverbot für mittelbar erlangte Beweismittel: Die Fernwirkungsdoktrin in der Rechtsprechung im deutschen und amerika- nischen Recht StV 1991, 313–322
Heidelberger Kommentar zit.: HK – Bearbeiter, S.	Heidelberger Kommentar zur Strafprozess- ordnung 3. Auflage 2001 Heidelberg 2001
Heinicke, Günther zit.: Heinicke, Seite	Der Beschuldigte und sein Verteidiger in der Bundesrepublik Deutschland München 1984

Henrichs, Axel
Steri, Edmondo
zit.: Henrichs/Steri, Krimianlistik
Jahr, Seite

Das deutsche Strafverfahren und der Begriff der Fairness gem. Art. 6 EMRK
Kriminalistik 2004, 629–634

Heselhaus, Sebastian
Kerkmann, Jochen
zit.: Heselhaus/Kerkmann, JA Jahr,
Seite

„Die Rotbauchunke auf Abwegen" (Klausur)
JA 2002, 485–493

Hofmann, Manfred
zit.: Hofmann, NStZ Jahr, Seite

Der „unwillige" Bereitschaftsrichter und Durchsuchungsanordnungen wegen Gefahr im Verzug
NStZ 2003, 230–232

Hübner, Claudia
zit.: Hübner, Seite

Allgemeine Verfahrensgrundsätze, Fürsorgepflicht oder fair trial?
Tübingen 1983

Jäger, Christian
zit.: Jäger, Seite

Beweisverwertung und Beweisverwertungsverbote im Strafprozess
München 2003

–.
zit.: Jäger, GA Jahr, Seite

Beweiserhebungs- und Beweisverwertungsverbote als prozessuale Regelungsinstrumente im strafverfolgenden Rechtsstaat – Zugleich ein Beitrag zum 67. Deutschen Juristentag
GA 2008, 473–499

Jahn, Matthias
Kudlich, Hans
zit.: Jahn/Kudlich, JR Jahr, Seite

Die strafprozessuale Zulässigkeit der Online-Durchsuchung; zugleich Anmerkung zu den Beschlüssen des Ermittlungsrichters des Bundesgerichtshofes v. 25.11.2006–1 BGs 184/06 und v. 28.11.2006–1 BGs 186/96
JR 2007, 57–61

Joecks, Wolfgang
zit.: Joecks, § Rn.

Studienkommentar zur Strafprozessordnung
München 2006

Janicki, Kathrin
zit.: Janicki, Seite

Beweisverbote im deutschen und englischen Strafprozeß
Trier 2002

Jarass, Hans
Pieroth, Bodo
zit.: Jarass/Pieroth, Art. Rn.

Grundgesetz für die Bundesrepublik Deutsch-
land, 9. Auflage
München 2007

Joerden, Jan
zit.: Joerden, JuS Jahr, Seite

Verbotene Vernehmungsmethoden – Grundfragen des § 136 a StPO
JuS 1993, 927–931

Kaiser, Stefan
zit.: Kaiser, Seite

Die Drei-Stufen-Theorie zur Bestimmung von
Beweis-verboten im Strafprozeß
Mannheim 1998

Karlsruher Kommentar
zit.: KK – Barbeiter, § Rn.

StPO und GVG
5. Auflage
München 2003

Kassing, Daniel
zit.: Kassing, JuS Jahr, Seite

Die Verwertbarkeit von Beweisen bei Verstoß
gegen § 105 StPO
JuS 2004, 675–678

Kelnhofer, Evelyn
zit.: Kelnhofer, Seite

Hypothetische Ermittlungsverläufe im System
der Beweisverbote
Mannheim 1994

Kernsmann, K.
zit.: Kernsmann, StraFO Jahr, Seite

Verwertungsverbot bei fehlender und
mangelhafter Belehrung
StraFO 1998, 73–78

Klein, Marco
zit.: Klein, Seite

Inhalt und Reichweite der Belehrungsvorschrift
des § 136 StPO
– insbesondere zur Notwendigkeit einer qualifizierten Beschuldigtenbelehrung über das
Verteidigerkonsultationsrecht –
Bochum 2005

KMR
zit.: KMR – Bearbeiter, § Rn.

Loseblattkommentar zur Strafprozessordnung
Stand Juni 2008
Band 2
Neuwied, Kniftel 2008

Kohlmann, Günther
zit.: FS – Peters – Bearbeiter, S.

– Waffengleichheit im Strafprozess –
in Festschrift für Karl Peters – Einheit und
Vielfalt im Strafprozess
S. 311–323
Tübingen 1974

Kommentar zur StPO
zit.: AK – Bearbeiter, § Rn.

Alternativkommentar zur StPO
Band 2/Teilband 1
§§ 94–212 b
Neuwied, Kniftel, Berlin 1992

Kramer, Bernhard
zit.: Kramer, Jura Jahr, Seite

Unerlaubte Vernehmungsmethoden in der Untersuchungshaft
Jura 1988, 520–525

Kratzsch, D.
zit.: Kratzsch, JA Jahr, Seite

Strafverfahrensrecht: Verwertung der Aussage
des Beschuldigten trotz unterlassener Belehrung
JA 1984, 179–180

Krehl, Christoph
zit.: Krehl, JR Jahr, Seite
–.
zit.: Krehl, NStZ Jahr, Seite

Gefahr im Verzug
JR 2001, 491–495
Richtervorbehalt und Durchsuchungen
außerhalb gewöhnlicher Dienstzeiten
NStZ 2003, 461–464

Krekeler, Christian
zit.: Krekeler, NStZ Jahr, Seite

Beweisverwertungsverbot bei fehlerhafter
Durchsuchung
NStZ 1993, 263–268

Kropp, Christian
zit.: Kropp, JA Jahr, Seite

Der Durchsuchungs- und Beschlagnahmebeschluss
JA 2003, 688–692

Kudlich, Hans
zit.: Kudlich, JA Jahr, Seite

„Fälle aus dem Strafprozessrecht"
JA 2005, 429–435

Kuhn, Maren
zit.: Kuhn, Seite

Akteneinsicht contra Strafverfolgungsinteresse
– Die Regelung des strafprozessualen Akten-
einsichtsrechts nach § 147 StPO n.F. auch unter
Berücksichtigung der Europäischen Menschen-

191

rechtskonvention und der Rechsprechung des
Europäischen Gerichtshofs für Menschenrechte
Ausgsburg 2004

Kühne, Hans-Heiner   Strafprozessrecht
zit.: Kühne, Rn.   Eine systematische Darstellung des deutschen
                                  und europäischen Strafverfahrensrechts
                                  7. Auflage
                                  Heidelberg 2007
–.   Anmerkung zum Beschluss des LG Wiesbaden
zit.: Kühne, NJW Jahr, Seite   vom 03.03.1978
                                  (Az.: 14 Qs 143/77)
                                  NJW 1979, 1053–1054

Kunert, Karl Heinz   Wie weit schützt die Strafprozessordnung die
zit.: Kunert, MDR Jahr, Seite   Grundrechte des Beschuldigten?, zu den Be-
                                  lehrungsPflichten nach §§ 115 III, 136 I, 136 a
                                  III, IV StPO
                                  i.d.F. des StPÄG
                                  MDR 1967, 167–172

Lesch, Heiko Hartmut   Inquisition und rechtliches Gehör in der
zit.: Lesch, ZStW Jahr, Seite   Beschuldigtenvernehmung
                                  ZStW 1999, 624–646
–.   Der Beschuldigte im Strafverfahren – über den
zit.: Lesch, JA Jahr, Seite   Begriff und die Konsequenzen der unterlassenen
                                  Belehrung
                                  JA 1995, 157–166

Löwe – Rosenberg   Die StPO und das GVG
zit.: LR – Bearbeiter, § Rn.   25. Auflage
                                  Berlin, New York 2005

Marczak, Elke   Strafverteidigung und Fair Trial – gerichtliche
zit.: Marczak, StraFO Jahr, Seite Fürsorgesorgepflicht und Missbrauchsverbot im
                                  Strafprozess
                                  StraFO 2004, 373–378
–.   Das Fairnessgebot im Prozeß
zit.: Marczak, Seite   Köln 2000

Marxen, Klaus
zit.: Marxen, NJW Jahr, Seite

Tonaufnahmen während der Hauptverhandlung
für Zwecke der Verteidigung
NJW 1977, 2188–2193

Maurer, Hartmut
zit.: Maurer, § Rn.

Allgemeines Verwaltungsrecht
16. Auflage
München 2006

Meurer, D.
zit.: Meurer, JR Jahr, Seite

Anmerkung zum Urteil des BGH vom 17.02.1989
(Az.: 2 StR 402/88)
JR 1990, 389–392

Meyer, Frank
zit.: Meyer, HRRS Jahr, Seite

„Der vereinbarte Rechtsmittelverzicht ist
wirksam, ist unwirksam, ist wirksam"
Anmerkung zum Beschluss des Großen Senats
für Strafsachen vom 03. März 2005 GSSt 1/04
www.hrr-strafrecht.de

Meyer, Alexander
zit.: Meyer, Seite

Das Akteninformationsrecht des Beschuldigten
nach § 147 StPO i.d.F. des StVÄG 1999
Dissertation Köln 2002

Meyer – Goßner, Lutz
zit.: Meyer – Goßner, § Rn.

StPO mit GVG und Nebengesetzen
51. Auflage
München 2008

Meyer-Goßner, Lutz
Appl, Ekkehard
zit.: Meyer-Goßner/Appl, StraFO
Jahr, Seite

Die Ausweitung des Widerspruchserfordernisses
StraFO 1998, 258–264

Meyer – Mews, Hans
zit.: Meyer – Mews, JuS Jahr, Seite

Beweisverwertungsverbote im Strafverfahren
JuS 2004, 39–42

Müller, Kai
Trurnit, Christoph
zit.: Müller/Trurnit, StraFO Jahr, Seite

Eilzuständigkeiten der Staatsanwaltschaft und
des Polizeivollzugsdienstes in der StPO
StraFO 2008, 144–151

Nelles, Ursula
zit.: Nelles, StV Jahr, Seite

Strafprozessuale Eingriffe in das Hausrecht von
Angehörigen
StV 1991, 488–492

Neuhaus, Ralf
zit.: Neuhaus, NStZ Jahr, Seite

Zur Notwendigkeit der qualifizierten Belehrung
NStZ 1997, 312–316

Niemöller, Martin
zit.: Niemöller, StraFO Jahr, Seite

Verändert das Verfassungsrecht die Straf-
prozessordnung?
StraFO 2000, 361–364

Otto, Harro
zit.: Otto, GA Jahr, Seite

Grenzen und Tragweite der Beweisverbote im
Strafverfahren
GA 1970, 289–305

Park, Tido
zit.: Park, StraFO Jahr, Seite

Anmerkung zum Urteil des BVerfG vom
20.02.2001 StraFO 2001, 159–161

Pawlik, Michael
zit.: Pawlik, GA Jahr, Seite

Verdeckte Ermittlungen und das Schweigerecht
des Beschuldigten – Zu den Anwendungsgren-
zen des § 136 Abs. 1 Satz 2 und § 136 a StPO
GA 1998, 388–389

Peters, Karl
zit.: Peters, Seite

Strafprozeß
4. Auflage
Heidelberg 1985

Pfeiffer, Gerd
zit.: Pfeiffer, §, Rn.

Strafprozessordnung und Gerichtsverfassungs-
gesetz
5. Auflage
München 2005

Pieroth, Bodo
Schlink, Bernhard
zit.: Pieroth/Schlink, Rn.

Grundrecht Staatsrecht II
23. Auflage
Heidelberg 2007

Pieroth, Bodo
Schlink, Bernhard
Kniesel, Michael
zit.: Pieroth/Schlink, Rn.

Polizei- und Ordnungsrecht
München 2002

Pietzko, Gabriele
zit.: Pietzko, Seite

Der materiell-rechtliche Folgenbeseitigungs-
anspruch
Köln 1994

Puppe, Ingeborg List im Verhör des Beschuldigten
zit.: Puppe, GA Jahr, Seite GA 1978, 289–306

Ranft, Otfried Strafprozessrecht
zit.: Ranft, Seite 3. Auflage
  Bayreuth 2005

Ransiek, Andreas Durchsuchung und Verwertungsverbot
zit.: Ransiek, StV Jahr, Seite StV 2002, 565–571
–. Belehrung über die Aussagefreiheit und Recht
zit.: Ransiek, StV Jahr, Seite der Verteidigerkonsultation
  StV 1994, 343–347
–. Die Rechte des Beschuldigten in der Polizeiver-
  nehmung
zit.: Ransiek, Seite Heidelberg 1990

Reiche, Felix Das Täuschungsverbot des § 136 a: ein objektiv-
zit.: Reiche, Seite überindividueller Bestandteil des Beweisrechts
  Kiel 1999

Renzikowski, Joachim Die förmliche Vernehmung des Beschuldigten
zit.: Renzikowski, JZ Jahr, Seite und ihre Umgehung
  JZ 1997, 710–717

Rieß, Peter Die Vernehmung des Beschuldigten im Straf-
zit.: Rieß, JA Jahr, Seite prozess JA 1980, 293–301
–. – Der vereinbarte Rechtsmittelverzicht –
zit.: Rieß, in FS Meyer-Gossner, Seite in Festschrift für Lutz Meyer-Gossner
  München 2001
–. Anmerkung zum Beschluss des BGH vom
  03.03.2005
zit.: Rieß, JR Jahr, Seite JR 2005, 435–439

Rogall, Klaus Der Beschuldigte als Beweismittel gegen sich
zit.: Rogall, Seite selbst
  Berlin 1977
–. Über die Folgen der rechtswidrigen Beschaffung
zit.: Rogall, JZ Jahr, Seite des Zeugenbeweises im Strafprozess
  JZ 1996, 944–955
–. – Zur Lehre von den Beweisverboten –

zit.: Rogall, Seite

–.
zit.: Rogall, ZStW Jahr, Seite

in Festschrift für Gerald Grünwald 1999
Seiten 523–547
Gegenwärtiger Stand und Entwicklungs-
tendenzen derLehre von den strafprozessualen
Beweisverboten
ZStW 1979, 1–44

Rose, Gabriele
Witt, Olaf
zit.: Rose/Witt, JA Jahr, Seite

Fälle zu den Beweisverwertungsverboten
JA 1998, 400–406

Rose, Gabriele
Witt, Olaf
zit.: Rose/Witt, JA Jahr, Seite

Allgemeine Einführung in die Beweisverbote im
Strafprozeß
JA 1997, 762–765

Roxin, Claus
zit.: Roxin, StV Jahr, Seite

–.
zit.: Roxin, Seite

–.
zit.: Roxin, NStZ Jahr, Seite

–.
zit.: Roxin, JZ Jahr, Seite

–.
zit.: Roxin, JZ Jahr, Seite

Zur richterlichen Kontrolle von Durchsuchungen
und Beschlagnahme
StV 1997, 654–656
Strafverfahrensrecht
25. Auflage
München 1998
Nemo tenetur: die Rechtsprechung am Scheide-
weg
NStZ 1995, 465–469
Anmerkung zum Beschluss des BGH vom
27.02.1992
(Az.: 5 StR 190/91)
JZ 1992, 918–925
Anmerkung zu Urteil des BGH vom 29.10.1992
(Az.: 4 StR 126/92)
JZ 1993, 426–428

Rönnau, Thomas
zit.: Rönnau, wistra Jahr, Seite

Die neue Verbindlichkeit bei den strafprozessualen Absprachen – Anmerkungen zum Urteil
des BGH vom 28.8.1997–4 StR 240/97
wistra 1998, 49–53

Rüping, Hinrich
zit.: Rüping, JZ Jahr, Seite

Anmerkung zum Beschluss des BVerfG vom
17.05.1983
(Az.: 2 BvR 731/80)
JZ 1983, 663–665

Rzepka, Dorothea
zit.: Rzepka, Seite

Zur Fairness im Deutschen Strafverfahren
Frankfurt am Main 2000

Safferling, Christoph J. M.
zit.: Safferling, NStZ Jahr, Seite

Audiatur et altera pars – die prozessuale Waffengleichheit als Prozessprinzip
NStZ 2004, 181–188

Saliger, Frank
zit.: Saliger, ZStW Jahr, Seite

Absolutes im Strafprozess? Über das Folterver-
bot und die Folgen seiner Verletzung
ZStW 2004, 35–65

Satzger, Helmut
Höltkemeier, Kai
zit.: Satzger/Höltkemeier, NJW Jahr,
Seite

Zur Unwirksamkeit eines abgesprochenen
Rechtsmittelverzichts
NJW 2004, 2487–2490

Satzger, Helmut
zit.: Satzger, JA Jahr, Seite

Absprachen im Strafprozess, Wirksamkeit eines
abgesprochenen Rechtsmittelverzichts
JA 2005, 684–686

Schäfer, Christoph
zit.: Schäfer, StV Jahr Seite

Grenzen erlaubter polizeilicher Ermittlungs-
tätigkeit
StV 2004, 212–217

Schenke, Wolf-Rüdiger
zit.: Schenke, Rn.

–.
zit.: Schenke, JuS Jahr, Seite

Polizei- und Ordnungsrecht
5. Auflage
Heidelberg 2007
Folgenbeseitigungsanspruch und mitwirkendes
Verschulden – BVerwG, NJW 1989, 2484
JuS 1990, 370–377

Schlothauer, Reinhold
Weider, Hans-Joachim
zit.: Schlothauer/Weider, StV Jahr,
Seite

Das „Gesetz zu Regelung der Verständigung im
Strafverfahren" vom 3. August 2009
StV 2009, 600–606

Schlüchter, Ellen
zit.: Schlüchter, Seite

Strafprozessrecht
3. Auflage
Frankfurt am Main 1999

Schmid, Werner
zit.: Schmid, Seite

Die Verwirkung von Verfahrensrügen im Strafprozess
Frankfurt am Main 1966

Schmidt, Rolf
zit.: Schmidt, Seite

Grundrechte
10. Auflage
Grasberg bei Bremen 2008

Schmidt, Eberhard
zit.: Schmidt, NJW Jahr, Seite

Sinn und Tragweite des Hinweises auf die
Aussagefreiheit des Beschuldigten
NJW 1968, 1209–1219

Schmidt-Bleibtreu, Bruno
Klein, Franz
zit.: Schmidt-Bleibtreu/Klein, Art. Rn.

Kommentar zum Grundgesetz
10. Auflage
München 2008

Schoch, Friedrich
zit.: Schoch, Jura Jahr, Seite

Der Folgenbeseitigungsanspruch
Jura 1993, 478–487

Schorn, Hubert
zit.: Schorn, JR Jahr, Seite

Belehrungen und belehrende Hinweise im Strafprozeß
JR 1967, 203–205

Schroeder, Friedrich –
Christian
zit.: Schroeder, JuS Jahr, Seite

Die Durchsuchung im Strafprozess
JuS 2004, 858–862

Schroth, Ulrich
zit.: Schroth, JuS Jahr, Seite

Beweisverwertungsverbote im Strafverfahren –
Überblick, Strukturen und Thesen zu einem um-
strittenen Thema
JuS 1998, 969–980

Schulz, Uwe
zit.: Schulz, NStZ Jahr, Seite

Letztmals: Der „unwillige" Bereitschaftsrichter
und Durchsuchungsanordnungen wegen Gefahr
im Verzug
NStZ 2003, 635–636

Schumann, Kay
zit.: Schumann, StV Jahr, Seite

„Brechmitteleinsatz ist Folter" – Bespr. d. Urt.
EGMR
v. 11.7.2006–54810/00
StV 2006, 661–665

Schünemann, Bernd
zit.: Schünemann, MDR Jahr, Seite

Die Belehrungspflichten der §§ 243 IV, 136 n.F.
StPO und der BGH
MDR 1969, 101–103

Schurig, Tim
zit.: Schurig, Seite

Belehrung und Beratung des Beschuldigten über
sein Aussageverhalten
Hamburg 2002

Seher, Gerhard
zit.: Gerhard, JZ Jahr, Seite

Anmerkung zum Beschluss des BGH vom
3.3.2005
JZ 2005, 634–636

Sieg, Hans-Otto
zit.: Sieg, MDR Jahr, Seite

Verwertungsverbot für Aussagen eines
Beschuldigten im Ermittlungsverfahren ohne
Belehrung nach § 136 I 2 StPO?
MDR 1984, 725–726

Stangl, Josef
zit.: Stangl, JA Jahr, Seite

Der Folgenbeseitigungsanspruch
JA 1997, 138–140

Sternberg-Lieben
zit.: Sternberg-Lieben, Jura
Jahr, Seite

Die „Hörfalle" – Eine Falle für die rechts-
staatlicheStrafverfolgung – Gedanken zu BGH –
Urt. v. 8.10.1993–2 StR 400/93 = BGHSt. 39, 335 –
Jura 1995, 299–310

Störmer, Rainer
zit.: Störmer, Seite

Dogmatische Grundlagen der Verwertungsverbote
Marburg 1992

Streck, Michael
zit.: Streck, StV Jahr, Seite

Erfahrungen bei der Anfechtung von Durch-
suchungs- und Beschlagnahmebeschlüssen in
Steuerstrafsachen
StV 1984, 348–350

Systematischer Kommentar
zur StPO und zum GVG
zit.: SK – Bearbeiter, § Rn.

Loseblattkommentar, Stand Juni 2008
Band 1 und 2
Neuwied/Kniftel/Berlin 2008

ter Veen, Heino
zit.: ter Veen, StV Jahr, Seite

Die Zulässigkeit der informatorischen
Befragung
StV 1983, 293–296

Thomas, Heinz   Kommentar zur Zivilprozessordnung
Putzo, Hans   29. Auflage
zit.: Thomas/Putzo – Bearbeiter, § Rn. München 2008

Tettinger, Peter J.   Fairness und Waffengleichheit
zit.: Tettinger, Seite   München 1984

Tröndle, Herbert   Strafgesetzbuch und Nebengesetze
Fischer, Thomas   55. Auflage
zit.: Tröndle, § Rn.   München 2008

Trüg, Gerson   Zum Erfordernis der qualifizierten Belehrung
zit.: Trüg, JA Jahr, Seite   im Strafverfahren
                                      JA 2004, 394–399
–.   Anmerkung zum Beschluss des BGH vom
zit.: Trüg, StraFo, Jahr Seite   13.1.2005
                                      StraFO 2005, 202–203

Umbach, Dieter   Grundgesetz – Mitarbeiterkommentar und
Clemens, Thomas   Handbuch
zit.: Umbach/Clemens, Art. Rn.   Band II
                                      1. Auflage
                                      Heidelberg 2002

Verrel, Torsten   Die Selbstbelastungsfreiheit im Strafverfahren
zit.: Verrel, Seite   München 2001

Volk, Klaus   Strafprozessrecht
zit.: Volk, Seite   6. Auflage
                                      München 2008

von Gerlach, Jürgen   Die Begründung der Beschuldigteneigenschaft
zit.: von Gerlach, NJW Jahr, Seite   im Ermittlungsverfahren
                                      NJW 1969, 776–781

von Heintschel-Heinegg,   Strafverfahrensrecht: Verwertungsverbot bei
Bernd   verweigerter Anwaltskonsultation
zit.: Heintschel-Heinegg,   JA 1993, 319–320
JA Jahr, Seite

von Kühlewein, Malte Rabe
zit.: von Kühlewein, StraFO Jahr,
Seite

Anmerkung zum Urteil des BVerfG vom
20.02.2001
StraFO 2001, 193–196

von Mangoldt, Hermann
Klein, Friedrich
zit.: von Mangoldt/Klein, Art. Rn.

Das Bonner Grundgesetz – Kommentar
Band 3 (Art. 83–146)
5. Auflage
München 2005

von Münch, Ingo
Kunig, Philip
zit.: von Münch/Kunig, Art., Rn.

Grundgesetz – Kommentar
Band 2 (Art. 20 bis Art. 69)
5. Auflage
München 2001

Wagner, Heinz
zit.: Wagner, ZStW Jahr, Seite

Rechtliches Gehör im Ermittlungsverfahren
ZStW 1997, 545–592

Wallerath, Maximilian
zit.: Wallerath, DÖV Jahr, Seite

Herstellung und Folgenbeseitigung im Recht der
Leistungsverwaltung
DÖV 1987, 505–515

Warda, Axel
zit.: Warda, Seite

Die Durchsuchung bei Verdächtigen und
anderen Personen nach den §§ 102, 103 StPO
Köln 1986

Wecker, Gregor
zit.: Wecker, Seite

Beweisverwertungsverbote als Folge rechts-
widrigerHausdurchsuchungen
Köln 2000

Wegner, Carsten
zit.: Wegner, PStR Jahr, Seite

Zulässigkeit von Urteilsabsprachen und
Wirksamkeit des Rechtsmittelverzichts
PStR 2005, 150–151

Weigend, Thomas
zit.: Weigend, Jura Jahr, Seite
–.
zit.: Weigend, StV Jahr, Seite

–.

Freispruch trotz Geständnis?
Jura 2002, 203–210
Anmerkung zum Beschluss des LG Frankfurt
vom 9.4.2003 (Az.: 5/22 Ks 34990 Js 230118/02)
StV 2003, 436–441
Eine Prozessordnung für abgesprochene Urteile?

zit.: Weigend, NStZ Jahr, Seite	Anmerkungen zu den Entscheidungen BGHSt 43, 195 und BGH, NStZ 1999, 62 NStZ 1999, 57–63
Weimar, Volker **Mann, Marius** zit.: Weimar/Mann, StraFO Jahr, Seite	Die gesetzliche Regulierung der Verständigung im Strafverfahren aus der Perspektive erstinstanzlicher Gerichte StraFO 2010, 12–17
Weßlau, Edda zit.: Weßlau, StV Jahr, Seite	Anmerkung zum Urteil des OLG Frankfurt vom 11.10.1996 (Az.: 1 Ss 28/96) StV 1997, 341–344
–. zit.: Weßlau, StV Jahr, Seite	Rezension zu Knut Amelungs: Informationsbeherrschungsrecht im Strafprozess. Dogmatische Grundlagen individualrechtlicher Beweisverbote StV 1995, 278–280
Weyand, Carolin zit.: Weyand, StV Jahr, Seite	Die Beschlagnahme von Mobiltelefonen – zugleich Anmerkung zum Beschluss des BVerfG vom 4.2.2005 StV 2005, 520–522
Witkowski, Willi zit.: Witkowski, Kriminalistik Jahr, Seite	Folgen eines Verstoßes gegen die Belehrungspflichten Kriminalistik 1968, 81–82
Wohlers, Wolfgang zit.: Wohlers, StV Jahr, Seite	Die Nichtbeachtung des Richtervorbehalts – Probierstein für die Dogmatik der unselbständigen Verwertungsverbote StV 2008, 434–442
Wolter, Jürgen zit.: Wolter, NStZ Jahr, Seite	Anmerkung zum Urteil des BGH vom 24.08.1983 (Az.: 3 StR 136/83) NStZ 1984, 276–278
–. zit.: Wolter, GA Jahr, Seite	Strafverfahrensrecht und Strafprozessreform GA 1985, 49–92

Entscheidungsregister

Europäischer Gerichtshof für Menschenrechte

Europäischer Gerichtshof   Urteil vom 11.06.2006 (Nr. 54810/00
für Menschenrechte   StV 2006, 617–624

Bundesverfassungsgericht

Bundesverfassungsgericht Beschluss vom 10.12.2003 (Az.: 2 BvR 1481/02)
                          BVerfG, NJW 2004, 1442

Bundesverfassungsgericht Beschluss vom 04.06.2002 (Az.: 2 BvR 1761/01)
                          BVerfG, StV 2003, 205

Bundesverfassungsgericht Beschluss vom 05.12.2002 (Az.: 2 BvR 1028/02)
                          BVerfG, StV 2003, 203–204

Bundesverfassungsgericht Beschluss vom 03.12.2002 (Az.: 2 BvR 1845/00)
                          BVerfG, StV 2003, 205–207

Bundesverfassungsgericht Urteil vom 20.02.2001 (Az.: 2 BvR 1444/00)
                          BVerfGE 103, 142–164

Bundesverfassungsgericht Beschluss vom 30.04.1997 (Az.: 2 BvR 817/ 90,
                          728/92, 802 und 1065/ 95)
                          BVerfGE 96, 27–44

Bundesverfassungsgericht Beschluss vom 30.04. 1979 (Az.: 1 BvR 994/76)
                          BVerGE 51, 97–115

Bundesgerichtshof

Bundesgerichtshof   Urteil vom 03. Juli 2007 (Az.: 1 StR 3/07)
                         NJW 2007, 2706–2709

Bundesgerichtshof   Urteil vom 18. April 2007 (Az.: 5 StR 546/07)
                         StV 2007, 337–340

Bundesgerichtshof   Beschluss vom 16. April 2007 (Az.: 5 StR 106/07)
                         wistra 2007, 272

Bundesgerichtshof   Beschluss vom 03. April 2007 (Az.: 3 StR 72/07)
                         NJW 2007, 1829

Bundesgerichtshof   Beschluss des Ermittlungsrichters vom 25.11.2006
                         (Az.: 1 BGs 184/06) und Beschluss des Ermittlungs-
                         richters vom 28.11.2006 (Az.: 1 BGs 186/06)
                         JR 2007, 77–78

Bundesgerichtshof   Beschluss vom 26.09.2006 (Az.:4 StR 353/06)
                         StV, 2007, 22–23

Bundesgerichtshof   Beschluss vom 11.11.2006 (Az.: 5 StR 466/05)
                         wistra 2006, 146/147

Bundesgerichtshof   Beschluss vom 14.06.2005 (Az.: 3 StR 130/05)
                         StV 2005, S. 489/490

Bundesgerichtshof   Beschluss vom 03.03.2005 (Az.: GSSt 1/04)
                         BGH, NJW 2005, 1441–1447

Bundesgerichtshof   Beschluss vom 13.01.2005 (Az.: 1 StR 531/04)
                         BGH, NJW 2005, 1060–1061

Bundesgerichtshof   Beschluss vom 28.01.2004 (Az.: 2 Ars 330/03)
                         BGH, wistra 2004, 232–233

Bundesgerichtshof   Beschluss vom 18.11.2003 (Az.: 1 StR 455/03)
                         NStZ 2004, 449–450

| Bundesgerichtshof | Urteil vom 23.09.1999 (Az.: 4 StR 189/99) |
| | BGH, JR 2000, 339–341 |

Bundesgerichtshof   Urteil vom 28. August 1997 (Az.: 4 StR 240/97)
BGHSt 43, 195–212

Bundesgerichtshof   Beschluss vom 17.02.1992 (Az.: 5 StR 190/91
BGHSt, 38, 214–231

Bundesgerichtshof   Urteil vom 31.05.1968 (Az.: 4 StR 19/68)
BGHSt, 22, 170–176

Bundesgerichtshof   Beschluss vom 30.04.1968 (Az.: 1 StR 625/67)
BGHSt, 22, 129–137

Bundesgerichtshof   Beschluss vom 08.12.1958 (Az.: GSSt 3/58)
BGHSt, 12, 235–243

Landesverfassungsgerichte

Verfassungsgericht des   Beschluss vom 21.11.2002 (Az.: VfGBbg 94/02)
Landes Brandenburg   StV 2003, 207–208

Oberlandesgerichte

Oberlandesgericht Hamm   Beschluss vom 19.10.2006 (Az.: 3 Ss 363/06)
StV 2007, 69–70

Oberlandesgericht Koblenz Beschluss vom 06.06.2002 (Az.: 1 Ss 93/02)
StV 2002, 533–535

Landgerichte

Landgericht Bremen   Beschluss vom 20.04.2005 (Az.: 1 Qs 47/05)
StV 2005, 318–320

Landgericht Heilbronn	Urteil vom 16.12.2004 (Az.: 5 Ns 41 Js 26937/02) StV 2005, 380–383
Landgericht Berlin	Beschluss vom 18.03.2004 (Az.: 505 Qs 12/04) wistra 2004, 319–320
Landgericht Berlin	Beschluss vom 15.01.2004 (Az.: 518 Qs 44/03) NStZ 2004, 571–574
Landgericht Frankfurt	Beschluss vom 09.04.2003 (Az.: 5/22 Ks 3490 Js 230118/02) StV 2003, 325–327
Landgericht Cottbus	Beschluss vom 23.07.2002 (Az.: 23 Qs 16/02) StV 2002, 535–536
Landgericht Freiburg	Beschluss vom 11.08.1999 (Az.: II Qs 107/99) StV 2000, 14–15
Landgericht Dortmund	Urteil vom 19.08.1994 (Az.: Ks 9 Js 4(92) NStZ 1997, 356–358
Landgericht Bad Kreuznach	Beschluss vom 17.03.1994 (Az.: 8 Js 3329/89) StV 1994, 293–295
Landgericht Osnabrück	Beschluss vom 01.10.1986 (Az.: 22 Qs 101/86) NStZ 1987, 522–523

Amtsgerichte

Amtsgericht Braunschweig	Urteil vom 23.04.2001 (Az.: 9 Cs 806 Js 52114/2000) StV 2001, 393–395
Amtsgericht Hann. Münden	Urteil vom 16.07.1997 (Az.: 4 Ds 85 Js 5470/97) StraFO 1997, 273–274
Amtsgericht Tiergarten	Urteil vom 15.12.1982 (Az.: (294) 67 Ls 139/82) StV 1983, 277–278